무엇을 할 것인가?

박종철출판사는 신의와 신념을 위해 죽은 우리의 벗을 기억하고자
1990년에 설립되었으며, 그와 함께 꿈꾸었던 세상을 만드는 데
보탬이 되고자 합니다.

러시아어판 완역

무엇을 할 것인가?

우리 운동의 절박한 문제들

레닌 지음 최호정 옮김

박종철출판사

차 례

일러두기

1. 이 책은 소련공산당 중앙위원회 산하 맑스주의-레닌주의연구소가 1984년에 발간한 러시아어판 『레닌 선집』(전10권)의 해당 부분을 번역한 것이다. 영어판과 일어판도 참조하였다.
2. *, **로 표시된 각주는 1902년에 저자 레닌이 붙인 것이다. 1907년에 레닌이 『12년간』이라는 책자에 이 글을 수록하면서 붙인 각주는 "(저자가 1907년판에 붙인 주.)"로 표시하여 구분하였다.
3. 번호를 붙여 후주로 처리한 것은 이해를 돕기 위해 번역자와 편집자가 추가한 것이다.
4. 저자가 강조한 곳은 굵은 글씨로 표시했다. 예 : **온갖**
5. 저자가 러시아어가 아닌 언어로 쓴 것은 원어를 그대로 표기한 후에 대괄호 안에 우리말로 옮겨 넣었다. 예 : ab ovo[처음부터]
6. 이름의 약자로 사용된 문자는 영어 알파벳이 아닌 러시아어다.
7. 이 책에 등장하는 날짜는 1918년까지 러시아에서 사용된 율리우스력(러시아 구력)이다. 구력은 현재의 신력보다 13일 늦어서, 예를 들어 1917년 10월 24일에서 25일에 벌어진 권력 교체는 신력으로는 11월 6일에서 7일의 일이다.

"당내 투쟁은 당에게 힘과 생명력을 줍니다. 분명하게 드러난 경계에 대한 당의 모호함과 둔감함은 당이 취약하다는 가장 확실한 증거입니다. 당은 자정함으로써 강화됩니다."

– 1852년 6월 24일. 라쌀레가 맑스에게 보낸 편지에서 –

서 문

필자의 당초 계획대로라면, 이 소책자는 「무엇으로부터 시작할 것인가?」(『불꽃』 제4호, 1901년 5월)에서 피력했던 사상을 상세히 발전시키기 위해 써야 하는 것이었다. 따라서 먼저 우리는 그때 했던 (그리고 수많은 개인적 문의와 편지에 대한 답변으로 반복해 드렸던) 약속을 뒤늦게 실행하는 데 대해 독자 여러분께 사과드린다. 일이 이처럼 늦어진 까닭의 하나는 지난해(1901년) 6월에 있었던 모든 국외 사회민주주의 조직의 통합 시도였다.[1] 당연히 이 시도의 결과를 끝까지 기다려야 했다. 왜냐하면 그것이 성공했을 경우, 어쩌면 『불꽃』의 조직적 견해를 몇몇 다른 각도의 관점에서 서술해야 했을 것이기 때문이다. 또한 어떤 경우든 그것이 성공했다면, 러시아의 사회민주주의당 안에 두 가지 경향이 존속하는 상황은 매우 빨리 종결되었을 것이다. 독자들이 아시는 바와 같이 이 시도는 실패로 끝났으며, 우리가 뒤에 증명해 보일 것처럼, 『노동자의 대의』가 제10호에서 "경제주의"로 돌아선 이후에 그 시도는 그렇게 종결되지 않을 수 없었다. 이 불분명하며 딱히 규정된 바 없는, 그 대신에 더욱 확고해지고 다양한 형태로 부활할 수 있는 그러한 경향에 맞서 단호한 투쟁에 돌입하는 것이 절대적으로 필요해졌다. 이에 따라 책자의 애초 계획은 일부 변경되었으며 상당히 확대되었다.

이 책자의 주요 주제는 「무엇으로부터 시작할 것인가?」에서 제기했던 세 가지 문제가 되어야 했다. 우리의 정치 선동의 성격과 주요 내용, 우리의 조직적 임무, 전 러시아적인 전투조직을 여러 지역에서 동시에 건설하는 계획 등에 관한 문제가 그것이다. 나는 이미 오래전부터 이 문제들에 관심을 가져 왔기에, 실패한 일이긴 하지만 『노동자 신문』을 복간하려 했던 시도의 일환으로(제5장을 보라.) 바로 그 신문에서도 이 문제들을 제기하려 한 바 있다. 그러나 이 소책자에서 이 세 가지 문제만을 분석하는 데 그치고 논쟁에 매달리지 않으면서 혹은 논쟁에 거의 치우치지 않으면서 우리의 관점을 가능한 한 긍정적인 형태로 서술하려 했던 애초의 예정은 두 가지 이유 때문에 완전히 실현 불가능해졌다. 우선, "경제주의"는 우리가 생각했던 것보다 훨씬 더 질긴 생명력을 가지고 있었다. (우리는 1901년 12월 『불꽃』 제12호의 「경제주의 옹호자들과의 대담」이라는 글에서 밝힌 것처럼 "경제주의"라는 단어를 넓은 의미로 사용하겠는데, 그 글은 독자들 앞에 놓인 이 책자의 개요를 보여 주었다 할 수 있을 것이다.) 이 세 가지 문제의 해결에 대한 서로 다른 견해들이 부분적인 것에서의 견해차라기보다 러시아사회민주주의당 안에 있는 두 경향의 근본적인 대립으로 보아야 훨씬 잘 설명된다는 것은 의심할 여지가 없게 되었다. 다른 한편으로, 우리의 관점을 『불꽃』에 실제로 관철시키는 것에 대해 "경제주의자들"이 보이는 당혹감은 우리가 빈번히 문자 그대로 서로 다른 언어로 말하고 있다는 점, 따라서 ab ovo[처음부터] 시작하지 않는다면 우리는 그 어떤 결론에도 도달하지 못할 것이라는 점, 근본적인 모든 사항에 관한 우리와 모든 "경제주의자"의 입장 차이를 수많은 구체적인 사례를 통해 가능한 한 대중적으로 체계적으로 "설명"하려 시도해야 한다는 점 등을 명백히 보여 주었다. 그래서 나는 그 같은 "설명"을 시도하기로 했다. 그럴 경우에 이 소책자의 분량이 현저히 늘어나고 종결이 더디어질 것이라는 사실을 너무도 잘 알고 있었지만, 또한 그렇게 하지 않고서는 「무엇으로부터 시작할 것인가?」에서 했던 약속을 결코 이행할 수 없기 때문이었다. 작업이 늦어진 데 대한 사과에 덧붙여 나는 이 책자의 문학적 퇴고가 매우 부족한 점에 대해서도 사과드리겠다. 나는 극도로 시급히, 그것도 온갖 다른 일 때문에 작업을 중단해 가면서, 이 글을 써야만 했다.

위에 지적한 세 가지 문제를 분석하는 것이 여전히 이 책자의 주요 주제를 이루고 있긴 하지만, 나는 더 일반적인 다음의 두 가지 문제로부터 글을 시작해야만 했다. "비판의 자유"와 같은 "순수"하고도 "당연한" 슬로건이 왜 우리에게는 그야말로 전투 신호인가? 왜 우리는 자생적 대중운동과 관계된 사회민주주의당의 역할이라는 기본적인 문제에서조차 합일점에 이를 수 없는가? 다음으로, 정치 선동의 성격과 내용에 대한 견해의 서술은 노동조합주의 정치와 사회민주주의 정치의 차이를 설명하는 것으로 바뀌었으며, 조직적 과제에 대한 견해의 서술은 "경제주의자들"을 만족시키는 수공업성과 우리의 견지에서 필수적인 혁명가 조직 사이의 차이를 설명하는 것으로 바뀌었다. 그다음으로, 전 러시아적 정치 신문 "계획"을 반대했던 견해들의 근거가 없어진 만큼, 또 「무엇으로부터 시작할 것인가?」에서 제기했던 문제, 즉 우리가 어떻게 우리에게 필요한 조직의 건설에 여러 방면에서 동시적으로 착수할 수 있는가라는 문제에 본질적으로 답하는 사람들이 적어진 만큼, 나는 더욱더 강력히 이 계획을 주장하는 바이다. 마지막으로, 나는 "경제주의자들"과의 결정적인 결렬을 피하기 위해 — 그러나 결렬은 불가피한 것이었다. — 우리가 할 수 있는 모든 것을 다했다는 사실, 『노동자의 대의』는 일관된 "경제주의"를 보여 주었다는 것이 아니라 러시아사회민주주의당의 역사의 온전한 한 시기를 특징짓는 동요와 혼란을 무엇보다 완전히, 무엇보다 극명히 보여 주었다는 점에서 특별한 "역사적" — 원하신다면 — 의미를 획득하였다는 사실, 따라서 언뜻 보기에는 지나치게 세세한 것 같은 『노동자의 대의』와의 논쟁이 중요성을 갖는 것은 우리가 이 시기를 완전히 청산하지 않는 한 앞으로 나아갈 수 없기 때문이라는 사실 등을 이 책자의 결론부에서 보여 주고자 한다.

1902년 2월
레닌

제1장

교조주의와 "비판의 자유"

1. "비판의 자유"란 무엇을 뜻하는가?

"비판의 자유" — 이것은 분명, 어떤 나라에서건 사회주의자들과 민주주의자들 사이의 논쟁에서 가장 빈번히 사용되는, 이 시대에 가장 유행하는 슬로건이다. 언뜻 보기에는, 논쟁 당사자들 중 한편이 비판의 자유를 이렇게 기세등등하게 거론하는 것보다 더 이상한 일을 생각하기도 어려울 것이다. 학문과 학술연구의 자유를 보장하는 대다수 유럽 국가의 헌법에 반대하는 목소리가 진보적 정당들 가운데서 정말 흘러나오기라도 했단 말인가? "이건 뭔가 아니야!" — 어디서나 반복되는 이 현대적 슬로건을 들어 보았음에도 논쟁 당사자들 사이의 반목의 본질을 아직 심도 깊게 포착하지는 못한 제삼자라면 누구나 이렇게 중얼거릴 것이다. "별명이 그렇듯이, 이 슬로건은 사용됨으로써 정당화되고 거의 보통명사가 되어가는 상투어들 가운데 하나임이 분명하군."

실제로, 현대의 국제적인* 사회민주주의당 안에는 두 가지 경향이 형성되어 왔으며, 그것들 사이의 투쟁은 때론 거세게 타올라 활활 타는 불꽃으로 터져 나오기도 하고, 때론 사그라져서 암시적인 "휴전협정"의 재 속에서 희미하게 가물거리기도 한다. 이는 어느 누구에게도 비밀이 아니다. "낡은, 교조적" 맑스주의에 "비판적" 태도를 취하는 "새로운" 경향의 본질이 무엇인가를 베른슈타인은 너무도 분명하게 말했고, 밀레랑은 보여 주었다.

사회민주주의당은 사회 혁명의 정당에서 민주주의적인 사회개혁의 정당으로 탈바꿈해야 할 것이라고 한다. 베른슈타인은 매우 정연하게 합의된 "새로운" 논거와 사고들로 완전무장을 하여 이 같은 정치적 요구를 내세웠다. 사회주의에 과학적 근거를 부여하고 역사의 유물론적 이해라는 관점에서 사회주의의

* 이 기회에 말해 두자. 사회주의 내의 다양한 경향들의 분쟁이 처음으로 국가적 차원에서 국제적 차원으로 변화한 것은 현대 사회주의의 역사에서 거의 유일한, 어떤 의미에서는 극히 기분 좋은 현상이다. 이전 시대에 있었던 라쌀레파와 아이제나하파[2], 게드파와 가능성파[3], 페이비언파와 사회민주주의자들[4], '인민의 의지' 파와 사회민주주의자들[5], 이들 사이의 논쟁은 순전히 일국적인 논쟁에 머물렀고 순전히 일국적인 특성을 반영한 것이었으며, 말하자면 서로 다른 방면에 걸쳐서 진행된 것이었다. 지금은 (이제는 분명하게 보인다.) 영국의 페이비언파, 프랑스의 입각주의자, 독일의 베른슈타인주의자[6], 러시아의 비판가 따위가 모두 한 가족이어서, 이들은 모두 서로를 칭찬하고 서로에게서 배우며 힘을 합쳐 "교조적" 맑스주의에 대항하여 무장하고 있다. 어쩌면 세계의 혁명적 사회민주주의당은 사회주의적 기회주의에 대한 이 최초의 진정한 국제적 전투를 통해, 이미 오랫동안 유럽을 지배하고 있는 정치적 반동에 종지부를 찍을 만큼 충분히 강화될 수 있지 않을까?

필연성과 불가피성을 입증할 가능성은 부정되었다. 점증하는 빈곤, 프롤레타리아트화, 자본주의 모순의 심화 등의 사실은 부정되었다. "궁극 목표"라는 개념 자체는 파산선고를 당했으며, 프롤레타리아독재라는 사상은 말할 것도 없이 반박을 당했다. 자유주의와 사회주의의 원칙적인 대립은 부정되었다. 계급투쟁 이론은 다수의 의지에 의해 통치되는 엄격한 민주주의 사회에는 마치 적용될 수 없는 것인 양 부정되었다.

이처럼, 혁명적 사회민주주의당에서 부르주아적 사회개량주의로 단호하게 전환해야 한다는 요구는 그에 못지않게 맑스주의의 모든 기본 사상에 대한 부르주아적 비판으로의 단호한 전환을 수반했다. 그런데 이러한 최근의 비판은 이미 오래전부터 맑스주의에 반대하여 정치 연단에서, 대학 강단에서, 수많은 소책자와 학자들의 논문에서도 행해져 온 것이다. 또한 교육 받은 계급의 모든 청소년이 수십 년 동안 체계적으로 이 같은 비판의 토양에서 성장해 왔다. 그렇기 때문에, 사회민주주의당 안의 "새로운 비판적" 경향이 유피테르의 머리에서 나온 미네르바처럼 단번에 너무나 완전한 형태를 띤 것[7]은 놀라운 일이 아니다. 그 내용으로 보아, 이 경향은 발전되어 모양을 갖추어 온 것이 아니었다. 그것은 부르주아 문헌에서 곧바로 사회주의 문헌으로 옮겨진 것이다.

더 나아가 보자. 베른슈타인의 이론적 비판과 그의 정치적 열망이 어떤 사람들에게는 아직 명확하지 않을지도 모르지만, 프랑스인들은 "새로운 방법"을 일목요연하게 드러내느라 고심했다. 프랑스는 이번에도 "계급투쟁이 그 어느 곳보다 더 종국에까지 철저히 진행되었던 나라"(엥겔스의 「맑스의 저작 『브뤼메르 18일(Der 18 Brumaire)』에 부치는 서문」에 나오는 표현)[8]라는 오랜 명성에 값하였다. 프랑스의 사회주의자들은 이론을 세우는 것이 아니라 곧바로 행동하기 시작했다. 민주주의적으로 보다 많이 발전된 프랑스의 정치적 조건들로 인해 그들은 베른슈타인주의의 온갖 결과들을 드러내며 금방 "실천적 베른슈타인주의"로 옮겨 갈 수 있었다. 밀레랑은 이러한 실천적 베른슈타인주의의 훌륭한 모범을 보여 주었다. 베른슈타인과 폴마르가 그토록 열렬히 밀레랑을 옹호하고 칭찬한 데는 다 이유가 있는 법이다. 사실, 만약 사회민주주의당이 그 본질상 그저 개혁 정당이며 또 공개적으로 이를 인정할 용기를 가져야 한다면, 사회주의자는 부르주아 내각에 입각할 권리가 있을 뿐만 아니라 심지어 언제나 그렇게 되도록 노력하기도 해야 한다. 민주주의가 그 본질상 계급 지배의 폐지를 의미한다면, 사회주의자인 장관이 계급 협력에 관한 말들로 부르주아지 세계 전체를 매혹시켜서는 안 될 이유가 있는가? 민주주의적 계급 협력의 진정한 성격을 수도 없이 보여 준 헌병들의 노동자 학살이 있은 후라해도 그가 내각에 남아 있지 말아야 할 이유가 있는가? 프랑스의 사회주의자들이 지금 knouteur, pendeur et déportateur[교수대, 채찍, 유형]의 영웅이라고 칭하는 짜르를 환영하는 자리에 그가 개인적으로 참석해서는 안 될 이유가 있는가? 그런데 사회주의에 대한 이러한 한없는 경멸과 제 얼굴에 침 뱉기에 대한 대가, 우리에게 승리를 보장해 줄 수 있는 유일한 기반인 노동자 대중의 사회주의적 의식을 타락시키는 것에 대한 대가가 고작 보잘것없는 개혁, 부르주아 정부에게서 얻어 낼 수 있는 것도 그보다는 더 많을 정도로 보잘것없는 개혁의 요란한 계획안들이란 말인가!

일부러 자신의 눈을 감아 버리지 않는 사람이라면 누구나, 사회주의 내의 새로운 "비판적" 경향이 기회주의의 새로운 변종에 불과하다는 것을 보지 않을 수 없다. 또한, 몸에 걸친 빛나는 제복이나 스스로 갖다 붙인 효과적인 명칭을 보고 사람들을 판단하는 것이 아니라 어떻게 행동하는가와 실제 무엇을 선동하는가를 보고 사람들을 판단한다면, "비판의 자유"란 사회민주주의당 안의 기회주의 경향의 자유, 사회민주주의당을 민주주의적 개혁 정당으로 바꾸어 놓을 자유, 사회주의에 부르주아적 사상과 부르주아적 요소를 도입할 자유라는 것이 명백해질 것이다.

자유 — 위대한 말이다. 하지만 산업의 자유라는 깃발 아래 극렬한 약탈 전쟁이 벌어졌으며, 노동의 자유라는 깃발 아래 노동자들이 수탈당했다. 이와 똑같은 내적 기만이 감춰져 있는 말이 현재 사용되고 있다. "비판의 자유"가 그것이다. 자신들이 과학을 진일보시켰다고 정말로 확신하는 사람들이라면, 낡은 견해와 새로운 견해가 병존할 자유를 요구할 것이 아니라 낡은 견해를 새로운 것으로 대체해야 한다고 요구할 것이다. 그런데 "비판의 자유 만세!"라는 현재의 외침을 듣노라면, 빈 수레가 요란하다는 우화가 자꾸만 떠오른다.

우리는 가파르고 험난한 길을 서로의 손을 굳게 잡고 한 덩어리로 똘똘 뭉쳐서 걸어가고 있다. 사방에서 적들이 우리를 에

워싸고 있으며, 거의 언제나 우리는 그들의 포화 속을 걸어야만 한다. 우리는 우리의 자유로운 결정에 따라, 바로 옆에 있는 늪으로 발을 헛디뎌 빠지지 않고 적들과 싸우기 위해 단결하였다. 그 늪에 사는 사람들은 애초부터 우리를 비난해 왔다. 우리가 특별한 그룹으로 분리해 나와서 타협의 길이 아닌 투쟁의 길을 선택했다는 것 때문이었다. 그런데 이제 우리 가운데 몇몇이 이렇게 외치기 시작한다. "저 늪으로 갑시다!" 우리가 그들에게 수모를 주기 시작하자, 그들은 이렇게 반박하고 나선다. "당신들은 얼마나 뒤떨어진 사람들인가! 그리고 당신들은 어찌 그리 철면피처럼 더 나은 길로 가자고 호소할 자유를 우리에게서 박탈하는가!" 아, 그렇군요, 신사 양반들, 당신들에게는 호소할 자유가 있지요. 그뿐만 아니라 그곳이 늪이라 할지라도 가고 싶은 대로 갈 자유도 있소. 우리는 당신들의 진정한 자리가 바로 그 늪이라는 것도 깨닫고 있고, 당신들이 그리로 이주하도록 힘껏 도와줄 준비도 되어 있소. 그러나 그때 우리의 손을 놓아만 주시지요. 우리를 붙잡지 마시고, 자유라는 위대한 말을 더럽히지 마시오. 우리에게도 우리가 가고 싶은 곳으로 갈 "자유가 있으며" 늪뿐만 아니라 늪으로 향하는 사람들과도 싸울 자유가 있기 때문이오!

2. "비판의 자유"의 새로운 옹호자들

여기 이 슬로건("비판의 자유")은 아주 최근에 국외러시아사회민주주의자동맹[9]의 기관지인 『노동자의 대의』(제10호)

에서 엄중히 제기된 바 있다. 이론적 가정이 아닌 정치적 요구로서, 한 문제에 대한 답변으로서 제기된 것이다. "국외에서 활동하고 있는 사회민주주의 조직들의 통합은 과연 가능한가?"라는 문제에 대해 "강고한 통합을 위해서는 비판의 자유가 필수적이다."(36쪽)라는 답변으로.

이 같은 입장 천명으로부터 너무도 명확한 두 가지 결론이 도출된다. 1) 『노동자의 대의』는 국제적인 사회민주주의당 전반의 기회주의적 경향을 옹호하고 있다. 2) 『노동자의 대의』는 러시아의 사회민주주의당 안에 있는 기회주의의 자유를 요구하고 있다. 이 결론들을 살펴보자.

『노동자의 대의』는 국제적인 사회민주주의당 진영의 **산악파**와 **지롱드파**[10] 사이의 분열을 예언하는 『불꽃』과 『여명』의 경향을 "특히" 못마땅해 한다.*

> "우리 생각에는" — 『노동자의 대의』의 편집장인 끄리쳅스끼는 이렇게 쓰고 있다. — "사회민주주의 대오 내에서 거론되는 **산악파**와 **지롱드파**에 관한 말들은 맑스주의자의 펜을 빌린 이상하고도 피상적인 유비類比이다. 산악파와 지롱드파는, 이데올로그 역사학자들이 생각하는 것처럼, 서로 다른 기질이

---

* 『불꽃』 제2호(1901년 2월)의 사설에는 혁명적 프롤레타리아트의 두 경향(혁명적 경향과 기회주의적 경향)과 혁명적 부르주아지의 두 경향(자꼬뱅파, 즉 "산악파"와 지롱드파)이 비교되어 있다. 그 사설을 쓴 사람은 쁠레하노프였다. 까데트[11]당원들도, 무제파[12]도, 멘셰비끼[13]도 지금까지 러시아 사회민주주의당 내의 "자꼬뱅파"에 관해 말하기를 매우 즐긴다. 하지만 어떻게 쁠레하노프가 사회민주주의당의 우익에 반대하여 이 개념을 처음으로 제기하였는지에 관해서는 모두들 침묵하거나 잊어버리려 하고 있다. (저자가 1907년판에 붙인 주.)

나 지적 경향을 대표한 것이 아니라 서로 다른 계급이나 계층 — 한쪽은 프롤레타리아트와 소시민, 다른 한쪽은 중간 부르주아지 — 을 대표했다. 그런데 현대 사회주의 운동에는 계급적 이해관계의 충돌은 없다. 현대 사회주의 운동 안에 누구나 인정하고 있는 베른슈타인주의자들을 포함해 온갖(강조는 끄리쳅스끼가 한 것) 다양한 형태가 있을지라도, 현대 사회주의 운동은 전체가 하나로 프롤레타리아트의 계급 이해관계와 그들의 정치적, 경제적 해방을 위한 계급투쟁이라는 기반 위에 서 있다."(32~33쪽.)

대담한 주장이다! 끄리쳅스끼는 이미 오래전부터 암암리에 알려진 사실, 즉 최근 몇 년 동안 사회주의 운동에 "학자"층이 광범위하게 참여한 것이야말로 베른슈타인주의를 그렇게 빨리 확산시킬 수 있도록 한 원인이라는 사실을 듣지도 못했단 말인가? 그리고 중요한 것은 다음과 같은 점이다. 우리의 저자는 "누구나 인정하고 있는 베른슈타인주의자들"도 정치적, 경제적 해방을 위한 프롤레타리아트의 계급투쟁이라는 기반 위에 서 있다는 자신의 견해를 무엇으로 입증하고 있는가? 알려진 바 없다. 누구나 인정하고 있는 베른슈타인주의자들에 대한 단호한 옹호는 그 어떤 논거로도, 사고로도 뒷받침되지 않고 있다. 저자는 누구나 인정하고 있는 베른슈타인주의자들이 자신들 스스로에 대해 말하고 있는 것을 반복하기만 한다면 자신의 주장을 입증할 필요가 없다고 생각하는 것이 분명하다. 그러나 바로 그 경향의 대표자들이 자기 자신에 대해 말하는 것에 근거하여 전체 경향을 판단하는 것보다 더 "피상적인" 것을 상상할 수 있겠는가? 그 뒤에 이어지는 서로 다른, 심지어 극단적으로 대립되는 두 가지 당 발전의 길과 유형에 관한 다음과 같은 "훈계"(『노동자의 대의』 34~35쪽)보다 더 피상적인 것을 상상할 수 있겠는가? "보시오, 독일의 사회민주주의자들은 비판의 완전한 자유를 인정하고 있지만 프랑스인들은 그렇지 않으니, 프랑스인들의 예야말로 '편협함의 해악'을 전부 보여 주고 있지 않소."라는 훈계 말이다.

이에 대해 우리는 이렇게 답할 뿐이다. 끄리첸스끼의 예야말로, 문자 그대로 "일로바이스끼 식으로" 역사를 바라보는 사람이 종종 자신을 맑스주의자로 부른다는 사실을 보여 주고 있다고 말이다. 그에게는 독일의 사회주의정당의 단결과 프랑스의 사회주의정당의 분열을 설명하기 위해 두 나라 역사의 특수성에 천착하고 군사적 반半전제주의와 공화제적 의회주의라는 각각의 조건을 대비시키는 것, 꼬뮌[14]과 사회주의자특별법[15]으로 생긴 각각의 결과들을 분석하고 경제생활과 경제의 발전을 비교하는 것, "독일의 사회민주주의당의 전례 없는 성장"이 사회주의 역사에서 이론적 오류(뮐베르거, 뒤링*, 강단 사회주

* 엥겔스가 뒤링을 공격했을 때, 독일 사회민주주의당의 상당히 많은 수의 대표자들은 뒤링의 견해에 경도되어 있었으며, 엥겔스의 신랄함, 편협함, 비동지적 논쟁 등에 대한 비판이 심지어 당대회에서까지 공개적으로 쏟아졌다. 모스트와 그의 동지들은 엥겔스의 글이 "대다수 독자에게 흥미롭지 못한" 것이므로 『전진』에서 삭제해야 한다는 제안을 내놓았다(1875년 당대회[16]에서). 또한 발타이히는 이 글들을 게재함으로써 당이 커다란 피해를 입었으며, 뒤링 또한 사회민주주의당에 기여했다고 발표했다. "우리는 당을 위해서 모든 사람들을 활용해야만 한다. 그렇지만 교수들이 논쟁을 벌일 경우, 『전진』은 그러한 논쟁의 장이 결코 아니다."(『전진』 제65호, 1877년 6월 6일자.)

의자들[17])뿐만 아니라 전술적 오류(라쌀레)와도 정력적으로 투쟁하는 과정을 수반했다는 사실을 상기하는 것 따위는 전혀 필요치 않다. 이런 것은 모두 쓸데없다! 프랑스인들은 인내심이 없어서 서로 말다툼질이고 독일인들은 좋은 친구들이어서 단결한다는 것이다.

그런데 한번 보라. 베른슈타인주의자들을 옹호하는 논리를 전적으로 반박하는 사실이 이 비할 데 없이 심오한 사상을 방패로 "기각되고 있다." 베른슈타인주의자들이 과연 프롤레타리아트의 계급투쟁이라는 기반 위에 서 있는 것인가 그렇지 않은 것인가 하는 문제는 오직 역사적 경험에 의해서만 최종적으로, 그리고 결정적으로 해결될 수 있다. 따라서 프랑스의 예야말로 여기서 가장 중요한 의미를 지닌다. 프랑스는 베른슈타인주의자들이 독일 동료들(또한 부분적으로는 러시아의 기회주의자들: 『노동자의 대의』 제2～3호 83~84쪽 참조)의 뜨거운 격려 속에 스스로 자신의 발로 서려고 시도했던 유일한 나라이다. 프랑스인들의 "비타협성"을 거론하는 것 — 그 "역사적(노즈드료프[18]식 의미에서)" 의의는 차치하고라도 — 은 매우 불쾌한 사실들을 성나서 내뱉는 욕설로 뭉개 보려는 시도에 불과하다.

물론, 우리는 끄리쳅스끼와 다른 수많은 "비판의 자유" 옹호자에게 독일인들을 선사할 생각도 전혀 없다. 만일 "누구나 인정하고 있는 베른슈타인주의자들"이 독일의 당의 대오 안에서

보시다시피, 이 역시 "비판의 자유"를 옹호하는 예이다. 독일인들의 예를 그렇게도 인용하기 좋아하는 우리의 합법 비판가들과 비합법 기회주의자들은 이 예를 곰곰이 생각해 보는 것이 좋을 것이다!

아직 용인되고 있다면, 그것은 베른슈타인의 "수정안"을 단호히 배격한 하노버 결의와 (그 전반에 흐르는 외교성에도 불구하고) 베른슈타인에 대한 직접 경고를 포함하고 있는 뤼벡 결의[19]에 독일인들이 복종하는 한에서다. 독일의 당의 이해관계라는 관점에서 볼 때, 외교성이 얼마만큼 적절했나에 관해서는, 즉 이 경우에는 나쁜 평화가 좋은 싸움보다 더 나은 것인가 하는 점에 관해서는 논쟁할 수도 있다. 한마디로, 베른슈타인주의를 배격하는 그 두 가지 방법의 합목적성을 평가하는 데서는 의견이 다를 수 있다. 하지만 독일의 당이 두 번이나 베른슈타인주의를 배격했다는 사실을 간과해서는 안 된다. 따라서 독일인들의 예가 "누구나 인정하고 있는 베른슈타인주의자들도 정치적, 경제적 해방을 위한 프롤레타리아트의 계급투쟁이라는 기반 위에 서 있다."라는 테제를 확인시킨다고 생각하는 것은 만인의 눈앞에서 벌어지고 있는 일을 전혀 이해하지 못하고 있음을 의미한다.*

* 『노동자의 대의』는 독일의 당 안에 있는 베른슈타인주의에 관하여 독자적인 평가를 철저히 "삼간" 채 사실을 그대로 옮겨 오는 것에만 그쳐 왔다. 예를 들자면, 제2~3호 66쪽에 실린 슈투트가르트 대회[20]에 관한 부분을 한번 보라. 모든 입장 차이는 "전술"로 귀결되어 있고, 압도적 다수가 이전의 혁명적 전술에 충실하다는 점만이 확인되고 있다. 아니면 제4~5호 25~26쪽을 보라. 베벨의 결의안을 인용하면서 하노버 대회의 연설들을 옮겨 놓은 것이 전부다. 베른슈타인에 대한 견해 표명이나 비판은 또다시 (제2~3호에서처럼) "특별한 논문"에서 다룰 것이라며 미루어 놓았다. 기이한 것은 제4~5호 33쪽에서 다음과 같은 문구를 읽을 수 있다는 점이다. "…… 베벨이 표명한 관점은 대회의 압도적 다수가 지지하고 있다." 그리고 그 몇 줄 아래에는 이렇게 적혀 있다. "…… 다비트는 베른슈타인의 견해를 옹호했다. …… 무엇보다 먼저 그는…… 베른슈타인과 그의 동료들이 어쨌거나(sic[원문 그대로]!) 계급투쟁이라는 기반 위에 서 있다는 점을 보여 주려 노력했다." 이 글을 쓴 것이 1899년 12월인데, 1901년 9월에 『노동자의 대의』는 베벨이 옳다는 신념을 이미 버렸음이 분명한 듯 다비트의 견해를 자기

이것뿐이 아니다. 우리가 이미 지적한 바와 같이, 『노동자의 대의』는 러시아사회민주주의당 앞에 "비판의 자유"라는 요구를 들고 베른슈타인주의를 옹호하며 나서고 있다. 그들은 우리가 부당하게 우리의 "비판가들"과 베른슈타인주의자들을 모욕했다고 확신하게 됐음이 분명하다. 그런데 도대체 어떤 사람들을? 누가? 어디서? 언제 모욕했다는 것인가? 무엇이 부당했단 말인가? 이에 관해서 『노동자의 대의』는 단 한 번도 그 어떤 러시아 비판가나 베른슈타인주의자도 거론하지 않은 채 침묵하고 있다! 우리로서는 두 가지 가능한 가정 가운데 하나를 취할 수밖에 없다. 하나는 부당하게 모욕을 당한 측이 남이 아닌 『노동자의 대의』 자신이라는 것이다. (이는 제10호에 실린 두 편의 글에서 『여명』과 『불꽃』이 『노동자의 대의』에 가한 모욕만이 언급되고 있는 데서 확인되는 바이다.) 그렇다고 한다면, 베른슈타인주의와의 일체의 연대를 그렇게도 완강하게 항상 거부해 왔던 『노동자의 대의』가 자신을 옹호하려 할 때마다 "누구나 인정하고 있는 베른슈타인주의자들"과 비판의 자유를 변호하는 말을 한마디씩 하지 않을 수 없었던 이 이상한 일을 무엇으로 설명해야 하는가? 다른 하나는 어떤 제삼자가 부당하게 모욕을 당했다는 것이다. 그렇다면 무슨 이유로 그들이 누구인지 침묵해야 하는가?

이처럼, 우리는 『노동자의 대의』가 그 탄생 순간부터 열중해 왔던(우리는 나중에 이를 보여 줄 것이다.) 숨바꼭질을 계속

자신의 견해처럼 되풀이하고 있다니!

하고 있음을 본다. 그렇다면 이제, 그지없이 훌륭한 "비판의 자유"가 처음으로 이처럼 실제로 적용되고 있는 것에 주의를 기울여 보자. 그런데 사실, 비판의 자유는 지금 비판의 전무 상태, 나아가 독자적 판단의 전무 상태로 귀착되어 있다. 러시아의 베른슈타인주의에 관해서는 마치 숨겨야 될 질병(스따로베르의 적확한 표현대로[21])인 것처럼 입을 다물고 있는 바로 그 『노동자의 대의』가 이 질병의 치료를 위해 질병의 독일적 변종에 대한 최신의 독일식 처방을 그대로 베끼라고 제안하다니! 비판의 자유이기는커녕 노예의, 아니 그보다 더 나쁜 원숭이의 모방이 아닌가! 현대의 국제적인 기회주의의 동일한 사회적, 정치적 내용은 민족적 특수성에 맞게 이러저러하게 변형되어 나타나고 있다. 어떤 나라에서는 기회주의자 그룹이 오래전부터 특별한 깃발 아래 진군해 왔다. 다른 나라에서는 기회주의자들이 실천적으로 급진적 사회주의자들의 정책을 수행하면서 이론은 무시해 왔다. 또 다른 나라에서는 혁명적 정당의 몇몇 당원들이 기회주의 진영으로 옮겨 가서, 원칙과 새 전술을 위한 공개 투쟁이 아니라 점진적으로, 눈에 띄지 않게, — 이렇게 표현해도 괜찮다면 — 징계 받지 않을 정도로 자기 당을 타락시켜 자신의 목적을 달성하려 애쓰고 있다. 또 어떤 나라에서는 그 같은 이탈자들이 정치적 노예제의 암흑 속에서 "합법" 활동과 "비합법" 활동의 너무나 독특한 상호 관계를 유지하며 똑같은 방법을 이용하고 있다. 기타 등등. 러시아의 베른슈타인주의가 과연 어떤 것으로 발현되었는지, 그것이 어떤 결과를 낳았는지는 분석하지도 않은 채, 러시아 사회민주주의자들의 통합 조건으로 베른슈타인주의와 "비판의 자유"를 말하려 달려드는 것, 그것은 아무것도 말하지 않기 위해 말하기 시작하는 것과 같다.

비록 단 몇 구절일지라도, 『노동자의 대의』가 말하고 싶지 않았던 것(혹은 어쩌면 이해하지도 못했던 것)을 우리가 바로 말해 보자.

3. 러시아에서의 비판

지금 우리가 검토하고 있는 문제에서 러시아의 주요한 특수성이란 자생적인 노동자운동과 선진적인 사회 여론의 맑스주의로의 전환이라는 두 가지의 **시작 자체**가 명백히 이질적인 요소들이 공동의 적(낡은 사회관과 정치관)과 투쟁하기 위해 공동의 깃발 아래 결합되면서 이루어졌다는 점이다. 우리는 지금 "합법적 맑스주의"의 밀월 시기를 말하고 있는 것이다. 일반적으로 말하자면 이는 매우 독창적인 현상이었다. 1880년대, 또는 1890년대 초반에는 이 같은 현상의 가능성 자체를 누구도 믿을 수 없을 정도였다. 언론이 전적으로 예속 상태에 있는 전제주의 국가에서, 정치적 불만과 저항이 조금도 자라지 못하도록 탄압했던 극단적인 정치적 반동의 시대에, 이솝의 언어를 빌리기는 했지만 "관심을 가진" 사람이라면 누구나 이해할 수 있는 말로 적힌 혁명적 맑스주의 이론이 느닷없이 검열을 통과한 서적으로 진로를 열었다. 정부는 (혁명적인) '인민의 의지'의 이론만을 위험한 것으로 간주하는 데 익숙해 있었으므로, 언제나 그렇듯 그 이론의 내적 발전을 눈치채지 못하고는 '인민의 의지'에 반대하는 경향이라면 어떤 것이건 흔쾌히 받아들였다. 정부가 불현듯 사태를 깨달아 검열관과 헌병의 중부대가 새로운 적을 찾아내 덮칠 때까지는 상당한(우리 러시아식 셈으로) 시간이 흘렀다. 그러는 동안 한 권 두 권 맑스주의 서적들이 나왔으며, 맑스주의 잡지와 신문들이 창간되었고, 모두 맑스주의자가 되어 맑스주의자들을 치켜세우고 그들의 비위를 맞췄으며, 출판인들은 뜻밖에도 날개 돋친 듯 팔리는 맑스주의 서적들에 열광했다. 이 같은 중독된 분위기에 에워싸인 초보 맑스주의자 가운데에 "거드름을 피워 대는 문필가……"[22]가 한둘이 아니었다는 것은 자명한 일이다.

이제는 이 시기에 관해 마치 과거를 이야기하듯 차분히 말할 수 있다. 우리 문필계의 지면에서 맑스주의가 잠시 꽃을 피웠던 것은 과격파와 온건파의 연합으로 인한 현상이었다는 사실은 어느 누구에게도 비밀이 아니다. 본질적으로 온건파는 부르주아 민주주의자들이었다. (이후 그들의 "비판적" 발전으로 명백히 증명된) 이 결론을 몇몇 사람들은 "연합"이 온전했던 시기에도 이미 생각한 바 있다.*

하지만 만일 그렇다면, 이후의 "분란"에 대한 가장 큰 책임은 미래의 "비판가들"과 이러한 연합에 들어갔던 바로 그 혁명적 사회민주주의자들에게 있는 것이 아닐까? 사태를 지나치게 직선적으로 바라보는 사람들에게서 종종 이 같은 질문과 이를 긍정하는 답변을 듣게 된다. 그러나 이들은 완전히 틀렸다. 민

* 여기서 말하고 있는 것은 뜰린이 스뜨루베에 반대하여 보고서 형식으로 쓴 글인데, 그 글은 「부르주아 문헌에 나타난 맑스주의 반영」이라는 제목의 스뜨루베의 글에 대한 것이다. 그 서문을 볼 것[23]. (저자가 1907년판에 붙인 주.)

을 수 없는 사람들이라 하더라도 그런 사람들과의 일시적 연합을 두려워하는 것은 자기 자신을 믿지 못하는 사람이나 하는 일이다. 그 어떤 정당도 그런 연합 없이 존재할 수는 없을 것이다. 합법적 맑스주의자들과의 결합은 러시아사회민주주의당이 맺은 일종의 최초의 실질적 정치 연합이었다. 이 연합 덕분에 놀라울 정도로 빨리 인민주의에 승리할 수 있었으며, 맑스주의 사상(통속화된 형태이긴 했지만)을 엄청난 규모로 폭 넓게 보급할 수 있었다. 게다가 연합이 아무런 "조건" 없이 이루어진 것도 아니었다. 그 증거는 1895년에 검열관이 불태워 없앤 맑스주의 저작집 『러시아의 경제 발전에 관련된 자료들』이다. 합법적 맑스주의자들과의 문필 협정을 정치 연합에 비교할 수 있다면, 그 책은 정치 조약에 비교될 수 있을 것이다.

물론 연합이 결렬된 것은 "연합 당사자들"이 부르주아 민주주의자들이었기 때문은 아니다. 그와는 반대로, 이 경향의 대표자들은 사회민주주의자 당의 자연스럽고 바람직한 연합 세력이다. 러시아의 현재 상황은 일차적으로 민주주의적 과제들을 제기하고 있기 때문이다. 그러나 그러한 연합의 필수 조건은 부르주아지의 이해관계와 노동자계급의 이해관계의 적대적 대립성을 사회주의자들이 노동자계급에게 폭로할 수 있는 기회가 충분히 보장되는 것이다. 그런데 대다수 합법적 맑스주의자가 의지해 마지않던 베른슈타인주의와 "비판적" 경향은 사회주의자들에게서 이러한 기회를 박탈하였다. 그들은 맑스주의를 비속화하고, 사회적 모순을 무마하는 이론을 선전하고, 사회혁명과 프롤레타리아독재의 사상을 불합리한 것이라 공표하고, 노동자운동과 계급투쟁을 보잘것없는 점진적 개혁을 위한 "현실적" 투쟁 및 협소한 노동조합주의로 끌고 가는 등의 일을 함으로써 사회주의적 의식을 타락시켰다. 이는 전적으로 부르주아 민주주의 진영이 사회주의의 독립권을 부정한 것과 마찬가지며, 따라서 그 존재권을 부정한 것이나 다름없다. 실천적으로 이는 시작 단계에 있는 노동자운동을 자유주의자들의 부속물로 전락시키려 함을 의미한다.

당연히 이러한 조건하에서는 결렬이 불가피했다. 하지만 이 결렬이 누구나 쉽게 접할 수 있고 널리 보급된 "합법적" 문헌에서 사회민주주의자들이 간단히 축출되었음을 의미했다는 데에 러시아의 "독특한" 특수성이 있었다. 이제 그 자리는 "예전에 맑스주의자였던 사람들"로 강화되었다. 그들은 "비판의 깃발 아래" 떨쳐 일어섰고 맑스주의를 "분쇄"할 독점권을 획득했다. "교조주의 반대"라는 함성이 들린다. 그리고 (지금은 『노동자의 대의』가 되풀이하고 있는) "비판의 자유 만세"는 금방 유행어가 되었으며 헌병과 검열관들도 이 유행에는 대항해 내지 못했다. 이를 잘 보여 주는 것은 유명해진(헤로스트라투스[24] 식으로 유명해진) 베른슈타인의 책 **세 권**이 러시아어판으로 출간된 예와 주바또프가 베른슈타인, 쁘로꼬뽀비치 씨 등의 책을 추천한 예다(『불꽃』 제10호). 이제 사회민주주의자들은 그 자체로도 힘든데다 순전히 외부의 걸림돌 때문에 믿을 수 없을 만큼 더 어려워진 과제, 즉 새로운 흐름과의 투쟁이라는 과제를 짊어지게 되었다. 그런데 이 흐름은 문필 영역에만 국한되지 않았다. "비판"으로의 전환에 뒤이어 사회민주주의 실천가들이 "경제주의"에 호응하여 끌려들게 되는 과정이 나타난 것이다.

합법적 비판과 비합법적 "경제주의"의 관계 및 상호 의존성이 어떻게 발생하여 성장해 왔는가 하는 흥미로운 문제는 별도의 글의 소재가 될 만한 것이다. 우리로서는 여기서 이런 관계가 확실히 존재함을 지적하는 것으로 충분하다. 악명 높은 *Credo*[25]가 그처럼 정당한 명성을 얻게 된 것은 이 관계를 솔직하게 공식화하고 "경제주의"의 기본적인 정치적 경향을 다음과 같이 무심코 털어놓았기 때문이다. 즉 노동자들은 경제투쟁(더 정확하게는 노동조합주의 투쟁이라고 해야 할 것인데, 노동조합주의 투쟁은 특유의 노동자 정치까지도 포함하고 있기 때문이다.)을 하게 하고, 맑스주의 지식인은 정치"투쟁"을 위해 자유주의자들과 결합하게 하자는 것이 그것이다. "인민 속에서의" 노동조합주의 활동은 첫째 임무를 수행하는 것이고, 합법적 비판은 둘째 임무를 수행하는 것을 뜻한다고 했다. 이 같은 언명은 "경제주의"를 겨냥하는 너무나 훌륭한 무기였기 때문에, 만일 *Credo*가 없었다면 그것을 만들어 내기라도 해야 했을 것이다.

*Credo*는 만들어 낸 것이 아니다. 다만 그 저자들의 의지와는 상관없이, 어쩌면 오히려 그들의 의지에 반해 공개되었을 뿐이다. 적어도, 새 "강령"을 세상 밖으로 끌어내는 데 일조한 이 글의 필자인 나는 연설자가 적어 놓은 그들 견해의 개요가 복사본으로 유포되어 *Credo*라는 꼬리표를 얻고 심지어 항의문과 함께

인쇄된 것과 관련해 항변과 비난을 들어야만 했으니 말이다!* 우리가 이 에피소드를 거론하는 것은 그것이 우리 "경제주의"의 매우 흥미로운 성격을 드러내 보이고 있기 때문이다. 공개에 대한 공포증 말이다. 이것은 *Credo*의 몇몇 필자들만이 아닌 바로 "경제주의" 일반의 성격이다. "경제주의"의 가장 직접적이고 가장 솔직한 지지자인 『노동자의 사상』, (『바데메쿰』[27]에 "경제주의자" 자료들이 공개된 것에 격분한) 『노동자의 대의』, 2년 전 자신의 *Profession de foi*[28]가 그에 대한 반박문과 함께 공개되는 것을 허용하지 않으려 했던 끼예프 위원회**, 그리고 그 밖에도 수많은 "경제주의"의 개별적 대표자가 공개에 대한 공포증을 보여 온 바 있다.

비판의 자유를 지지하는 자들이 드러내는 이 비판에 대한 공포증은 교활하기 때문이라고만 설명될 수는 없는 것이다. (분명, 비록 어떤 때는 교활함이 없을 리 없겠지만 말이다. 아직 제대로 자라지도 못한 새로운 경향의 맹아를 반대파가 공격할 수 있도록 세상에 내놓는 것은 앞뒤를 생각하지 못한 처사가 아닌가!) 그런 것이 아니라, 대다수 "경제주의자"는 이론적 논쟁, 분파 간의 이견, 광범위한 정치 문제들, 혁명가들을 조직하기 위한 계획 등을 그 어떤 것이건 그야말로 ("경제주의"의 본질상

---

* *Credo*에 반대하는 17인의 항의[26]를 말한다. 필자는 이 항의문 작성(1899년 말)에 참여한 바 있다. 항의는 *Credo*와 함께 1900년 봄에 국외에서 출판되었다. 지금은 꾸스꼬바 부인이 쓴 글(아마도 『지난날』에 실렸던 것 같다.)을 통해, 그녀가 *Credo*의 저자였다는 사실과 당시 국외의 "경제주의자"들 가운데서 쁘로꼬뽀비치 씨가 가장 돋보이는 역할을 했다는 사실이 이미 알려져 있는 상황이다. (저자가 1907년판에 붙인 주.)

** 우리는 끼예프 위원회의 성원들이 그 이후 바뀐 것으로 알고 있다.

필연적으로) 악의를 품고 바라본다. "이런 건 모두 국외로 넘겨 버려야 하는 건데!" — 상당히 일관된 "경제주의자"들 가운데 한 사람이 한번은 내게 이렇게 말한 적이 있다. 그는 이 말로써 매우 널리 유포되어 있는 (또한 이번에도 역시 순전히 노동조합주의적인) 관점을 표현한 것이니, 이는 『불꽃』 제12호에 실린 편지의 필자들이 『노동자의 대의』 제10호와 합창으로 다음과 같이, 즉 우리의 일은 여기 우리 땅에서의 노동자운동과 노동자 조직이며 나머지 다른 일은 공론가들이 고안해 낸 것이자 "이데올로기의 과대평가"라고 피력했던 것과 같다.

이제 다음과 같은 질문이 나온다. 러시아의 베른슈타인주의와 러시아의 "비판"의 이런 특수성을 고려할 때, 말로만 그치는 것이 아니라 실제로 기회주의에 대항하고자 했던 사람들의 임무는 어떤 것이어야 했는가? 첫째, 합법적 맑스주의의 시대에 겨우 시작되기만 하였다가 이제 다시 비합법 활동에 처해진 이론 작업을 재개하기 위해 부심했어야 했다. 그러한 작업 없이 운동의 성공적인 성장은 불가능했다. 둘째, 사람들의 머리를 극히 타락시켜 놓은 합법적 "비판"과 투쟁하기 위해 적극 나섰어야 했다. 셋째, 의식적이든 무의식적이든 우리의 강령과 전술을 폄하하려는 온갖 시도들을 폭로하고 반박하면서 실천 운동에서의 혼란과 우왕좌왕을 막기 위해 적극 나섰어야 했다.

『노동자의 대의』가 이 중 그 어떤 것도 하지 않았다는 것은 이미 잘 알려진 사실이다. 뒤에 우리는 그야말로 다양한 측면에서 이 자명한 진실을 상세히 밝혀야 할 것이다. 지금 여기서는 러시아의 "경제주의" 및 우리 조국의 비판이 지니고 있는 특수성과 "비판의 자유"라는 요구 사이에 어떤 놀라운 모순이 있는지를 보여 주고자 할 뿐이다. 실제 국외러시아사회민주주의자동맹이 『노동자의 대의』의 관점을 확인해 준 결의안의 본문을 쭉 훑어보라.

> 사회민주주의당의 사상의 가일층 발전을 위해 우리는 당 문헌에 사회민주주의당의 이론에 대한 비판의 자유가 절대적으로 필요함을 인정한다. 비판이 사회민주주의당 이론의 계급적, 혁명적 성격에 반하는 쪽으로 나가지는 않기 때문이다. (『두 대회』 10쪽.)[29]

그 근거로 든 것을 보자. 결의안의 "첫 부분은 베른슈타인주의에 관한 뤼벡 당대회 결의안과 일치한다."…… 정신이 단순하신 "동맹원들"은 이 같은 모방으로 자신들이 어떤 testimonium paupertatis[빈곤 증명서]에 서명을 했는지조차 알아채지 못하는 지경이다! "그러나…… 둘째 부분은 비판의 자유를 뤼벡 당대회보다 훨씬 협소하게 제한하고 있다."

그렇다면 국외동맹의 결의는 러시아의 베른슈타인주의를 반대하여 제출된 것인가? 그렇지 않다면 뤼벡을 들먹이는 것은 완전히 황당한 일 아닌가! 하지만 결의안이 "비판의 자유를 협소하게 제한하고 있다."라는 말은 사실이 아니다. 독일인들은 하노버 결의안을 통해 베른슈타인이 제출한 바로 그 수정안들을 조목조목 기각했으며, 뤼벡 결의안에서는 본문에 베른슈타인을 거명하며 그에게 개인적으로 경고한 바 있다. 그런데 우리의 "자유로운" 모방자들은 러시아 특유의 "비판"과 러시아 특유의 "경제주의"가 그 어떤 것으로 발현되는지에 대해서는 한마디도 내비치지 않는다. 이 문제에는 침묵을 지키면서 이론의 계급적, 혁명적 성격에 대해 앙상한 강변을 늘어놓는 것은 잘못 해석될 여지를 훨씬 더 많이 남길 뿐이다. 특히, 동맹이 "이른바 경제주의"(『두 대회』 8쪽 1항)를 기회주의로 간주하지 않는다면 말이다. 그러나 이것은 말이 나온 김에 짚어 봤을 뿐이다. 정말 중요한 것은 혁명적 사회민주주의자들에 대한 기회주의자들의 태도가 독일과 러시아에서 극과 극처럼 상반된다는 점이다. 잘 알려진 것처럼, 독일에서는 혁명적 사회민주주의자들이 기존의 것을 유지하려 한다. 기존의 것이란, 모두가 다 알고 있으며 수십 년간의 경험으로 세세한 것까지 다 해명된 오래된 강령과 전술이다. 수정안을 내고자 하는 사람들은 바로 "비판가들"인데, 이들은 별 볼일 없는 소수파이고 그들의 수정주의적 지향은 너무나 소심하기 때문에, 다수파가 이 "신종"을 그저 무미건조하게 거부할 뿐 그 이상은 아닌 까닭을 이해할 수 있다. 하지만 우리 나라, 러시아에서는 비판가들과 "경제주의자들"이 기존의 것을 지키려 한다. "비판가들"은 자신들을 계속 맑스주의자로 간주해 주고 자신들이 온갖 의미에서 다 행사해 온 그 "비판의 자유"를 보장해 주기를 원한다. (왜냐하면 근본적으로 그들은 당적 관계라는 것을 단 한 번도 인정한 적이 없고,* 게다가

* 공개적인 당적 관계와 당의 전통이 없다는 이 사실 하나만으로도 독일과 러시아의 근본적인 차이가 설명되며, 이는 합리적인 사회주의자라면 누구라도 맹목적인 모방을 경계하게 만들 요소이다. 그런데 여기 러시아에서 "비판의 자유"가 어떤 지경에까

비록 권고로나마 비판의 자유를 "제한할" 수 있는 공인된 당 기관이 우리에게는 없었기 때문이다.) "경제주의자들"은 혁명가들이 "현재의 운동의 완전한 권리"(『노동자의 대의』 제10호 25쪽)를, 즉 존재하고 있는 것의 존재 "적법성"을 인정해 주기를 바란다. 그들은 "이데올로그들"이 "물질적 요소들과 물질적 환경의 상호작용에 의해 규정되고 있는"(『불꽃』 제12호에 게재된 「편지」) 그 길에서 운동을 "끌어내리려" 하지 않기를 바란다. 그들은 "현 상황에서 노동자들이 벌일 수 있는 유일한 투쟁"인 그 투쟁을 바람직한 것으로 인정해 주기를, "그들이 현시점에서 실제로 하고 있는"(『노동자의 사상』의 『별책 부록』[30] 25쪽) 그 투쟁을 가능한 것으로 인정해 주기를 바란다. 이와는 반대로, 우리 혁명적 사회민주주의자들에게는 자생성, 즉 "현시점"에 있는 것에 대한 이 같은 숭배가 불만스럽다. 우리는 최근 몇 년간을 지배해 온 전술의 수정을 요구한다. 우리는 "통합하기에 앞서, 그리고 통합하기 위해서라도 먼저 단호하고 결정적으로 경계를 그어야 한다."(『불꽃』 창간 성명에서)고 천명한다. 한마디로, 독일인들은 수정을 거부하면서 기존의 것에 머물러

지 이르고 있는지를 보여 주는 전범이 있다. 러시아의 비판가 불가꼬프 씨가 오스트리아의 비판가 헤르쯔를 다음과 같이 나무라고 있는 것이다. "자신의 결론이 완전히 독립적인 것임에도 불구하고 헤르쯔는 여전히 지나치게 자기 당의 견해에 얽매여 있음이 분명하다. 그래서 세부적인 문제에서 견해를 달리하면서도 일반 원칙을 버릴 결심은 감히 하지 못하는 것이다."(『자본주의와 농업』 제2권, 287쪽.) 국민의 1,000명 중 999명이 정치적 노예근성으로, 또 당의 명예와 당적 관계에 대한 완전 몰이해로 골수까지 타락해 있는 정치적 노예국가의 신민이 입헌 국가의 시민에게 지나치게 "당의 견해에 얽매여 있음"을 거만하게 나무라고 있다니! 우리의 비합법 조직들에게는 비판의 자유에 관한 결의안 작성에 매달리는 일만이 남아 있을 뿐이다…….

있으며, 우리는 기존의 것을 숭배하거나 그것과 타협하는 것을 거부하며 변화를 요구한다.

우리의 "자유로운" 독일 결의안 모방자들은 이 같은 "작은" 차이를 깨닫지도 못하고 있다!

4. 이론투쟁의 중요성에 관한 엥겔스의 글

"교조주의와 공론주의", "당의 경직화 — 사상을 폭력적으로 옭아맨 데 대한 불가피한 형벌" — "비판의 자유"의 열렬한 수호자들이 『노동자의 대의』에서 기사도적으로 무장하여 싸우는 적들이 바로 이것이다. — 우리는 이 문제가 일정에 올라 무척 기쁘다. 다만 거기에 다른 문제 하나를 추가하고 싶을 뿐이다.

그렇다면 재판관은 누구인가?

우리 앞에는 문건 출판을 알리는 두 개의 선언문이 있다. 하나는 「러시아사회민주주의자동맹의 정기 기관지 『노동자의 대의』의 강령」(『노동자의 대의』 제1호 가운데 별쇄본)이고, 또 하나는 「노동해방그룹의 출판 재개 선언」[31]이다. 둘 다 1899년에 나온 것인데, 그때는 이미 "맑스주의의 위기"가 도마에 오른지 오래였던 때이다. 그렇다면 무엇인가? 여러분이 맑스주의의 위기가 언급되는 현상에 대한 지적과 새 기관지가 그 문제에 관해 취하려는 입장을 분명하게 피력한 부분들을 첫째 문건에서 찾아내려 한다면 그것은 헛수고일 것이다. 이 강령이나 1901년 동맹의 제3차 대회[32]에서 채택한 강령 보완문(『두 대회』 15~18쪽) 어디에도 당면한 이론적 활동과 그 절박한 과제들에 대한 언급은 한마디도 없기 때문이다. 전 세계 모든 사회민주주의자가 이론적 문제로 동요하고 있었음에도 불구하고, 이 기간 내내 『노동자의 대의』 편집진은 그것을 완전히 제쳐 두고 있었다.

이와는 반대로, 둘째 선언문은 무엇보다 먼저 최근 몇 년 동안 이론에 대한 관심이 약화되고 있다는 점을 지적하면서, "프롤레타리아혁명운동의 이론적 측면에 예리한 관심을 가질 것"을 강력히 요구하며, 우리 운동 내의 "베른슈타인주의 및 기타 반혁명적 경향을 가차 없이 비판할 것"을 촉구하고 있다. 기존에 발행된 『여명』의 각 호를 보면 이 같은 강령이 어떻게 실행되었는지를 알 수 있다.

결국, 우리는 사상의 경직화 등등에 반대하는 목청 높은 문구들이 이론적 사상 발전과 관련된 무기력과 무사태평을 은폐하고 있다는 것을 알게 된다. 러시아 사회민주주의자들의 예는 (이미 오래전에 독일의 맑스주의자들도 지적한 바 있는) 범유럽적인 현상, 즉 특히 저 악명 높은 비판의 자유란 한 이론을 다른 이론으로 대체하는 것이 아니라 전일적이고 깊이 있는 이론 일체로부터 벗어날 자유이며 절충주의와 무원칙성을 의미한다는 것을 특히 일목요연하게 보여 준다. 우리 운동의 실상을 어느 정도라도 알고 있는 사람이라면 누구나 맑스주의의 폭 넓은 보급이 일정 정도 이론적 수준의 저하를 수반한 상황을 보지 않을 수 없다. 이론적으로 제대로 준비되지 못한, 심지어 이론에 전적으로 무지한 상당수 사람이 운동의 실천적 중요성과 그 실천적 성공을 위해 운동에 가담했다. 따라서 『노동자의 대의』가

"현실 운동의 한 걸음 한 걸음이 한 다스의 강령들보다 중요하다."[33]는 맑스의 금언을 의기양양하게 내세울 때 그것이 얼마나 박자를 못 맞추고 있는 것인지 알 수 있다. 이론적 혼란의 시대에 이 말을 되풀이하는 것은 장례 행렬이 지나갈 때 축하한다고 말하는 것과 같다.[34] 앞서 인용된 맑스의 말은 고타 강령에 관한 그의 편지에서 따온 것인데, 이 편지에서 그는 원칙을 정식화하는 데 절충주의가 허용되는 것을 신랄하게 질책하고 있다.[35] 맑스는 당의 지도자들에게, 연합의 필요성이 이미 존재하는 것이라면 운동의 실천적 목표를 충족시키기 위해 협약을 체결하되 원칙을 거래하거나 이론적 "양보"를 해서는 안 된다고 쓰고 있다. 맑스의 생각은 이러한 것이었다. 그런데 우리 나라에는 그의 이름으로 이론의 중요성을 약화시키려 애쓰는 사람들이 있는 것이다!

혁명 이론이 없다면 혁명 운동도 있을 수 없다. 실천 활동의 가장 협소한 형태에 매몰되는 것이 기회주의의 최신 유행 설교와 서로 얼싸안고 있는 시기에, 이러한 생각은 아무리 강조해도 지나치지 않다. 러시아의 사회민주주의당에서 이론의 중요성은 사람들이 자주 잊고 있는 또 다른 세 가지 상황에 의해 더욱 커지고 있다. 첫째, 우리 당은 이제 겨우 자리를 잡고 제 면모를 갖춰 가고 있으며, 운동을 올바른 길에서 끌어 내릴 위험이 있는 다른 경향의 혁명사상들과 결산조차도 하지 못한 상태라는 점이다. 결산은커녕 오히려 가장 최근에는 비非사회민주주의적 혁명 경향이 현저히 활기를 띠게 되었다. (악쎌로트는 이미 오래전에 "경제주의자"들에게 이를 예언한 바 있다[36]). 이 같은 상황에서는 언뜻 보기에는 "별것 아닌" 실수가 실로 통탄할 만한 결과를 초래할 수 있으며, 근시안적인 사람들만이 분파들의 논쟁이나 색조의 엄격한 구별을 시기에 맞지 않는다거나 불필요한 것이라고 생각한다. 향후 오랜 기간에 걸친 러시아사회민주주의당의 미래는 어떠한 "색조"를 굳혀 가느냐에 따라 달라질 수 있다.

둘째, 사회민주주의 운동은 본질적으로 국제적인 운동이다. 이것이 의미하는 바는 우리가 민족적 쇼비니즘과 투쟁해야 한다는 것만이 아니다. 이는 또한 청년기의 나라에서 시작되고 있는 운동은 다른 여러 나라의 경험을 체현할 때에만 성공할 수 있음을 의미한다. 그런데 그러한 체현을 위해서는 단순히 그 경험이 어떤 것인지 안다든가, 최신의 결의안들을 그저 베껴 쓴다든가 하는 것으로는 불충분하다. 이를 위해서는 그 경험을 비판적으로 바라보고 독자적으로 검토할 수 있는 능력이 필요하다. 현대의 노동자운동이 얼마나 거대하게 성장하여 그 가지를 뻗어 왔는지를 상상해 보기만 해도, 이 같은 과제를 실행하기 위해서는 얼마나 풍부한 이론적 역량과 정치적 (또한 혁명적) 경험을 쌓아야 하는지를 이해하게 될 것이다.

셋째, 러시아사회민주주의당의 국민적 과제는 전 세계 그 어떤 사회주의정당도 직면해 본 적이 없던 성격의 것이다. 전제주의의 압제로부터 전 인민을 해방시켜야 할 이 과제가 우리에게 맡긴 정치적, 조직적 의무에 관해서는 뒤에 서술하도록 하겠다. 지금은 한 가지만 지적하고자 한다. 그것은 **선진적 이론으로 지도되는 당만이 전위투사의 역할을 수행할 수 있다는** 점이다. 이것이 의미하는 바가 무엇인지 조금이라도 구체적으로 떠올려 보고자 하는 독자들이라면, 게르쩬, 벨린스끼, 체르니셉스끼 같은 러시아사회민주주의당의 선구자들과 70년대의 빛나는 혁명가들을 그려 보면 될 것이다. 아니면, 지금 러시아 문학이 획득하고 있는 전 세계적 중요성을 생각해 보면 될 것이다. 아니면 또……, 그러나 이것만 해도 충분하지 않은가!

사회민주주의 운동에서 이론의 중요성이라는 문제에 관해 엥겔스가 1874년에 한 말을 인용해 보자. 엥겔스는 — 우리가 흔히 그러하듯 — 사회민주주의 투쟁의 커다란 형태로 **두 가지** (정치투쟁, 경제투쟁)를 인정하는 것이 **아니라, 세 가지, 즉 그 둘과 나란히 이론투쟁도** 인정하고 있다. 실천적으로나 정치적으로 강력해진 독일 노동자운동에 바친 그의 조언은 현재의 여러 문제와 논쟁의 관점에서 볼 때 매우 교훈적인 까닭에, 지금까지 그보다 더 위대한 책을 찾기 힘든 『독일 농민 전쟁』이라는 소책자*의 서문을 길게 인용하더라도 독자들이 불평하지 않으리라 믿는다.

> 독일의 노동자들은 그 밖의 유럽 노동자들에 비해 두 가지 점에서 본질적 이점을 지니고 있다. 첫째, 그들은 유럽에서 가장 이론적인 민족에 속하며, 독일의 이른바 '배웠다는 사람들'이 완전히 잃어버린 이론적 감각을 보존하고 있다. 독일 철학, 특히 헤겔 철학이 선행되지 않았다면, 독일의 과학적 사회주의

* Dritter Abdruck. Leipzig, 1875. Verlag der Genossenschaftsbuchdruckerei. [제3판. 라이프찌히, 1875년. 협동조합출판사.]

— 지금까지 존재한 단 하나의 과학적 사회주의 — 는 결코 생겨나지 않았을 것이다. 노동자들 사이에 이론적 감각이 없었다면, 이 과학적 사회주의는 결코 오늘날의 상황처럼 노동자들의 살과 피로 되어 있지 않을 것이다. 그리고 한편으로 영국 노동자운동이 개별 노동조합의 그 모든 출중한 조직 상태에도 불구하고 신속히 전진하지 못하게 만든 근본적 원인들 가운데 하나인 일체의 이론에 대한 무관심과 비교해 본다면, 또 다른 한편으로 프루동주의가 프랑스인들과 벨기에인들 사이에 그 원래적 형태로 야기했고 바꾸닌이 에스빠냐인들과 이딸리아인들 사이에 더욱 희화화된 형태로 야기했던 비행 및 혼란과 비교해 본다면, 이것이 얼마나 엄청난 장점인가를 잘 알 수 있다.

둘째 이점은 독일인들이 시간상 마지막으로 노동자운동에 뛰어든 편에 속한다는 데 있다. 독일의 이론적 사회주의가 생시몽, 푸리에, 오언의 어깨 위에, 즉 그 모든 공상과 그 모든 유토피아주의에도 불구하고 모든 시대의 가장 뛰어난 두뇌에 속하고 수많은 천재적 예견을 내놓은 사람들이며 그 예견들이 옳았다는 것이 오늘날 과학적으로 증명되고 있는 그 세 사람의 어깨 위에 자신이 서 있다는 사실을 결코 잊지 않을 것이듯이, 독일의 실천적 노동자운동은 자신이 영국과 프랑스의 운동의 어깨 위에서 발전하였고, 이 운동들이 값비싼 대가를 치르고 얻은 경험들을 간단히 이용할 수 있게 되었으며, 당시에는 거의 불가피했던 오류들을 오늘날 피할 수 있게 되었다는 사실을 결코 잊어서는 안 된다. 영국의 노동조합들과 프랑스의 정치적 노동자 투쟁들이 선행하지 않았더라면, 특히 빠리꼬뮌[14]이 던진 엄청난 충격이 없었더라면, 우리는 오늘날 어떻게 되었을 것인가?

독일 노동자들이 보기 드문 분별력을 가지고서 자신들의 처지에서 나오는 이점들을 이용했다는 것을 인정해야 한다. 노동자운동이 성립한 이래 처음으로, 투쟁은 그 세 가지 측면 — 이론적 측면, 정치적 측면, 실제적-경제적(자본가에 대한 저항) 측면 — 에 걸쳐서 단일한 음조와 연관을 유지하면서 계획적으로 수행되고 있다. 이 집중적 공격에 바로 독일의 운동이 가지고 있는 강력함과 불패의 힘이 있는 것이다.

한편으로는 독일의 운동이 점하고 있는 이러한 유리한 지위 때문에, 다른 한편으로는 영국의 운동의 섬나라라는 특수성과 프랑스의 운동에 가해진 폭력적인 진압 때문에, 현재 독일의 노동자들은 프롤레타리아 투쟁의 전위에 서 있다. 사건들이 독일 노동자들의 이 명예로운 지위를 얼마나 오랫동안 용인할지는 미리 말할 수 없다. 그러나 이 지위를 점하고 있는 한, 아마도 독일의 노동자들은 응당 그 지위에 속하는 직분을 이행할 것이다. 그러기 위해서는 투쟁과 선동의 모든 영역에서 두 배의 노력을 기울여야 한다. 특히 지도자들의 의무로 되는 것이 있으니, 모든 이론적 문제에 대해 더욱더 이해를 높여야 하고, 낡은 세계관에 속하는 전래의 공문구의 영향에서 더욱더 자신을 해방시켜야 하며, 또한 사회주의는 과학으로 된 이래 과학처럼 추진되기를, 즉 연구되기를 원한다는 사실을 늘 마음에 새겨 두어야 한다. 이렇게 획득되어 점점 더 명확해져 가는 인식을 더욱 열심히 노동자 대중 속에 보급하여 당 조직과 노동조합 조직 사이의 연결을 더욱 견고하게 하는 것이 중요하다.

…… 독일의 노동자들이 이렇게 나아간다 하더라도, 그들이 반드시 운동의 선두에 서서 진군하라는 법은 없지만 — 어떤 한 민족의 노동자들이 선두에 서서 진군하는 것은 결코 운동에 이익이 되지 않는다. —, 그렇게 나아간다면 그들은 전투의 대열에서 명예로운 자리를 점하게 될 것이다. 또한 예기치 않은 중대한 시련이나 큰 사건들이 일어나서 그들에게 더 큰 용기, 더 큰 결의와 실행력을 요구하게 된다면 그들은 만반의 준비를 갖추고 그 자리에 서 있을 것이다.[37]

엥겔스의 말은 예언이 되었다. 그로부터 몇 년 뒤 사회주의자특별법[15]이라는 예기치 않은 중대한 시련이 독일의 노동자들을 덮쳤다. 독일 노동자들은 실제로 만반의 준비를 갖추고 이를 맞았으며 승리로 이 위기를 타개할 수 있었다.

러시아 프롤레타리아트 앞에는 이보다 더한, 가늠할 수 없을 정도로 중대한 시련이 놓여 있다. 괴물과의 투쟁이 그들 앞에 놓여 있으니, 입헌 국가의 특별법이라는 것은 이 괴물에 비하면 그야말로 소인증 환자에 불과하다. 이제 역사는 우리에게 당면 임무를 제기했다. 그것은 다른 어떤 나라의 프롤레타리아트의 당면 임무보다도 혁명적인 것이다. 이 임무를 실행한다면, 즉 유럽 반동의 가장 강고한 보루일 뿐만 아니라 아시아 반동(이제는 이렇게 말할 수 있다.)의 가장 강고한 보루이기도 한 것을 파괴한다면, 러시아 프롤레타리아트는 세계의 혁명적 프롤레타리아트의 전위가 될 것이다. 또한, 우리가 70년대 우리의 선각자들과 같은 헌신적인 결의와 열정으로 그보다 천만 배 더 넓고 깊은 우리 운동을 고무할 수 있다면, 우리의 선각자들, 70년대의 혁명운동가들이 이미 얻은 바 있는 그 영예로운 칭호를 우리가 획득하리라 기대해도 될 것이다.

제2장

대중의 자생성과 사회민주주의자들의 의식성

우리는 70년대의 운동보다 한층 더 폭 넓고 깊은 우리 운동을 그 시대와 같은 헌신적인 결의와 열정으로 고무해야 한다고 말한 바 있다. 사실, 지금까지 그 누구도 현재의 운동이 갖는 강점은 대중의(주요하게는 산업 프롤레타리아트의) 각성이고 약점은 지도자인 혁명가들의 창발성과 의식성의 부족이라는 것을 의심하지 않았다.

하지만 아주 최근, 이 문제에 대해 지금까지 지배적이었던 모든 견해를 뒤엎을 만큼 위협적인 놀라운 발견이 일어났다. 이 발견을 이룬 것이 『노동자의 대의』다. 『노동자의 대의』는 『불꽃』 및 『여명』과 논쟁을 벌이면서, 부분적인 반대에 그치지 않고 "전반적인 견해차"를 보다 심오한 근원적인 문제, 즉 "자생적 요소와 의식적, '계획적' 요소의 상대적 중요성에 대한 서로 다른 평가"로 끌어가려 시도했다. 『노동자의 대의』의 비난 어린 테제는 이렇게 말한다. "발전의 객관적 혹은 자생적 요소의 중요성을 과소평가하고 있다."* 우리는 이에 대해 다음과 같이 말할 것이다. "『불꽃』 및 『여명』과의 논쟁이 『노동자의 대의』로 하여금 이 같은 '전반적인 견해차'에 생각이 미치도록 한 것 외에 다른 어떤 결과도 가져오지 않는다 할지라도, 이 유일한 결과야말로 우리에게는 큰 만족이다." 테제는 그 정도로 의미심장하며, 그만큼 명료하게 러시아 사회민주주의자들 사이의 현재의 이론적, 정치적 견해차의 핵심 전체를 비추고 있는 것이다.

자생성과 의식성의 관계라는 문제가 대단한 일반적 관심을 끌고 있는 것은 바로 이 때문이며, 따라서 세밀한 부분에 이르기까지 이 문제에 천착해야 한다.

1. 자생적 고양의 시작

우리는 앞 장에서 1890년대 중반에 러시아의 교육받은 젊은이들이 걷잡을 수 없이 맑스주의에 경도되어 갔음을 지적했다. 1896년의 그 유명한 뻬쩨르부르크 산업 전쟁[38]에 뒤이은 노동자 파업의 시기도 바로 이와 같은 걷잡을 수 없는 성격을 띠고 있었다. 러시아 전역으로 파업이 확산되어 간 것은 새롭게 부상하고 있는 인민 운동의 깊이를 극명하게 보여 주었다. "자생적 요소"에 관해 말한다면, 무엇보다 먼저 이러한 파업 운동이야말로 자생적인 것임을 인정해야 할 것이다. 그러나 자생성이라는 것도 그야말로 갖가지다. 파업은 러시아에서 "자생적인" 기

* 『노동자의 대의』 제10호 17~18쪽, 1901년 9월. 강조는 『노동자의 대의』가 한 것임.

계 파괴 등을 수반하며 70년대에도, 그리고 60년대에도 (심지어는 19세기 초반에도) 일어난 바 있다. 이 같은 "폭동들"과 비교하여 본다면 90년대의 파업은 "의식적"이라고까지 할 만하다. 이 기간에 걸쳐 노동자운동이 이루어 낸 이 같은 일보 전진은 그만큼 의미 있는 것이다. 이는 "자생적 요소"가 그 본질상 바로 의식성의 맹아적 형태임을 우리에게 보여 준다. 원시적인 폭동들도 그 자체로 어느 정도 의식성이 있었음을 표현한 것이다. 노동자들은 자신들을 억누르는 체계가 흔들리지 않을 것이라는 태곳적부터의 믿음을 버렸다. 그들이 집단적인 반격의 필요성을 이해하기 시작했다고는 말하지 않겠다. 그러나 그들은 그것을 느끼기 시작하기는 했다. 그리고 당국에 대한 노예적인 복종을 단호하게 떨쳐 버렸다. 하지만 이것은 어쨌거나 투쟁이라기보다는 절망과 복수심의 발현에 훨씬 가까웠다. 90년대의 파업은 우리에게 훨씬 더 번득이는 의식성을 보여 준다. 특정한 요구 사항이 제기되고, 더 적합한 순간이 언제인지 미리 계산되고, 다른 지방의 유명한 사례와 경우들이 논의되는 등등이 그러하다. 폭동이 단순히 짓눌려 온 사람들의 반란이었다면, 체계적인 파업은 이미 그 자체로 계급투쟁의 맹아를 표현했다. 그러나 그것은 맹아일 뿐이다. 저절로 일어난 이 파업들은 노동조합주의적인 것이지 아직 사회민주주의적이지는 않은 투쟁이었다. 그 파업들은 노동자와 고용주의 대립이 각성되고 있음을 알려주었지만, 노동자들에게는 현대의 정치체제 및 사회체제 전체와 자신들의 이해관계가 타협할 수 없는 대립 관계에 놓여 있다는 의식, 즉 사회민주주의 의식이 없었다. 아니, 있을 수 없었다.

이런 의미에서 90년대의 파업은 "폭동들"과 비교할 때의 그 엄청난 진보에도 불구하고 순전히 자생적인 운동에 머물렀다.

우리는 사회민주주의 의식이 노동자들에게 있을 수 없었다고 말했다. 그것은 오직 외부에서 들여올 수 있을 뿐이었다. 노동자계급은 그 자신의 힘만으로는 노동조합주의 의식, 즉 조합으로 단결하여 고용주들과 투쟁하고 노동자들에게 필요한 이러저러한 법률들을 정부가 제정하도록 하는 등등의 것이 필요하다는 신념을 마련할 수 있을 뿐이라는 사실은 모든 나라의 역사가 증명하는 바이다.* 사회주의 학설이라는 것은 유산계급의 교육받은 대표자들, 즉 지식인들이 일구어 낸 철학, 역사, 경제 등의 이론들에서 자라난 것이다. 현대의 과학적 사회주의의 창시자들인 맑스와 엥겔스 역시 그 사회적 지위로 볼 때 부르주아 지식인에 속했다. 그와 꼭 마찬가지로 러시아에서도 사회민주주의 학설은 노동자운동의 자생적 성장과는 전혀 무관하게 발생하였다. 그것은 혁명적인 사회주의적 지식인의 사상 발전의 당연하고도 필연적인 결과로 발생한 것이다. 지금 우리가 언급하고 있는 시기, 즉 1890년대 중반에 이르러 이 학설은 노동해방그룹이 이미 완전히 작성해 놓은 강령이었을 뿐만 아니라 러시아의 혁명적 청년들 대부분을 전취하기도 하였다.

이처럼, 노동자 대중의 자생적 각성, 의식적인 삶과 의식적

* 종종 생각하듯 노동조합주의가 "정치"라는 것을 일절 배제하는 것은 결코 아니다. 노동조합은 언제나 일정한 정치적(그러나 비非사회민주주의적) 선동과 투쟁을 수행해 왔다. 노동조합주의 정치와 사회민주주의 정치의 차이점에 관해서는 다음 장에서 언급할 것이다.

인 투쟁에 대한 자각이 현실로 존재했으며, 사회민주주의 이론으로 무장하여 노동자들에게로 뛰어든 혁명적 청년도 있었다. 여기서 특히 중요한 것은 종종 잊혀지곤 하는 (그리고 상대적으로 덜 알려진) 하나의 사실을 명백히 하는 것이다. 이 시기의 **최초의** 사회민주주의자들은 **열성적으로 경제 선동에 매달리면서도** — 또한, 이와 관련하여, 당시에는 필사본이었던 소책자 『선동에 관하여』[39]의 정말 유용한 지침들을 매우 중요시하면서도 — 그것을 유일한 임무로 생각하지 않았을 뿐만 아니라, 그와는 반대로 애초부터 일반적으로는 러시아사회민주주의당의 실로 광범위한 역사적 임무를, 특수하게는 전제주의 타도라는 임무를 내세웠다는 사실이 그것이다. 예를 들자면, 노동자계급해방투쟁동맹[40]을 결성한 뻬쩨르부르크의 사회민주주의자들은 1895년 말에 『노동자의 대의』라는 제호 아래 신문 창간호를 편집했다. 발간을 막 앞둔 이 신문은 1895년 12월 8일 밤, 즉 9일 새벽, 이 그룹 성원의 한 사람인 아나똘리 알렉쎄예비치 바네예프*의 집에서 헌병의 습격을 받아 압수되었고, 그리하여 『노동자의 대의』 창간호는 햇빛을 보지 못할 운명에 처해졌다. 이 신문의 사설[41](아마도 이 글은 경찰청 문서 보관실에 있다가 30년쯤 지난 후 『러시아 고사』와 같은 책이 발견할지도 모른다.)은 러시아 노동자계급의 역사적 임무를 개괄하고 있는데, 그 첫

* A. A. 바네예프는 미결 구금 상태에서 독거 생활로 얻은 결핵으로 인해 1899년에 동부 시베리아에서 생을 마쳤다. 그런 까닭에 우리는 본문에서 거론하고 있는 정보를 공개하는 것이 가능하다고 생각했다. 이 정보의 신빙성은 우리가 보증하는 바이다. A. A. 바네예프와 직접 가까이 알고 지냈던 사람들이 제공한 것이기 때문이다.

째 임무로 설정한 것이 정치적 자유의 쟁취였다. 다음으로 「우리의 장관들은 무엇을 생각하고 있는가?」라는 기사가 있었는데, 이는 문맹퇴치위원회들을 경찰이 괴멸시킨 사건을 다룬 것이다. 그 외에 뻬쩨르부르크에서뿐만 아니라 러시아의 다른 여러 도시들에서 들어온 투고들(예를 들어, 야로슬라블 주 노동자들의 유혈 격전[42])에 관한 글이 실려 있었다. 이처럼 1890년대 러시아 사회민주주의자들의 이 "최초의 경험" — 우리가 잘못 알고 있는 것이 아니라면 — 은 협소한 지역신문, 더 나아가 "경제주의" 성격의 신문이 아니었다. 그것은 파업 투쟁을 전제주의에 반대하는 혁명운동에 결합하고, 반동적 반反문명주의 정치에 억눌려 온 모든 사람에게서 사회민주주의당에 대한 지지를 이끌어 낼 것을 지향한 신문이었다. 이 시기 운동의 상황을 조금이라도 아는 사람이라면, 이 같은 신문이 수도의 노동자들과 혁명적 지식인들에게서 전적인 공감을 얻어내어 광범위하게 배포되었으리라는 것을 의심하지 않을 것이다. 이 계획의 실패는, 당시의 사회민주주의자들로서는 혁명의 경험과 실제적 준비가 부족했던 까닭에 그 시기의 절박한 요구를 충족시킬 힘이 없었다는 점을 보여 줄 뿐이다. 『상트뻬쩨르부르크 노동자 소식지』, 그리고 특히 『노동자 신문』과 1898년 봄에 러시아사회민주주의노동자당이 작성한 「선언」[43]에 대해서도 똑같은 말을 해야 할 것이다. 물론 우리는 이 같은 훈련 부족을 당시 활동가들의 과오로 치부할 생각은 전혀 없다. 그러나 운동의 경험을 활용하고 이 경험에서 실천적 교훈을 얻으려면, 이러저러한 부족한 점들의 의미와 그 원인들을 명확히 할 필요가 있다. 따라서 1895년에서 1898년 사이에 활동했던 사회민주주의자들의 일부(어쩌면 다수)가 그 당시에도, 즉 "자생적" 운동이 막 시작되고 있던 시기에도 매우 광범위한 강령과 투쟁 전술을 내세우는 것이 가능하다는 지극히 정당한 생각을 했다는 사실을 분명히 하는 것이 매우 중요하다.* 대다수 혁명가들의 준비 부족은 너무나 당연한 현상이어서 그 어떤 특별한 우려도 불러일으키지 못했다. 임무 설정이 올바르고 이 임무를 실행하려는 시도를 거듭할 만큼의 정열이 있었다면, 일시적 실패는 대단한 것이 아니다. 혁명 경험과 조직가적 수완은 획득 가능한 것이다. 필요한 품성을 자신에게서 계발하려는 열정만 있다면 말이다! 결점을 인식하는 것만으로도 혁명 과업에서는 절반의 개조를 이루어 낸 것 이상이 아니겠는가!

하지만 이러한 인식이 흐려지기 시작했을 때(위에 거명한 그룹의 활동가들에게는 이 같은 인식이 생생히 살아 있었다.), 자신의 결점을 미덕의 차원으로 끌어올릴 태세로 자신의 **자생성에 굴종하기와 맹종하기에 이론적** 근거까지 부여하려 시도한 사람

* "경제주의자들"은 「러시아사회민주주의당 기관지에 보내는 편지」(『불꽃』 제12호)에서 이렇게 말한다. "『불꽃』은 90년대 후반의 사회민주주의자들의 활동에 적대적 태도를 취하면서, 그 당시에는 사소한 요구 사항을 관철시키기 위한 투쟁 이외의 다른 활동을 할 수 있는 조건이 부재했다는 사정을 도외시한다." 본문에 인용된 사실들은 "조건의 부재"라는 주장이 **진실과는 극단적으로 배치됨**을 입증한다. 90년대 후반뿐만 아니라 중반에도 사소한 요구 사항을 관철시키기 위한 투쟁 이외의 다른 활동을 할 수 있는 모든 조건, 혁명가들을 충분히 준비시킬 수 있는 모든 조건이 존재했다. "경제주의자"들은 우리 사상가들과 지도자들 측의 준비 부족을 솔직히 인정하는 대신에 "조건의 부재"라는 것에, 즉 그 어떤 사상가도 어찌할 수 없는 운동의 길을 규정하는 물질적 환경의 영향에 모든 것을 떠넘기려 한다. 이것이 자생성에 대한 맹종이 아니라면 무엇이겠는가? 이것이 "이데올로그들"이 자신의 결점에 푹 빠져 있는 것이 아니면 무엇이겠는가?

들 — 심지어 사회민주주의당의 기관지들까지도 — 이 등장했을 때, 대단치 않았던 불행은 그야말로 재앙이 되어 버렸다. 이 같은 경향을 총괄해야 할 때가 왔으니, 그 경향을 표현하기에는 너무나 협소한 "경제주의"라는 개념 때문에 그 내용은 매우 불분명하게 특징지어지고 있다.

2. 자생성에 굴종하기. 『노동자의 사상』

이 같은 자생성이 어떻게 문헌상에 드러나고 있는가 하는 문제로 넘어가기 전에 (앞서 언급한 소식통이 우리에게 전한) 다음의 특징적인 사실을 짚어 보겠다. 그 사실은 러시아사회민주주의당의 이후의 두 경향의 반목이 뻬쩨르부르크에서 활동했던 동지들 사이에서 어떻게 발생하여 증대되어 갔는지를 어느 정도 분명히 비춰 주고 있다. 1897년 초, 유형에 처해지기 전에 바네예프와 그의 몇몇 동지들은 어떤 사적인 모임에 참석해야 했다.[44] 그 모임에는 노동자계급해방투쟁동맹의 "노장" 회원들과 "소장" 회원들이 모여 있었다. 논의는 주로 조직 문제, 특히 『"노동자의" 소식』 제9~10호(46쪽)에 완결된 형태로 실린 「노동자 상호 부금 규약」에 관해 이루어졌다. "노장파"(당시 뻬쩨르부르크 사회민주주의자들은 이들을 농담으로 "12월단원"[45]이라고 불렀다.)와 (나중에 『노동자의 사상』에 밀접하게 관여하게 된) 몇몇의 "소장파" 사이에 금방 첨예한 견해차가 드러났고 격렬한 논쟁이 불붙었다. "소장파"는 게재된 규약의 주요 원칙들을 옹호했다. "노장파"는 우리에게 무엇보다 필요한 것은 그런 것이 아니라 투쟁동맹을 혁명가 조직이자, 학습하는 청년들을 대상으로 하는 선전 서클들이나 다양한 노동자 상호 부금 등이 종속되는 조직으로 굳건히 세우는 것이라고 말했다. 물론 논쟁 당사자들은 이 같은 견해차 속에서 분열이 시작되고 있다고는 전혀 생각지 못했다. 그와는 반대로 그들은 이를 우연적이고 일회적인 것이라고 생각했다. 그러나 이 사실은 "노장" 사회민주주의자들과의 투쟁으로 "경제주의"의 발생과 확산이 러시아에서도 일어나고 있었음을 보여 주고 있다. (이 점을 현재의 "경제주의자들"은 종종 잊고 있다.) 이 투쟁의 많은 부분이 "문서의 형태로" 남아 있지 않은 유일한 까닭은 활동가 그룹의 성원들이 계승 방안을 전혀 마련해 놓지 못한 채 믿기지 않으리만큼 자주 바뀌었고, 따라서 견해차 역시 어떠한 문서로도 기록되지 않았기 때문이다.

『노동자의 사상』이 등장함으로써 "경제주의"는 세상에 그 모습을 드러냈다. 물론 그것은 단숨에 이루어지지는 않았다. 여러 도시에서 새로운 경향의 성공과 실패가 극히 우연적이었다는 사실, 또 이 "새로운" 경향의 지지자들과 반대자들 모두가 이 특수한 경향이 현실적인 것인지 아니면 단순히 몇몇 인물들의 준비 부족을 표현한 것인지를 너무나 오랫동안 문자 그대로 전혀 판단할 수 없었다는 사실을 이해하려면, 수많은 러시아 서클의 짧은 수명과 그 활동 조건을 구체적으로 떠올려 보아야 한다. (그런데 이는 경험한 사람만이 떠올릴 수 있는 것이다.) 예를 들어 등사판으로 나온 『노동자의 사상』의 처음 몇 호는 거의 대다수 사회민주주의자에게 전혀 알려지지 않았다. 그래서 우리가 지금 그 창간호의 사설을 인용하는 것은 오로지 그 사설이 V. I.의 글(『"노동자의" 소식』 제9~10호 47쪽 이하)에 재수록된 덕분이다. 물론 그 글은 우리가 앞서 언급한 신문 및 신문 기획안과는 확연히 다른 이 새 신문을 열심히 — 이성적이라 볼 수 없을 만큼 열심히 — 칭찬하는 것을 잊지 않았다.* 그런데 이 사설을 검토해 볼 필요가 있다. 그런 만큼 뚜렷하게 그것은 『노동자의 사상』과 "경제주의" 일반의 **정신 전체**를 드러냈던 것이다.

사설은 푸른 소매의 손[46]이 노동자운동의 발전을 막을 수는 없음을 지적한 후, 계속해서 다음과 같이 쓰고 있다. "……노동자운동의 이러한 강인한 생명력은 노동자들이 지도자들의 손에서 자신들의 운명을 탈취하여 마침내 스스로 그것을 움켜쥐게 되는 까닭에 존재하는 것이다." 이 기본 테제가 이후 상세히 전개되고 있다. 실제로는 지도자들(즉 사회민주주의자들, 투쟁동맹의 조직가들)이 경찰에 의해 노동자들의 손에서 탈취되었다고 말할 수 있다.** 그런데 사태는 마치 노동자들이 이 지도자들과 투쟁하여 그들의 압제로부터 해방된 것처럼 되어 있

---

* 한마디 더 해 두자. "경제주의"의 성격이 충분히 규정되었던, 국외에서는 특히 그러했던 1898년 11월에 『노동자의 사상』이 보낸 이 칭찬은 V. I.의 입에서 나온 것인데, 그 후 바로 그는 『노동자의 대의』 편집진의 일원이 되었다. 그럼에도 『노동자의 대의』는 러시아의 사회민주주의당 안에 두 경향이 존재한다는 사실을 부인했으며, 지금까지도 부인하고 있지 않은가!

** 다음과 같은 특징적인 사실을 보면 이 비유가 맞다는 것을 알 수 있을 것이다. "12월단원들"이 체포된 후, "12월단원들"과 관계했던 한 그룹과 가까이 지내던 도발자 N. N. 미하일로프(치과 의사)가 침탈에 협조했다는 사실이 실리쎌부르크 가의 노동자들 사이에 널리 알려지게 되자, 노동자들은 미하일로프를 죽이자고 결정할 정도로 격분했다.

는 게 아닌가! 이들은 혁명 조직을 강고히 하고 정치 활동을 확대하라고, 그리고 앞으로 나아가라고 하는 대신에, 노동조합주의 투쟁만 하라고, 뒤로 가라고 요구하기 시작했다. 이들은 "항상 정치적 이상을 잊지 않으려 애쓰기 때문에 운동의 경제적 기초가 흐려지고 있다."라고 천명했으며, 노동자운동의 좌우명은 "경제적 지위를 위한 투쟁"(!), 아니면 더 좋게 말해서 "노동자를 위한 노동자"라고 천명하였다. 이들은 파업기금이 "수백 개의 다른 조직들보다 운동을 위해 소중하다."라고 선언하였다.(1897년 10월에 나온 이 주장을 1897년 초의 "12월단원들"과 "소장파" 사이의 논쟁과 비교해 보라.) 기타 등등. "'크림층' 노동자들이 아니라 '평균적' 노동자들과 대중을 중요시해야 한다," "정치는 언제나 경제를 충실히 쫓아가는 것이다"* 등과 같은 말들이 유행어가 되어, 대부분의 경우에 합법적으로 나온 문구들을 통해 맑스주의를 단편적으로만 접한 채 운동에 이끌리고 있는 수많은 청년에게는 물리칠 수 없는 영향력을 획득했다.

이는 자생성 — V. V. 씨의 "사상"을 되풀이한 "사회민주주의자들"의 자생성, 1루블에 1꼬뻬이까를 더하는 것이 사회주의니 정치니 하는 것보다 더 가치 있고 가까운 것이라는 논거와 "무슨 미래의 세대들을 위해서가 아니라 자신과 자기 자식들을 위해 투쟁한다는 것을 알고 투쟁해야" 한다(『노동자의 사상』

---

* 『노동자의 사상』 창간호의 사설에 나온 말이다. 이를 보면 "러시아사회민주주의당 안의 V. V. 같은 자들"의 이론적 소양이 어떤 것인지를 판단할 수 있으니, 정치와 경제의 관계를 바로 그런 식으로 이해한 것 때문에 이미 오래전부터 "반동의 대가"라는 별명을 얻은 진짜 V. V.에 대해 맑스주의자들이 문필 전쟁을 벌이고 있는 바로 이때 이들은 "경제적 유물론"의 조잡한 속류화를 되풀이하고 있는 것이다!

제1호 사설)는 논거에 굴복한 노동자들의 자생성 — 이 의식성을 완전히 눌러 압도한 것이었다. 이와 유사한 문구들은 서유럽의 부르주아, 즉 사회주의를 증오하며 영국의 노동조합주의를 자국의 토양에 이식시키는 일을 해 온 서유럽의 부르주아, 노동자들에게 순수한 노동조합 투쟁*만이 훗날의 사회주의 따위를 내세운 미래 세대를 위한 것이 아니라 그들 자신과 자식들을 위한 투쟁이라고 말하는 서유럽의 부르주아가 언제나 즐겨 써 온 무기였다. 이제 "러시아사회민주주의당 안의 V. V. 씨 같은 자들"이 이 부르주아적 문구들을 되풀이하기 시작했다. 여기서 현재의 견해차를 심층적으로 분석하는 데 매우 유용한 세 가지 상황을 지적하는 것이 중요하다.**

첫째, 우리가 지적한 바 있는 자생성이 의식성을 압도한 과정 역시 **자생적인 방식으로** 이루어졌다는 점이다. 말장난처럼 보일지도 모르지만, 아아! 이것이 쓰디쓴 진실이다. 그 과정은 완전히 대립되는 두 견해가 공개적으로 투쟁하고 그리하여 한 견해가 다른 하나를 물리쳐 승리하는 방식으로 이루어진 것이 아니라, 점점 더 많은 수의 "노장" 혁명가들을 헌병이 "탈취"해 가고 점점 더 많은 "러시아사회민주주의당 안의 V. V. 씨 같은"

---

* 독일인들은 특별한 단어까지도 갖고 있다. "순수한 노동조합" 투쟁의 지지자를 뜻하는 "Nur-Gewerkschaftler"가 그것이다.

** 우리가 현재라는 말을 강조하는 것은 바리새인처럼 어깨를 으쓱하면서 다음과 같이 말할 사람들을 겨냥해서다. "이제 와서 『노동자의 사상』을 비난하는 건 쉬운 일이지. 하지만 그건 다 옛날 일이라고!" 우리는 이런 현대판 바리새인들에게 "Mutato nomine de te fabula narratur[이름을 바꾸었어도 너를 두고 하는 말이다]."라고 대답할 것이다. 이들이 『노동자의 사상』의 사상에 완전히 종속되어 있다는 사실은 뒤에 입증될 것이다.

"소장파"가 전면에 나섬으로써 이루어졌다. 운동의 분위기를 조금이라도 느껴 본 사람 — 오늘날의 러시아 운동에 참여했던 사람이라고는 말하지 않겠다. — 이라면 누구나 상황이 바로 이러하다는 사실을 너무나도 잘 알고 있다. 그럼에도 불구하고 독자들이 이 잘 알려진 사실을 분명히 알아야 한다고 우리가 특별히 주장하는 것은, 또 이를 적나라하게 보여 주기 위해 우리가 "노장파"와 "소장파" 사이의 1897년 초 논쟁에 관한 자료와 『노동자의 대의』 창간호에 관한 자료를 인용하는 것은 자신들의 "민주주의"를 자랑하는 사람들이 광범위한 대중(혹은 이제 막 청년이 된 사람들)이 이 사실을 모르고 있는 상황을 교묘하게 이용하고 있기 때문이다. 우리는 나중에 이 문제를 다시 다룰 것이다.

둘째, "경제주의"가 드러난 최초의 문헌에서 이미 우리는 너무나 독특한, 그리고 현재의 사회민주주의자들 사이에 나타나고 있는 견해차를 전부 이해할 수 있을 만큼 특징적인 현상을 볼 수 있다. "순수한 노동자운동"을 지지하고 프롤레타리아트 운동과의 가장 긴밀하고 가장 "유기적인"(『노동자의 대의』의 표현) 관계를 지지하는 자들, 비非노동자 지식인(사회주의적 지식인이라 할지라도)이라면 다 반대하는 자들은 자신들의 입장을 옹호하기 위해 부르주아적 "순수한 노동조합주의자들"의 논거에 의거하지 않을 수 없다는 현상이 그것이다. 『노동자의 사상』이 창간 때부터 *Credo*의 강령을 실행하는 데 — 자신도 의식하지 못한 채 — 매진했음이 우리에게 이를 보여 주고 있다. 이는 노동자운동의 자생성에 굴종하고 "의식적 요소", 즉 사회민주주의당의 역할을 축소하는 것은 그것이 어떤 것이든 ― 당사자가 원하든 그렇지 않든 아무 상관없이 ― 그 자체로 노동자에 대한 부르주아 이데올로기의 영향력을 강화함을 의미한다는 것 ― 『노동자의 대의』는 이를 결코 이해하지 못할 것이다. ― 을 보여 주고 있다. "이데올로기의 과대평가"*, 의식적 요소가 행하는 역할의 과대평가** 등을 말하는 자들은 모두, 노동자들이 "지도자들의 손에서 자신들의 운명을 탈취"하기만 한다면 순수한 노동자운동은 스스로 자신의 독자적인 이데올로기를 마련할 수 있으며 마련할 것이라고 상상한다. 그러나 이는 커다란 오류이다. 앞서 말한 것을 보충하기 위해 카우츠키의 다음과 같은 매우 정당하고도 중요한 말을 인용하겠다. 이것은 오스트리아사회민주주의당의 새 강령 초안과 관련하여 그가 한 말이다.***

> 우리의 수정주의적 비판가들의 다수는 맑스가 마치 경제 발전과 계급투쟁은 사회주의적 생산 조건을 창출할 뿐만 아니라 그 필연성에 대한 의식(카우츠키가 강조한 것)까지도 직접적으로 발생시킨다고 주장한 것처럼 생각한다. 그러면서 이 비판가들은 자본주의가 고도로 발전한 나라, 즉 영국이 다른 어떤 나라보다 이러한 의식으로부터 멀리 있다며 이의를 제기한다. 강령 초안에 근거하면, 위와 같이 반박을 당한 이 굉

---

* 「"경제주의자들"의 편지」, 『불꽃』 제12호.

** 『노동자의 대의』 제10호.

*** Neue Zeit[『신시대』] 제20집 제1권 제3호 79쪽, 1901~1902년. 카우츠키가 언급하고 있는 위원회의 초안은 약간 변경된 형태로 빈 대회(지난해 말 개최)에서 채택되었다.[47]

장한 정통 맑스주의 관점을 오스트리아당 강령을 작성한 위원회 역시 공유하고 있다고 생각할 수 있다. 강령에는 다음과 같이 적혀 있다. '자본주의 발전이 프롤레타리아트를 증대시키면 증대시킬수록 프롤레타리아트는 자본주의와 투쟁할 가능성을 얻게 되고, 얻지 않을 수 없다. 프롤레타리아트는 사회주의의 가능성과 필연성을 의식하기에 이른다.' 이렇게 보자면, 사회주의적 의식은 프롤레타리아트의 계급투쟁의 필연적이고 직접적인 결과인 것처럼 생각된다. 그러나 이는 전적으로 그릇된 것이다. 물론 학설로서의 사회주의는 프롤레타리아트의 계급투쟁과 마찬가지로 현대의 경제 관계에 뿌리를 두고 있으며, 또한 그런 경제 관계와 마찬가지로 자본주의가 낳은 대중의 빈곤과 비참함에 반대하는 투쟁으로부터 나오는 것이다. 그러나 사회주의와 계급투쟁은 나란히 발생하는 것이지 하나가 다른 하나를 낳는 것이 아니다. 이 둘은 서로 다른 전제 조건 아래에서 생겨난다. 현대의 사회주의 의식은 깊이 있는 과학적 지식에 근거해서만 생겨날 수 있다. 실로 현대의 경제학은 현대의 기술과 마찬가지로 사회주의적 생산의 조건이다. 하지만 프롤레타리아트는 자신들이 아무리 원하여도 양자 중 어떤 것도 창출하지 못한다. 둘은 모두 현대의 사회 과정으로부터 생겨나는 것이다. 과학의 담지자는 프롤레타리아트가 아니라 **부르주아 지식인**(카우츠키가 강조한 것)이다. 현대 사회주의는 이 계급의 개별 구성원들의 머릿속에서 생겨났으며, 그들에 의해 지적으로 탁월한 노동자들에게 전달되었다. 그리고 사정이 허락되는 곳에서 노동자들은 이 사상을 프롤레타리아트의 계급투쟁에 도입했다. 이처럼 사회주의적 의식은 von Außen Hineingetragens[외부로부터] 프롤레타리아트의 계급투쟁에 도입된 것이지 그 투쟁으로부터 urwüchsig[자생적으로] 자라 나온 것이 아니다. 이에 걸맞게 이전의 하인펠트 강령은 사회민주주의당의 과제가 프롤레타리아트에게 자신의 처지에 대한 의식과 자신의 임무에 대한 의식을 도입하는(문자 그대로 프롤레타리아트에게 채워 넣는) 것이라고 너무도 정당하게 말한 바 있다. 이 의식이 계급투쟁으로부터 저절로 생겨난다면 이렇게 말할 필요가 없을 것이다. 그런데 새 강령은 옛 강령의 이 명제를 떼어 내서 그것을 위에 인용한 명제에 꿰어 맞추었다. 그런데 이것이 사상의 흐름을 완전히 끊어 놓았다…….

노동자 대중 자신이 그들 운동의 진행 속에서 마련해 낸 독자적인 이데올로기라는 것이 성립할 수 없다면,* 문제는 오직 다음과 같을 뿐이다. 부르주아 이데올로기냐 아니면 사회주의 이

* 물론 이는 노동자들이 이 과정에 참여하지 않는다는 의미가 아니다. 그러나 그들은 노동자로서가 아니라 사회주의 이론가로서, 또 한 사람의 프루동이나 바이틀링으로서 참여한다. 다시 말하자면, 그들은 어느 정도 자기 시대의 지식을 습득하여 그것을 진전시키는 경우에만, 그리고 그런 만큼에 한해서만 여기에 참여하는 것이다. 그런데 노동자들이 더 빈번히 그렇게 되기 위해서는 노동자들의 의식 수준을 전반적으로 향상시키려고 가능한 한 많이 고민하고 노동자들이 인위적으로 축소된 "노동자용 서적"의 범주에 자신을 가두지 말고 더욱 많은 일반 서적을 읽어 체화하도록 해야 한다. "자신을 가두지"라는 말보다는 "갇히지"라고 하는 것이 더 옳을 것이다. 왜냐하면 노동자들 자신은 지식인을 대상으로 쓰인 모든 책을 읽고 있으며 또 읽었으면 하는 반면, 몇몇 (형편없는) 지식인들만이 "노동자들을 대상으로는" 공장 체계에 관해 말해 주고 이미 누구나 알고 있는 것을 되풀이해 주는 것으로 충분하다고 생각하기 때문이다.

데올로기냐. 여기에 중도는 없다. (인류는 "제삼의" 이데올로기라는 것을 고안해 낸 적이 없으며, 또한 계급 모순으로 찢겨진 사회에서는 계급 외적 또는 계급을 초월한 이데올로기라는 것도 있을 수 없기 때문이다.) 따라서 사회주의 이데올로기를 축소시키는 것, 그로부터 멀어지려는 것은 그것이 어떤 것이건 그 자체로 부르주아 이데올로기를 강화시킴을 의미한다. 자생성에 관해 말들이 많다. 하지만 노동자운동의 자생적 발전은 바로 부르주아 이데올로기에 노동자운동을 종속시키는 길이며 *Credo*의 강령을 따라 나아가는 것이다. 왜냐하면 자생적 노동자운동이란 노동조합주의, 즉 Nur Gewerkschaftlerei[순수 조합주의]이며, 노동조합주의란 바로 노동자들이 부르주아지의 이념적 노예가 되는 것을 의미하기 때문이다. 따라서 우리의 임무, 사회민주주의당의 임무는 자생성과 투쟁하는 것, 즉 부르주아지의 보호 아래로 들어가려는 노동조합주의의 자생적 지향에서 노동자운동을 끌어내어 그것을 혁명적 사회민주주의의 품 안으로 끌어들이도록 하는 것이다. 『불꽃』 제12호에 실린 "경제주의자들의" 편지의 필자들이 쓴 글, 즉 가장 뛰어난 이데올로그들이 아무리 노력한다 해도 물질적 요소들과 물질적 환경의 상호작용에 의해 규정되고 있는 길에서 노동자운동을 끌어 내릴 수는 없다고 쓴 글은 바로 이런 까닭에 사회주의를 거부하는 것과 전혀 다를 바 없다. 그리고 이 필자들이 문필 및 사회 활동의 무대에 나서는 사람이라면 누구나 그러해야 하는 것처럼 자신들이 말하고 있는 바를 끝까지 일관되게 그리고 의연하게 숙고할 능력이 있다면, 그들은 "불필요한 양손으로 빈 가슴에 팔짱을 끼는 것"밖에는, 그래서…… 그래서 노동자운동을 "최소 저항 노선", 즉 부르주아적 노동조합주의 노선으로 끌고 가는 스뜨루베 씨와 쁘로꼬뽀비치 씨, 아니면 노동자운동을 성직자 및 헌병 "이데올로기"로 끌고 가는 주바또프 씨 등에게 활동의 장을 제공하는 것밖에는 할 일이 없을 것이다.

독일의 예를 기억해 보자. 라쌀레가 독일 노동자운동에 바친 역사적 공로는 무엇인가? 그것은 그가 노동자운동이 (슐쩌-델리찌와 그 비슷한 무리들의 호감 어린 참여 아래) 자생적으로 지향해 온 점진적인 노동조합주의와 협동조합주의의 길에서 이 운동을 **끌어냈다**는 것이다. 이 과제를 수행하기 위해서는 자생적 요소의 과소평가, 과정으로서의 전술, 환경과 요소들의 상호 관계 등등에 관한 논의와는 전혀 상관없는 그 어떤 것이 필요하다. **자생성에 대한 결연한 투쟁**이 필요한 것이다. 그리고 오로지 오랜 세월에 걸친 그러한 투쟁의 결과로, 예를 들자면 베를린의 근로인민이 점진주의자들의 버팀목에서 사회민주주의자들의 훌륭한 보루로 바뀌는 쾌거를 이룬 것이다. 그런데 이 투쟁은 바로 지금 이 순간에도 결코 끝나지 않고 있다. (독일 운동의 역사를 쁘로꼬뽀비치 식으로, 그 철학을 스뜨루베 식으로 배우고 있는 사람들에게는 어떻게 비추어질지 모르겠지만.)[48] 이렇게 표현해도 좋다면, 지금 독일의 노동자계급은 몇 가지 이데올로기로 분열되어 있다. 일부 노동자는 가톨릭 노동자 단체와 군주주의적 노동자 단체에 흡수되었고, 다른 일부는 영국 노동조합주의의 부르주아적 숭배자들이 만든 히르쉬-둥커연맹[49]에 가입해 있다. 또 다른 일부는 사회민주주의 단체에 결합하였다. 마지막

이 나머지 다른 것들보다 훨씬 더 규모가 크다. 그러나 사회민주주의 이데올로기가 이러한 지배권을 획득해 내었다 하더라도, 그것은 다른 모든 이데올로기와 지칠 줄 모르는 투쟁을 해나갈 때에만 유지될 수 있을 것이다.

독자들은 묻는다. 하지만 자생적 운동, 즉 최소 저항 노선을 따르는 운동이 도대체 왜 부르주아 이데올로기의 지배로 이어진단 말인가? 간단한 이유에서다. 부르주아 이데올로기는 사회주의 이데올로기보다 훨씬 오래전부터 있어 온 것이며, 더 포괄적으로 발전해 왔고, 헤아릴 수 없을 정도로 많은 유포 수단을 가지고 있기 때문이다.* 그러므로 한 나라의 사회주의 운동의 역사가 짧으면 짧을수록, 비非사회주의적 이데올로기를 강화시키려는 모든 시도에 반대하는 투쟁을 더욱 열정적으로 해야 하며, 노동자들에게 "의식적 요소"를 배격하라고 외치는 형편없는 조언자들에 맞서 더욱 단호하게 경고해야 한다. "경제주의자들의" 편지의 필자들은 『노동자의 대의』와 한목소리로, 운동 유아기의 고유한 성격인 편협성을 혹독하게 비난한다. 우리는 이에 대해 이렇게 답할 것이다. 그렇다. 우리 운동은 실제로 유아기에 있다. 따라서 조속히 성장하기 위해서는, 자생성에 굴종하여

* 사람들은 종종 노동자계급은 자생적으로 사회주의에 이끌린다고 말한다. 사회주의 이론이 노동자계급의 불행의 원인을 다른 어떤 이론보다 깊이 있고 올바르게 정의한다는 의미에서 이는 전적으로 맞는 말이다. 그리고 바로 그런 까닭에, 이 이론 자신이 자생성에 굴복하지만 않는다면, 그것이 자생성을 정복하기만 한다면, 노동자들은 사회주의 이론을 그렇게 쉽게 체화하는 것이다. 이는 자명한 일이지만, 『노동자의 대의』가 잊고 왜곡하는 것이 바로 이 자명한 이치다. 노동자계급은 자연적으로 사회주의에 이끌려 간다. 그러나 너무나 폭 넓게 유포된 (그리고 항상 다종다양한 형태로 부활하는) 부르주아 이데올로기가 여전히 더욱더 자연적으로 노동자들을 옭아매고 있다.

운동의 성장을 억제하고 있는 사람들에 대한 우리 운동의 편협성이 필요하다. 이미 오래전에 투쟁의 온갖 결정적인 국면을 경험한 노련한 사람들을 어설프게 흉내 내는 것보다 더 우습고 해로운 일이 있겠는가!

셋째, 『노동자의 사상』 창간호는 "경제주의"라는 명칭(물론 우리는 이 말을 거부할 생각이 없는데, 어쨌거나 이 별칭은 이미 확립된 것이기 때문이다.)이 새로운 경향의 본질을 정확하게 전달하기에는 불충분하다는 사실을 우리에게 보여 준다. 『노동자의 사상』이 정치투쟁을 전적으로 부정하는 것은 아니다. 『노동자의 사상』 제1호에 게재된 상호 부금 규약에도 정부에 대한 투쟁에 관한 언급이 있다. 하지만 『노동자의 사상』은 "정치는 언제나 경제를 충실히 따라간다."라고만 생각한다. (다른 한편, 『노동자의 대의』는 그 강령에서 "러시아의 경우는 다른 어떤 나라보다 더 경제투쟁이 정치투쟁과 불가분의 관계에 있다."라고 강변하면서 이 명제를 변형시키고 있다.) 만일 정치라는 말을 사회민주주의 정치로 이해한다면, 『노동자의 사상』과 『노동자의 대의』의 이 명제들은 완전히 잘못되었다. 우리가 이미 알고 있는 것처럼, 노동자들의 경제투쟁은 매우 빈번히 부르주아적인, 교권주의적인, 혹은 기타 등등의 정치와 연관되어(비록 불가분의 관계는 아닐지라도) 일어난다. 만일 정치라는 말을 노동조합주의 정치로 이해한다면, 즉 모든 노동자의 처지에서 생기는 불행을 막아 주기는 하지만 그러한 처지를 없애 주지는 못하는, 즉 자본에 대한 노동의 예속을 소멸시키지 못하는 이러저러한 조치들을 국가로부터 얻어 내려는 노동자들의 일반적인 지향으로 이해한다면, 그렇다면 『노동자의 대의』의 명제들은 올바르다. 실제로 이 같은 지향은 사회주의를 적대시하는 영국의 노동조합주의자들이나 가톨릭 노동자들, "주바또프주의" 노동자들, 기타 등등을 막론하고 이들 모두에게 공통적인 것이다. 정치라고 다 같은 것은 아니다. 이처럼 우리는 『노동자의 사상』이 정치투쟁을 부정한다기보다는 정치의 **자생성**에, 그 무의식성에 굴종하고 있음을 본다. 『노동자의 사상』은 노동자운동 자체로부터 자생적으로 자라 나오는 정치투쟁(더 정확하게는, 노동자들의 정치적 원망과 요구)은 충분히 인정하면서, 현재 러시아의 조건과 사회주의의 일반적인 과제에 상응하는 특수한 **사회민주주의 정치를 독자적으로 만들어 내는** 것은 전적으로 거부한다. 우리는 아래에서 『노동자의 대의』의 오류 역시 이와 마찬가지임을 보여 주겠다.

3. 자기해방그룹[50]과 『노동자의 대의』

별로 알려져 있지도 않고 또 지금은 거의 잊혀 버린 『노동자의 사상』 창간호의 사설을 우리가 이렇게 상세히 분석한 까닭은 그 글이 후에 수많은 작은 지류를 이루며 세상에 쏟아져 나온 하나의 일반적인 흐름을 다른 어떤 것보다도 극명하게, 그리고 일찍이 표현하고 있었기 때문이다. V. I.가 『노동자의 사상』 창간호와 그 사설에 열렬한 찬사를 보내며 그 사설이 "거침없이, 그리고 열정적으로"(『"노동자의" 소식』 제9~10호 49쪽) 쓰였다고 한 것은 지극히 온당하신 말씀이었다. 자신의 의견에 대한 확신이 있고 자신이 뭔가 새로운 것을 제공하고 있다고 생각하는 사람이라면, 누구나 "열정적으로" 글을 쓰며, 자신의 견해가 극명하게 드러날 수 있도록 글을 쓴다. 양다리를 걸치는 데 익숙한 사람, "열정"이라곤 없는 사람들만이 어제는 『노동자의 사상』의 열정을 칭찬했다가 오늘은 반대편을 "논쟁에 열정적"이라고 공격할 수 있는 것이다.

우리는 지금 『노동자의 사상』의 『별책 부록』은 검토하지 않을 것이며(뒤에 우리는 다양한 문제들에 관하여 "경제주의자들"의 사상을 가장 일관되게 표현하고 있는 이 글을 인용하게 될 것이다.), 다만 「노동자자기해방그룹의 호소」(1899년 3월에 나왔고, 1899년 7월 런던의 『전야』 제7호에 재수록)를 간략하게 짚고 넘어가겠다. "노동자의 러시아는 이제 막 잠에서 깨어나 겨우 주위를 둘러보고 먼저 눈에 들어온 투쟁 수단들을 본능적으로 거머쥐려 하고 있다." 이 「호소」의 필자들은 이렇게 매우 정당하게 말하면서도, 『노동자의 사상』과 마찬가지로 이로부터 잘못된 결론을 내린다. 그들은 본능이란 무의식성(자생성)이며 그 때문에 사회주의자들이 도와주어야 한다는 사실, "먼저 눈에 들어온" 투쟁 수단들은 현대사회에서는 항상 노동조합주의 투쟁 수단들이며 "먼저 눈에 들어온" 이데올로기는 부르주아(조합주의) 이데올로기라는 사실을 잊고 있다. 이 필자들 역시 정치를 "부정"하지는 않는다. 그런 대신에 V. V. 씨를 좇아 정치는 상부구조이며, 따라서 "정치 선동은 경제투쟁을 위한 선동의 상부구조여야 하고 이 투쟁의 토양 위에서 자라 나와 그것을 좇아가야 한다."라고 (오직 그렇게만!) 말할 뿐이다.

『노동자의 대의』는 아예 곧바로 "경제주의자들"을 "옹호"하며 활동을 시작했다. 창간호(제1호 141~142쪽)에서 『노동자의 대의』는 악쎌로트가 유명한 소책자*를 통해 "경제주의자들"에 대해 경고한 사실을 거론하면서 "악쎌로트가 어떤 젊은 동지들에 대해서 말하는 것인지 모르겠다."라는 식으로 새빨간 거짓말을 했으며, 그 후에 이 거짓말을 둘러싸고 악쎌로트 및 쁠레하노프와 논쟁이 불붙자, "당혹감을 표현하는 형식으로, 국외의 모든 소장 사회민주주의자들을 이 부당한 비난(악쎌로트가 "경제주의자들"을 소견이 좁다고 비판한 것)으로부터 방어해 주고 싶었다."라고 인정해야만 했다. 사실 악쎌로트의 그 같은 비난은 극히 정당한 것이었다. 그리고 『노동자의 대의』도 그 비난이 편집국원인 V. I.를 겨냥한 것이라는 사실을 훤히 알고 있었다. 덧붙여 지적하자면, 앞서 언급한 논쟁에서 『러시아 사회민주주의자들의 임무』라는 나의 소책자[51]를 해석한 부분은 악쎌로트가 전적으로 옳았으며 『노동자의 대의』는 완전히 틀렸다. 그 소책자는 『노동자의 사상』이 아직 등장하기 전인 1897년에 쓴 것인데, 그때 나는 앞서 그 성격을 규정한 바 있는 뻬쩨르부르크 투쟁동맹의 **최초의** 경향이 지배적이라고 생각했으며 그것은 정당한 것이었다. 최소한 1898년 중반까지는 이 경향이 실제로 지배적이었다. 따라서 1897~1898년에 뻬쩨르부르크에서 "경제주의" 관점 때문에 **어쩔 수 없이** 써야 했던 그런 관점을 서술한 소책자를 "경제주의"의 존재와 그 위험성을 반박하는 근거로 인

* 『러시아 사회민주주의자들의 현재의 임무와 전술 문제에 부쳐』, 주네브 1898년. 1897년에 써서 『노동자 신문』에 보낸 두 통의 편지.[36]

용할 권리가 『노동자의 대의』에게는 조금도 없다.*

하지만 『노동자의 대의』는 "경제주의자들"을 "옹호하는" 데 그치지 않고 그 자신도 끊임없이 그들이 범한 주요한 혼란 속으로 빠져 들어갔다. 이 같은 방향 상실은 『노동자의 대의』 강령의 다음 테제를 두 가지 의미로 이해하는 데서 비롯되었다. "우리는 최근 몇 년간 발생한 **대중적 노동자운동**(『노동자의 대의』가 강조한 것)을 동맹의 저술 활동의 성격 및 **임무를 주로 규정하게 될**(내가 강조한 것) 러시아 상황의 극히 중요한 현상으로 본다." 대중운동이 극히 중요한 현상이라는 데는 논쟁의 여지가 있을 수 없다. 그러나 문제는 바로 이 대중운동에 의한 "임무 규정"을 어떻게 이해하느냐 하는 점이다. 이는 두 가지로 이해할 수 있다. 하나는 이 운동의 자생성에 굴종한다는, 즉 있는 그대로의 노동자운동에 단순히 봉사하는 수준으로 사회민주주의당의 역할을 귀착시킨다는 의미로 이해할 수 있다. (『노동자의 대의』, 자기해방그룹, 그리고 그 밖의 "경제주의자들"의 이

---

* 『노동자의 대의』는 변명을 늘어놓으며 첫 번째 거짓말("악셀로트가 어떤 젊은 동지들에 대해서 말하는 것인지 모르겠다.")에 두 번째 거짓말을 보태 놓은 격인 다음과 같은 『답변』을 썼다. "『임무』에 대한 비평이 쓰인 후부터 몇몇 러시아 사회민주주의자들 사이에 경제주의적 일면성에 경도된 경향이 생겨났으며, 또한 그것이 어느 정도 분명해졌다. 이 경향은 『임무』(9쪽)에 묘사되어 있는 우리 운동의 상황과 비교해 볼 때 한 걸음 후퇴한 것이다." 1900년에 나온 『답변』이 이렇게 말하고 있는 것이다. 그런데 (그 비평이 실린) 『노동자의 대의』 창간호는 1899년 4월에 나왔다. 과연 1899년에 "경제주의"가 막 발생했단 말인가? 그렇지 않다. 1899년은 "경제주의"에 대한 러시아 사회민주주의자들의 항의(*Credo*에 대한 항의)가 처음으로 퍼져 나온 해다.[26] "경제주의"는 『노동자의 대의』가 매우 잘 알고 있는 것처럼 1897년에 발생한 것이다. 왜냐하면 V. I.가 이미 1898년 11월에 (『"노동자의" 소식』 제9~10호에서) 『노동자의 사상』을 한껏 찬양하고 있기 때문이다.

해가 그러하다.) 다른 하나는 대중운동이 우리 앞에 새로운 이론적, 정치적, 조직적 임무, 즉 대중운동이 발생하기 전까지의 시기에 우리가 충족시킬 수 있었던 것보다 훨씬 더 어려운 임무를 제기하고 있다는 의미로 이해할 수 있다. 『노동자의 대의』는 바로 이 첫째 방식의 이해에 경도되어 왔고 지금도 그러하다. 왜냐하면 『노동자의 대의』는 새로운 임무에 관해서는 아무런 명확한 언급도 하지 않으면서, 대중운동이 우리에게 제기한 임무를 분명히 인식하고 그것을 해결해야 할 필요성을 마치 이 "대중운동"이 면제해 주기라도 하는 양 항상 말해 왔기 때문이다. 이를 입증하려면 『노동자의 대의』가 전제주의 타도를 대중적 노동자운동의 첫째 과제로 내세우는 것은 불가능하다고 생각하면서 그 과제를 눈앞의 정치적 요구를 (대중운동의 이름으로) 얻어내기 위한 투쟁이라는 임무로 격하시켰다는 사실(『답변』 25쪽)을 드는 것만으로도 충분할 것이다.

『노동자의 대의』의 편집자인 끄리첸스끼가 제7호에 쓴 글 —「러시아 운동의 경제투쟁과 정치투쟁」—, 똑같은 오류들을 반복하고 있는 그 글*은 제쳐 두고 『노동자의 대의』 제10호로 직

* 예를 들어, 정치투쟁의 "단계론"이나 "소심한 우왕좌왕" 이론이 이 글에서는 다음과 같이 표현되어 있다. "그러나 그 성격상 전 러시아에 공통적인 정치적 요구들은 처음에는"(이 글이 쓰인 것은 1900년 8월이다!) "경제투쟁으로부터 해당 노동자층(sic[원문 그대로]!)이 얻어 낸 경험에 상응해야 한다. 이 경험에 근거해서만(!) 정치 선동에 착수할 수 있고, 또 그렇게 해야 한다," 등등(11쪽). 같은 글 4쪽에서 그 필자는 경제주의적 이단이라는 전혀 근거 없는 — 그가 볼 때 — 비난에 반대하여 떨쳐 일어나 애절하게 외친다. "도대체 어떤 사회민주주의자가, 맑스와 엥겔스의 학설에 따르면 개별 계급들의 경제적 이해관계가 역사에서 결정적 역할을 하며 따라서 자신의 경제적 이해관계를 위한 프롤레타리아트의 투쟁이 특히 그 계급의 발전과 해방 투쟁을 위해 최우선의 의의를 지니고 있어야 한다는 것을 모른단 말인가?"(강조는 내가 한 것) 이 "따라

접 넘어가자. 물론, 우리는 끄리쳅스끼와 마르띠노프가 『여명』과 『불꽃』에 반대한 문구 하나하나를 뜯어 살피지는 않을 것이다. 여기서 우리에게 관심이 있는 부분은 『노동자의 대의』 제10호가 취한 원칙적인 입장뿐이다. 그러므로 우리는 『노동자의 대의』가 아래의 문구들 사이에서 "극단적인 모순"을 보았다고 한 그 희한한 발견도 분석하지 않을 것이다.

"사회민주주의당은 사전에 미리 고안해 낸 정치투쟁의 계획이나 방법으로 자신의 손을 묶지도, 활동의 폭을 제한하지도 않는다. 사회민주주의당은 당의 현재 역량에 상응하는 한, 모든 투쟁 수단을 인정한다. ……"(『불꽃』 제1호)라는 문구와 "어떤 상황, 어떤 시기에도 정치투쟁에서 경험을 쌓은 강고한 조직이 없다면, 굳건한 원칙들에 의해 조명되어 흔들림 없이 실행되는 체계적인 활동 계획 — 그것만을 전술이라고 칭할 수 있다. —을 말할 수 없다."(『불꽃』 제4호)라는 문구가 그것이다.

전술에 관해 말하자면, 모든 투쟁 수단, 계획, 방법 등의 — 그것이 합목적적이기만 하다면 — 원칙적 인정과 당면한 정치적 시기에 흔들림 없이 실행되는 계획에 따라야 한다는 요구를 혼

서"라는 말은 전혀 적합하지 않다. 경제적 이해관계가 결정적 역할을 한다는 것으로부터 경제투쟁(노동조합 투쟁)이 최우선의 의의를 지닌다는 결론이 나오는 것은 결코 아니다. 왜냐하면 계급의 가장 본질적이고 "결정적인" 이해관계는 근본적인 정치 변혁 일반에 의해서만 충족될 수 있기 때문이다. 특히, 프롤레타리아트의 기본적인 경제적 이해관계는 부르주아독재를 프롤레타리아독재로 바꾸는 정치혁명을 통해서만 충족될 수 있기 때문이다. 끄리쳅스끼는 "러시아사회민주주의당 안의 V. V. 같은 자들"의 논리(정치는 경제의 뒤를 따른다, 등등)와 독일 베른슈타인주의자들의 논리(예를 들자면, 볼트만이 바로 그 같은 논리로 노동자들은 정치혁명을 생각하기 전에 우선 "경제적 힘"을 획득해야만 한다는 것을 논증한 바 있다.)를 되풀이하고 있다.

동하는 것은 모든 치료법의 의학적 인정과 현재의 병을 치료하기 위해 하나의 특정한 치료법을 고수해야 한다는 요구를 혼동하는 것과 마찬가지다. 그런데 문제는 『노동자의 대의』가 우리가 자생성에 굴종하기라고 부른 병을 앓고 있으면서도 이 병에 대한 그 어떤 "치료법"도 인정하려 들지 않는다는 점이다. 이런 까닭에 『노동자의 대의』는 "계획으로서의 전술은 맑스주의의 기본 정신에 어긋난다."(제10호 18쪽)라거나 전술이란 "당과 함께 성장하는 당 임무의 성장 과정"(『노동자의 대의』 11쪽)이라는 굉장한 발견을 해내게 된 것이다. 뒤의 이 격언은 『노동자의 대의』가 보여 준 "경향"의 무너지지 않을 기념비이자 유명한 격언이 될 가능성을 죄다 가지고 있다. "어디로 갈 것인가?"라는 질문에 기관지는 다음과 같은 답을 준다. "운동은 운동의 출발점과 이후의 지점들간의 거리가 변해 가는 과정이다." 그러나 이 비교할 바 없이 예리한 통찰력은 단지 하나의 희한한 일이 아니라 (만일 그랬다면 이것을 특별히 검토할 필요는 없을 것이다.) 전일적인 한 경향의 강령이다. 그것은 R. M.이 (『노동자의 사상』의 『별책 부록』에서) 표현했던 바로 그 강령, 즉 가능한 투쟁이 바람직한 것이며 현 시기에 진행되고 있는 투쟁이 바로 가능한 것이라는 강령이다. 이것이야말로 자생성에 수동적으로 순응해 가는 끝없는 기회주의의 경향인 것이다.

"계획으로서의 전술은 맑스주의의 기본 정신에 어긋난다!" 이는 맑스주의를 중상하는 것이며, 인민주의자들이 우리와 싸울 때 우리에게 했던 것같이 맑스주의를 희화화하는 것이다. 이는 의식적인 활동가들의 활력과 창발성을 그야말로 격하시키는 것이다. 맑스주의는 그와는 반대로, 사회민주주의당에게 넓디넓은 전망을 열어 보이고, 노동자계급의 투쟁의 길로 "자생적으로" 일어서고 있는 수백만의 강력한 힘을 통제(이렇게 표현해도 좋다면)하면서, 사회민주주의당의 활력과 창발성에 엄청난 자극을 주지 않는가! 국제적인 사회민주주의당의 역사 전체는 계획으로 가득 차 있다. 이 계획들은 어떤 이의 선견지명과 정치적, 조직적 안목의 올바름을 증명하기도 하고, 또 어떤 이의 근시안과 정치적 오류들을 드러내 보이기도 하면서, 여러 정치 지도자들이 제기해 왔던 것이다. 독일이 거대한 역사적 굴곡 — 제국의 형성, 제국의회의 개원, 일반 선거법의 제정 — 을 겪을 때, 리프크네히트는 사회민주주의 정치와 과업의 일정한 계획을 갖고 있었다. 슈바이쩌에게는 다른 계획이 있었다. 사회주의자특별법이 독일의 사회주의자들을 엄습했을 때 폭력과 테러에 단순히 호소하려 했던 모스트와 하쎌만에게는 그들 나름의 계획이 있었다. 슈람과 회히베르크, 그리고 (부분적으로) 베른슈타인에게는 또 다른 계획이 있었다. 그들은 사회민주주의자들이 비이성적인 과격함과 혁명성으로 이 법을 자초했으므로 이제는 모범적인 행동으로 용서를 받아야 한다고 사회민주주의자들에게 설교하기 시작했다. 비합법 기관지를 준비하고 이를 발간해 낸 사람들에게는 또 다른 계획이 있었다.[52] 어떤 길을 선택할 것인가의 문제를 두고 발생한 투쟁이 종식되고 많은 세월이 흘러, 선택된 길의 적합성을 역사가 최종적으로 판정한 뒤에 과거를 돌아보면서, 당과 함께 성장하는 당 임무의 성장이라는 교훈을 뇌까리며 통찰력을 과시하는 것은 물론 어렵지 않을 것이다. 하지만 러시아의 "비판가들"과 "경제주의자들"이 사회민주주의당을 노동조합주의의 수준으로 격하시키고 있으며 테러리스트들이 과거의 오류를 되풀이하는 "계획으로서의 전술"을 수용해야 한다고 역설하고 있는 이 혼란의 한 해,* 바로 그러한 시기에 이처럼 대단한 통찰력에 갇히는 것은 자신에게 "빈곤 증명서"를 발부하는 것을 의미한다. 수많은 러시아 사회민주주의자가 바로 활력과 창발성의 부족, "폭 넓은 정치 선전, 선동, 조직화"**의 부족, 보다 폭 넓은 혁명 과업의 설정이라는 "계획"의 부족 등으로 고통 받고 있는 바로 그러한 시기에 "계획으로서의 전술은 맑스주의의 기본 정신에 어긋난다."라고 말하는 것은 맑스주의를 이론적으로 속류화하는 것일 뿐더러, 실천적으로 당을 후퇴시키는 것이기도 하다.

> "혁명적 사회민주주의당의 임무는" — 『노동자의 대의』가 우리에게 훈시한다. — "의식적 활동을 통해 객관적인 발전을 단지 촉진시키는 것일 뿐이지 그 발전을 폐기하거나 주관적인 계획으로 그것을 대체하는 것이 아니다. 『불꽃』은 이론으로는 이 모든 것을 알고 있다. 그러나 실천에서는, 전술에 대한 교조주의적 관점 덕분에, 맑스주의가 의식적인 혁명 활동에 정당하게 부여한 커다란 의의가 발전의 객관적 또는 자생적 요

---

* Ein Jahr der Verwirrung[혼란의 한 해] — 메링이 자신의 저서 『독일사회민주주의당의 역사』의 한 장에 붙인 소제목이다. 이 글에서 그는 사회주의자들이 새로운 조건에 상응하는 "계획으로서의 전술"을 선택하면서 처음에 보인 동요와 우유부단함을 묘사하고 있다.

** 『불꽃』 제1호의 사설에서.

소들의 중요성을 과소평가하는 쪽으로 그들을 끌고 간다."(18쪽.)

또다시 일단의 패거리를 거느린 V. V. 씨에게 어울리는 대단한 이론적 혼란이다. 우리는 우리의 철학자에게 묻고 싶다. 주관적인 계획을 만들어 내는 사람이 객관적인 발전을 "과소평가한다"라면, 그것은 어떻게 나타납니까? 분명 그것은 이러한 객관적 발전이 특정 계급, 계층, 그룹들, 특정 민족들, 민족 그룹들 등등을 생성하거나 강화하고 죽이거나 약화시킨다는 사실, 그것으로 이러저러한 국제적인 정치 세력들과 혁명 정당의 입지 등을 제약한다는 사실을 그가 간과하는 것으로 드러난다. 하지만 그렇다면 그의 잘못은 자생적 요소를 과소평가한 데 있는 것이 아니라, 그와는 반대로 **의식적** 요소를 과소평가한 데 있는 것이다. 그에게는 객관적 발전을 올바로 이해할 만한 "의식성"이 부족하기 때문이다. 따라서 자생성과 의식성의 "**상대적**(『노동자의 대의』가 강조한 것) 중요성에 대한 평가"라는 말 하나만 보아도 "의식성"이 전적으로 결여되어 있음이 드러난다. 만일 그 유명한 "발전의 자생적 요소"가 인간이 의식할 수 있는 것이라면, 그 요소를 그릇되게 평가하는 것은 "의식적 요소를 과소평가하는 것"과 마찬가지다. 반면에 만일 그 요소가 의식될 수 없는 것이라면, 우리는 그것들을 알지 못하고, 따라서 그것들에 관해 말할 수도 없다. 대체 끄리쳅스끼 씨는 무엇에 관해 말하고 있는가? 만일 그가 『불꽃』의 "주관적인 계획"이 오류임을 발견한다면(그는 그것이 잘못되었다고 천명하고 있다.), 그는 이 계획이 도대체 어떤 객관적인 사실을 간과하고 있는지를 밝히고, 『불꽃』이 간과하고 있는 것에서 보이는 의식성 부족, "의식적 요소에 대한 과소평가"를 그의 언어로 비판해야만 할 것이다. 그렇지 않고 만일 주관적인 계획이란 것을 못마땅해하는 그가 "자생적 요소에 대한 과소평가"(!!)를 들먹거리는 것 말고는 다른 논거를 갖고 있지 않다면, 이로써 그가 증명해 보이는 것은 다음과 같은 사실, 즉 자신이 1) 이론적으로는, 벨또프에게 충분히 비웃음을 당한 까레예프나 미하일롭스끼 식으로 맑스주의를 이해하고 있다는 사실과 2) 실천적으로는, 우리의 합법적 맑스주의자들을 베른슈타인주의에, 그리고 우리의 사회민주주의자들을 "경제주의"에 경도시킨 바로 그 "발전의 자생적 요소"에 너무나 만족스러워한다는 사실뿐이다. 또 어떻게 해서라도 러시아사회민주주의당을 "자생적" 발전의 길에서 끌어 내리려 결의한 사람들에 대해 그가 "격분"하고 있다는 사실뿐이다.

더 나아가 이제 아주 재미있는 일이 벌어진다. "자연과학이 그 어떤 성과를 거둔다 해도 사람들은 조상 대대로 내려온 방식대로 번식하게 될 것이다. 이와 마찬가지로, 사회과학이 그 어떤 성과를 거둔다 해도, 그리고 의식적인 투사들이 아무리 증가한다 해도, 앞으로도 새로운 사회질서의 출현은 주로 자생적 폭발의 결과일 것이다."(19쪽.) 선조들의 지혜로운 말씀 중에는 다음과 같은 말이 있다. 머리가 모자라 아이를 못 낳는 사람은 없는 법이라는 것이 그것이다. "최신 사회주의자들"(나르찌스 뚜뽀릴로프 식의)은 이와 비슷한 명언을 말씀하신다. 누구나 새로운 사회질서의 출현에 참여할 만큼의 머리는 있다는 것이 그것이다. 우리도 역시 그렇다고 생각한다. 그러한 참여를 위해서는 "경제주의"가 횡행할 때면 "경제주의"에, 테러주의가 발생하면 테러주의에 항복하는 것으로 충분하다. 그래서 『노동자의 대의』는 테러에 경도되어서는 안 된다고 경고하는 것이 너무도 중요했던 올 봄에, 자신으로서는 "새로운" 이 문제 앞에 어찌할 바를 모르고 서 있었던 것이다. 그리고는 반년이 지난 지금, 이 문제가 더 이상 그처럼 절박한 문제가 아닌 바로 이 시점에 다음과 같은 성명을 우리 앞에 치켜들고 있는 것이다. "테러 분위기의 고양에 대항하는 것은 사회민주주의당의 임무가 될 수 없고 되어서도 안 된다고 우리는 생각한다."(『노동자의 대의』 제10호 23쪽.) 그리고 대회 결의안을 내세운다. "대회는 체계적이고 공격적인 테러는 시의적절하지 않다고 본다."(『두 대회』 18쪽.) 이 얼마나 분명하고 조리 있는 말인가! 우리는 대항하지 않는다. 하지만 시의적절하지 않다고 천명한다. 게다가 비체계적이고 방어적인 테러는 "결의안"에 포함되지 않을 것이라고 천명한다. 이런 결의안이 무척 안전하며 오류를 범할 우려가 전혀 없다는 사실은 인정해야 할 것이다. 이는 마치 아무것도 말하지 않기 위하여 말한 사람은 실언할 염려가 없는 것과 마찬가지 아니겠는가! 그런 결의안의 작성을 위해 필요한 것은 오직 하나뿐이다. 운동의 꽁무니를 붙잡을 줄 알면 되는 것이다. 『노동자의 대의』가 테러 문제를 새로운 문제라고 천명한 것을 『불꽃』이 조소하자, 『노동자의 대의』는 화가 나서 "15년도 더 전에 한 망명 작가 그룹이 제출한 전술적 문제에 대한 결정을 당 조직에 강요하려는 그야말로 있을 수 없는 요구"(24쪽)라며 『불꽃』을 비난했다. 결정의 올바름을 대중에게, 조직에, 당에 확신시키기 위해 사전에 문제에 관한 이론적인 결정을 하다니 도대체 이 얼마나 의식적 요소를 과대평가하는 짓이며 권위를 내세우는 거드름이란 말인가!* 어느 누구에게 그 무엇도 "강제하지" 않으면서 누구나 아는 일을 반복하고, "전환"이 있을 때마다 "경제주의"에 또는 테러주의에 굴종하는 것이 훨씬 더 낫지 않겠는가. 『노동자의 대의』는 『불꽃』과 『여명』이 "무형의 혼돈 상태를 떠도는 혼령처럼 운동에 대항하여 자신의 강령을 내세우고 있다."(29쪽)라고 비난하면서, 세속의 현명함이라는 저 위대한 유훈을 일반화시키기까지 한다. 자생적 운동의 위를 떠돌 뿐만 아니라 그 운동을 "자신의 강령"으로까지 끌어올리는 "혼령"이 되고자 하는 것이 아니라면 사회민주주의당의 역할은 어디에 있단 말인가? 운동의 꽁무니에서 질질 끌려다니는 것이 그 역할은 결코 아닐 것이다. 그렇게 된다면, 최상의 경우라면 운동에 전혀 무익할 뿐이며, 최악의 경우라면 그 해악은 무척 큰 것이다. "노동자의" "대의"라는 것이 이 같은 "과정으로서의 전술"을 좇고 있을 뿐만 아니라 그것을 원칙으로까지 격상시키고 있다. 따라서 그 노선은 기회주의라기보다는 (꽁무니라는 단어에서 나온) 꽁무니주의라고 부르는 것이 더 옳을 것이다. 그리고 항상 운동의 꽁무니를 따라가기로 굳게 결의한 사람들은 영원히, 그리고 절대로 "발전의 자생적 요소를 과소평가할" 염려가 없다는 점을 말하지 않을 수 없다.

* 노동해방그룹이 테러 문제에 관한 "이론적" 결정을 내리면서 선행한 혁명운동의 경험을 종합적으로 정리했다는 사실 역시 잊어서는 안 될 점이다.

* * *

이제 우리는, 러시아의 사회민주주의당 안의 "새로운 경향"의 기본적인 오류란 자생성에 굴종한 것, 그리고 대중의 자생성이 우리 사회민주주의자들에게 많은 의식성을 요구하고 있음을 이해하지 못한 것이라는 사실을 분명히 알게 되었다. 대중이 자생적으로 고양되면 될수록, 운동이 더욱 널리 퍼져 나가면 나갈수록, 사회민주주의의 이론적, 정치적, 조직적 활동에서 더 많은 의식성에 대한 요구는 그와 비교할 수 없을 만큼 급속히 커진다.

러시아에서 대중은 젊은 사회민주주의자들이 그 같은 엄청난 과제를 실행할 준비를 미처 다하지 못할 만큼 그렇게 빠르게 자생적으로 고양되었다. (그리고 그 성장은 지금도 계속되고 있다). 이 준비 부족이야말로 우리 모두의 비극, **모든** 러시아 사회민주주의자의 비극이다. 대중의 고양은 시작된 곳에서 그치는 것이 아닐 뿐더러 새로운 지역과 새로운 계층을 장악해 가면서 끊임없이(노동자운동의 영향으로 운동에 참여하는 청년층과 지식층 전반에서뿐만 아니라 농민층에서도 민심이 들끓었다.), 그리고 성과를 계승하면서 진행되고 확대되었다. 혁명가들은 "이론"에서도, 활동에서도 이러한 대중의 고양에 **뒤처졌으며**, 전체 운동을 **지도**할 수 있는, 중단되지 않고 계승되는 조직을 건설하지 못했다.

제1장에서는 『노동자의 대의』가 우리의 이론적 과제를 과소평가하고 "비판의 자유"라는 유행어를 "자생적으로" 되풀이하

고 있음을 확인한 바 있다. 이 유행어를 반복하는 자들에게는 독일과 러시아에서 보이는 기회주의자 "비판가들"과 혁명가들의 극단적인 입장 대립을 이해할 "의식성"이 부족했던 것이다.

다음의 장들에서는, 사회민주주의당의 정치적 임무와 조직 활동에서 이 같은 자생성에 굴종하기가 어떻게 나타났는지를 살펴보겠다.

제3장

노동조합주의 정치와 사회민주주의 정치

이제 다시 『노동자의 대의』를 칭찬하는 것으로 시작해 보자. 「폭로 문건과 프롤레타리아의 투쟁」 — 마르띠노프는 『노동자의 대의』 제10호에서 『불꽃』과의 이견을 다룬 자신의 글에 이러한 제목을 붙였다. "우리는 노동자 당의 발전 도상에서 부딪치게 되는 체제를 폭로하는 것에만 그칠 수 없다. 우리는 프롤레타리아트의 당면 이해관계 및 가까운 미래의 이해관계들에도 화답해야 한다."(63쪽.) 그는 이견의 핵심을 이렇게 정식화했다. "…… 『불꽃』……은 사실상 우리의 체제, 특히 정치체제를 폭로하는 혁명적 반정부 세력의 기관지다……. 우리는 프롤레타리아트의 투쟁과의 긴밀하고 유기적인 연관 속에서 노동자의 대의를 위해 활동하고 있으며 또 앞으로도 그럴 것이다."(같은 쪽.) 이렇게 정식화해 준 데 대해 마르띠노프에게 감사하지 않을 수 없다. 이 정식화는 우리 모두의 높은 관심을 얻고 있다. 왜냐하면 그것은 본질상 『노동자의 대의』와 우리의 이견만이 아니라 정치투쟁이라는 문제에 관한 우리와 "경제주의자들"의 전반적인 이견을 포괄하고 있기 때문이다. 우리는 "경제주의자들"이 "정치"를 무조건 부정하는 것이 아니라 정치를 사회민주주의적으로 이해하지 않고 항상 노동조합주의적으로 이해할 뿐임을 이미 보여 준 바 있다. 마르띠노프 역시 완벽하게 그렇다. 따라서 우리는 바로 그를 이 문제에 관한 "경제주의적" 몰이해의 전형으로 삼는 데 이의가 없다. 『노동자의 사상』의 『별책 부록』의 필자들도, 자기해방그룹 성명서의 필자들도, 『불꽃』 제12호에 실린 "경제주의자들의" 편지의 필자들도 이와 같은 선택에 대해 우리에게 자신들의 정당함을 요구할 권리가 없다. 우리가 이를 증명해 보일 것이다.

1. 정치 선동과 경제주의자들의 정치 선동 협소화

러시아 노동자들의 경제투쟁*이 폭 넓게 확산되고 강화된 것과 발을 맞추어 경제 상황(공장과 직종의 상황)을 폭로하는 "문건"이 나왔다는 것은 잘 알려진 일이다. "전단들"의 주요 내용은 공장 체제를 폭로하는 것이었으며, 이내 노동자들 사이에서는 이 같은 폭로를 갈망하는 열정이 폭발적으로 터져 나왔다. 사회민주주의자 서클들이 노동자들에게 노동자들의 빈궁한 생

* 우리는 오해의 소지를 없애기 위해, 이후의 글에서 경제투쟁(우리에게 굳어진 단어 사용법에 따라)이라는 말을 쓸 때는 그것을 언제나, 앞서 언급한 인용에서 엥겔스가 "자본가에 대한 저항"이라 불렀으며 자유국가에서는 생디칼리스트 투쟁 또는 노동조합 투쟁이라 불리는 그러한 "실제적 경제투쟁"으로 이해하고 있다는 점을 밝혀 두는 바이다.

활, 이루 말할 수 없이 힘든 노동, 일체의 권리를 빼앗긴 노동자들의 처지 등에 관한 모든 진실을 말해 주는 새로운 종류의 전단들을 보급하고자 하고 또 그렇게 할 수 있다는 사실을 알게 되자마자, 노동자들은 각 공장과 작업장에서 산더미같이 많은 통신문을 보내오기 시작했다. 이 같은 "폭로 문건"은 전단에서 그 죄악이 폭로된 작업장에서뿐만이 아니라 폭로된 사실들을 조금이라도 전해 듣게 된 모든 작업장에서도 엄청난 파문을 불러일으켰다. 서로 다른 공장에서 종사하고 서로 다른 직종에 종사한다 할지라도 노동자들의 불행과 곤궁이라는 것은 대개 비슷했으므로, "노동자의 삶에 관한 진실"은 모든 이를 감격시켰다. 가장 후진적인 노동자들 사이에서도 "전단을 만들려는" 진정한 열의가 자라났다. 그것은 현대사회체제 전체에 대항한 전쟁의 이 맹아적인 형태를 향한 숭고한 열의였다. 또한 거의 대부분의 경우에 "전단들"은 실제로 하나의 선전포고였다. 왜냐하면 폭로된 사실들은 실로 엄청난 선동의 효과를 나타내어, 노동자들로 하여금 역겹도록 추악한 상황을 타개해야 한다는 공통된 요구를 내세우고 파업으로 이 요구를 지지하려는 태세를 갖추도록 만들었기 때문이다. 결국에는 공장주 스스로가 이 전단들이 선전포고와 같은 의미를 지니고 있음을 인정해야 했을 정도였다. 그들은 그러한 전쟁이 일어나는 것을 결코 원하지 않았으며, 따라서 앉아서 기다리지 않았다. 언제나 그렇듯이 폭로라는 것은 그것이 등장했다는 사실 하나만으로도 위력적이었으며, 강력한 도덕적 압력이라는 의의를 획득했다. 전단이 한번 뿌려지기만 해도 내세운 요구의 전부 혹은 일부가 관철되는 일이 한두 번이 아니었다. 한마디로 경제 폭로(공장 상황의 폭로)는 경제투쟁의 중요한 지렛대였으며 지금도 여전히 그러하다. 그리고 자본주의가 존재하는 한, 노동자들의 자기 방어를 필연적으로 야기하는 자본주의가 존재하는 한, 그러한 의의는 여전히 남게 될 것이다. 가장 선진적인 유럽의 몇몇 나라에서는 지금도, 어떤 벽촌 "수공업 작업장"이나 모든 이의 기억 속에서 잊혀 버린 가내수공업종의 열악한 상황을 폭로하는 것이 계급의식을 각성시키고 노동조합 투쟁을 촉발시키고 사회주의를 확산시키는 출발점이 되고 있음을 볼 수 있다.*

최근에는 압도적 다수의 사회민주주의자들이 공장 상황의 폭로를 조직하는 이 같은 작업에 전적으로 몰입해 있다. 몰입 정도가 어느 지경에 이르렀는지를 보여 주고 그러한 몰입이 본질적으로 **그 자체로서는** 아직 사회민주주의 활동인 것은 아니며 노동조합주의 활동에 지나지 않는다는 점이 망각되고 있음을 보여 주기 위해서는, 『노동자의 사상』을 상기해 보는 것만으로

* 본 장에서 우리는 정치투쟁 및 그 투쟁의 광의 혹은 협의의 이해에 관해서만 언급하고 있다. 따라서 『노동자의 대의』가 『불꽃』을 경제투쟁에 대해 "지나치게 소극적"(『두 대회』 27쪽. 마르띠노프는 『사회민주주의당과 노동자계급』이라는 소책자에서 숙고 끝에 그렇게 말했다.)이라고 비난한 것은 정말 우스운 일임을 잠시 지적하고 넘어가겠다. 만일 이렇게 비난하는 자들이 지난 일 년 동안 『불꽃』의 경제투쟁 관련 면에 실린 글들을 무게로 달거나 종이 매수로 세어 (그들이 곧잘 하는 것처럼) 그것을 『노동자의 대의』와 『노동자의 사상』의 해당 기사들과 비교해 보았다면, 그들은 자신들이 이 부분에서조차 뒤처져 있음을 쉽게 깨달을 수 있었을 것이다. 분명, 이런 단순한 진실을 인식하고 있었던 까닭에 그들은 자신들의 혼란을 적나라하게 보여 주는 논거에 매달리고 있다. 그들은 이렇게 말한다. "『불꽃』은 원하건 원하지 않건(!) 삶의 지배적인 문제들을 중시하지 않을 수 없으며(!), 따라서 노동자운동에 관한 투고라도(!!) 실어야 하는 것이다."(『두 대회』 27쪽.) 이거야말로 정말 우리를 꼼짝 못하게 하는 논거가 아니겠는가!

도 충분하다. 본질적으로 폭로 활동은 해당 직종의 노동자들과 고용주 사이의 관계에만 집중되어, 거둔 성과라고는 노동력의 판매자들이 이 "상품"을 좀 더 유리하게 판매하는 법과 순전히 상거래를 바탕으로 하여 구매자들과 싸우는 법을 깨쳐 배우는 것뿐이다. 그러한 폭로는 사회민주주의 활동의 시작이자 하나의 구성 요소가 될 수도 있었지만(혁명가 조직이 이를 제대로 이용한다면), 다른 한편으로는 "순수한 노동조합" 투쟁, 사회민주주의적이지 않은 노동자운동으로 귀결될 수도 있었다(자생성에 굴종할 경우에는 그렇게 될 수밖에 없다.). 사회민주주의가 노동자계급의 투쟁을 지도하는 것은 그저 유리한 조건으로 노동력을 판매하기 위해서만이 아니라 무산자로 하여금 유산계급에게 자신을 판매하도록 강제하는 사회체제를 종식시키기 위해서다. 사회민주주의가 노동자계급을 대표하는 것은 각각의 기업가들과의 관계에서가 아니라 현 사회의 모든 계급 및 조직된 정치적 힘인 국가에 대한 관계에서다. 여기서 분명한 것은 사회민주주의자들은 경제투쟁으로 자신을 제한할 수 없을 뿐더러 경제 폭로가 자신들의 지배적인 활동이 되도록 방치할 수도 없다는 점이다. 우리는 노동자계급의 정치 교양과 그들의 정치의식 진전에 적극 매진해야 한다. 『여명』과 『불꽃』이 공동으로 "경제주의"를 처음으로 공격하자, 이제서야 "모두 이에 동의한다." (우리가 이제 보게 될 것처럼, 비록 몇몇 사람들은 말로만 동의하고 있긴 하지만.)

여기서, 정치 교양은 어떤 것이어야 하느냐는 물음이 생겨난다. 그것은 전제주의에 대한 노동자계급의 적대성이라는 사상을 선전하는 것에 한정될 수 있는가? 물론 아니다. 노동자들의 정치적 억압을 설명하는 것으로는 (그들과 고용주들의 이해관계가 상호 대립함을 설명하는 것으로는 불충분했던 것처럼) 불충분하다. 이와 같은 억압이 각각의 구체적인 상황에서 나타나고 있는 바를 (우리가 구체적인 경제적 핍박 현상들에 관해 선동을 시작했던 것처럼) 선동해야 한다. 이 억압은 사회의 그야말로 다양한 계급에게 행해지고 있으며 직장에서, 공공 생활에서, 개인과 가족, 종교 생활과 학술 활동, 기타 등등 삶의 온갖 다양한 분야에 걸쳐 나타나고 있기 때문에, 우리가 전제주의에 관한 전면적인 정치 폭로를 조직하는 일을 자신의 몫으로 짊어지지 않는다면, 노동자들의 정치의식을 진전시키기 위한 우리의 임무를 완수하지 못할 것이라는 점이 너무나 분명하지 않은가? (경제 선동을 행하기 위해서는 공장 내의 악덕 행위 사례를 폭로해야 했던 것처럼) 핍박의 구체적인 현상들에 관해 선동하기 위해서는 그 현상들을 폭로해야 하지 않겠는가?

이는 명백해 보인다고? 하지만 바로 여기서 또한, 정치의식을 전면적으로 발전시켜야 할 필요성에 "모두" 말로만 동의하고 있음이 드러난다. 바로 여기서, 예를 들어 『노동자의 대의』는 전면적 정치 폭로를 조직하는 (또는 조직화의 기초를 다지는) 임무를 짊어지지 않았을 뿐 아니라 오히려 이 같은 임무에 매진해 온 『불꽃』마저 뒤로 잡아당기기 시작했음이 밝혀진다. 한번 들어 보라. "노동자계급의 정치투쟁은 단지(그런데 바로 '단지'가 아닌 것이다.) 경제투쟁의 가장 발전된, 광범위하면서도 현실적인 형태일 뿐이다."(「『노동자의 대의』의 강령」, 『노동자의 대의』 창간호 3쪽.) "이제 사회민주주의자 앞에는 경제투쟁 자체에 어떻게 가능한 한 정치적 성격을 부여할 것인가라는 임무가 놓여 있다."(제10호 42쪽, 마르띠노프.) "경제투쟁은 적극적인 정치투쟁으로 대중을 끌어들이기 위해 가장 널리 적용될 수 있는 수단이다."(동맹의 대회 결의안과 "수정안". 『두 대회』 11, 17쪽.) 독자 여러분이 보시다시피, 이 모든 것이 『노동자의 대의』가 탄생한 순간부터 가장 최근의 『편집진의 지침』에 이르기까지 『노동자의 대의』를 관통하고 있는 문구들인데, 이 문구들은 모두 정치 선동과 정치투쟁에 대한 한 가지 관점을 표현하고 있다. 모든 "경제주의자들"에게 지배적인 견해, 즉 정치 선동은 경제 선동의 뒤를 좇아야 한다는 견해에 비춰 이 관점을 주시해 보라. 경제투쟁은 대중을 정치투쟁으로 끌어들이기 위해 일반적으로* "가장 널리 적용될 수 있는 수단"이라는 이러한 관점이 과연 올바르단 말인가? 전적으로 옳지 않다. 경찰의 폭압과 전제주의의 광폭함이 드러나는 모든 현상, 온갖 사례야말로 그 같은 "끌어들이기"를 위해 부족함 없이 "널리 적용될 수 있는" 수단이지, 결코 경제투쟁과 관련된 현상들만이 그런 것은

* 우리가 "일반적으로"라고 한 것은 『노동자의 대의』가 바로 당 전체의 일반적 원칙과 일반적 임무들을 다루고 있기 때문이다. 의심할 바 없이, 정치가 정말 경제의 뒤를 좇아야만 하는 경우들이 실제로 종종 있다. 하지만 전 러시아를 대상으로 하는 결의안에서 이렇게 말할 수 있는 사람들은 "경제주의자들"뿐이다. 물론 "처음부터" "경제적인 것을 바탕으로 해서만" 정치 선동을 수행하는 것이 가능한 그런 경우들이 존재하는 것도 사실이다. 그럼에도 불구하고 『노동자의 대의』는 결국 이렇게 할 "필요가 전혀 없다"라는 결론에 도달했다. (『두 대회』 11쪽.) 다음 장에서 우리는 "정치가들"과 혁명가들의 전술이 사회민주주의당의 노동조합적 임무를 도외시하지 않을 뿐더러 오히려 그 반대로 그들의 전술만이 그 임무가 일관되게 수행되도록 보장한다는 것을 밝히겠다.

아니다. 지방의 행정장들, 농민에게 가해지는 체벌, 뇌물에 찌든 관리들, 도시 "평민"에 대한 경찰의 대우, 굶어 죽어 가는 사람들에 대한 탄압, 지식과 세상에 눈뜨려는 국민적 지향에 대한 공격, 세금 짜내기, 이교도 탄압, 병사들에 대한 가혹한 훈련, 대학생과 자유주의적 지식인에 대한 군대식 처우 — "경제"투쟁과 직접적으로 연관되어 있지 않은 이 모든, 그리고 이와 유사한 수천 가지 억압 현상이 어째서 정치 선동을 위해서나 정치투쟁으로 대중을 끌어들이기 위해 일반적으로 덜 "널리 적용될 수 있는" 수단이자 계기란 말인가? 사실은 정반대다. 노동자가 (그 자신이나 자신과 가까운 사람들 때문에) 폭력, 전횡, 권리 박탈로 고통 받는 이러한 생활 속의 사례들 중에서 이른바 직종과 관련된 투쟁에서 나타나는 경찰의 탄압 사례는 분명 소수에 지나지 않는다. 일반적으로 말하자면, 사회민주주의자에게는 그에 못지않게 "널리 적용될 수 있는" 다른 여러 수단들이 있는 것인데, 그중 하나만을 "가장 널리 적용될 수 있는" 것이라 선언하여 정치 선동의 폭을 미리 좁혀야 할 까닭은 대체 무엇인가?

오래전에, 아주 오래전에 (꼭 일 년 전에!……) 『노동자의 대의』는 이렇게 썼다. "한 번의, 또는 극단적인 경우에는 몇 번의 파업이 있은 후에, 정부가 경찰과 헌병을 투입하게 되면, 대중은 곧 당면한 정치적 요구들을 이해하고 받아들일 수 있게 된다."(제7호 15쪽, 1900년 8월.) 현시점에서 동맹은 이런 기회주의적인 단계론을 이미 폐기한 바 있다. 동맹은 우리에게 양보했다. 동맹의 성명은 이러했다. "처음부터 경제적인 것을 바탕으로 해서만 정치 선동을 수행해야 할 필요가 전혀 없다."(『두 대회』 11쪽.) 훗날의 러시아사회민주주의당 역사가는 동맹이 과거의 오류 중 일부분을 부정한 이 하나만으로도 우리의 "경제주의자들"이 사회주의를 얼마나 격하시켰는지를 어떤 구구한 담론들에서보다 훨씬 더 잘 알아차리게 될 것이다! 하지만 재외동맹은 정치를 협소화시키는 한 가지 형태를 부정한 대가로 다른 형태의 협소화에 동의하도록 우리를 부추길 수 있다고 꿈꾸고 있다니, 얼마나 순진한 일인가! 차라리, 가능한 한 폭 넓게 경제투쟁을 수행해야 한다고, 정치 선동을 위해서는 항상 경제투쟁을 활용해야 하지만 대중을 적극적인 정치투쟁으로 끌어들이기 위해 **가장 널리** 적용될 수 있는 수단이 경제투쟁이라고 간주할 "필요가 전혀 없다"라고 말하는 것이 좀 더 논리적이지 않겠는가?

동맹은 유대인노동자동맹(분트) 제4차 대회의 결의안에 있는 "최상의 수단"이라는 표현[53]을 "가장 널리 적용될 수 있는 수단"이라는 표현으로 대체한 것에 의의를 부여한다. 사실, 우리는 이 결의안들 중 어떤 것이 더 낫다고 말하기가 어렵다. 우리의 의견으로는 **둘 다 형편없기** 때문이다. 동맹도 분트도 여기서 (부분적으로, 그리고 어쩌면 의식하지도 못한 채, 전통의 영향을 받아) 정치를 경제주의적으로, 노동조합주의적으로 해석하는 길로 빗나가고 있다. 이런 오류가 빚어진 것이 "최상의"라는 말을 썼기 때문인지 아니면 "가장 널리 적용될 수 있는"이라는 말을 썼기 때문인지는 사태의 본질을 전혀 바꾸어 놓지 못한다. 동맹이 만일 "경제적인 것을 바탕으로 하는 정치 선동"이 가장 널리 적용되고 있는 ("적용될 수 있는"이 아니라) 수단이라고 말한다면, 그 말은 우리 사회민주주의 운동 발전의 일정 시기에 대해서는 옳다. 1898년에서 1901년까지 수많은(대다수는 아닐지라도) 실천가에 대해서라면, "경제주의자들"에 대해서라면, 옳다는 것이다. 왜냐하면 그 실천가들과 "경제주의자들"은 실제로 정치 선동을 거의 배타적으로 경제적인 것을 바탕으로 해서만 적용해 왔기 (그들이 그것을 적용해 온 한에서!) 때문이다. 우리가 이미 본 바와 같이 『노동자의 사상』도, 자기해방그룹도 그와 같은 정치 선동을 인정해 왔고 또 심지어 권장해 오지 않았던가! 『노동자의 대의』는 경제 선동이라는 유익한 활동이 정치 선동을 협소하게 하는 해악을 수반했다는 사실을 단호히 비판했어야 했다. 하지만 이렇게 하는 대신에, ("경제주의자들"에 의해) 가장 널리 적용되고 있는 수단을 가장 널리 적용될 수 있는 수단이라고 선언하고 있지 않은가! 우리가 이런 자들을 "경제주의자들"이라고 부르자 그들이 할 수 있는 일이라고는 우리를 "혹세무민하는 자"니, "해당 분자"니, "가톨릭 교황의 사신"이니, "중상모략을 일삼는 자"*니 하며 심한 욕설을 퍼붓고, 자신들에게 치명적인 모욕을 안긴 모든 사람 앞에서 읍소하고, 저주나 다름없는 말 — "이제는 '경제주의'에 책임이 있는 사회민주주의 조직은 단 하나도 없다."** — 을 떠들어 대는 것 말고는 아무것도 없다는 사실은 조금도 놀랍지 않다. 아아, 중상모략을 일삼는 이런 사악한 자들이 정치가들이라니! 혹시 인간에 대한 증오심 하나만으로 사람들에게 치명적인 모욕을 안겨 주기 위

* 소책자 『두 대회』의 28, 30, 31, 32쪽에 나온 표현 그대로임.

** 『두 대회』 32쪽.

해 이들이 일부러 “경제주의”를 고안해 낸 것은 아닐까?

마르띠노프가 스스로의 입으로 제기한 “경제투쟁 자체에 정치적 성격을 부여한다”라는 사회민주주의당의 임무에는 어떤 구체적이고 실질적인 의미가 있는가? 경제투쟁은 노동자가 **노동력 판매**의 유리한 조건을 얻어 내고 노동조건과 노동자들의 생활을 개선하기 위해 고용주와 벌이는 집단적 투쟁이다. 이 투쟁은 필연적으로 노동조합 투쟁이다. 왜냐하면 다양한 직종에 따라 노동조건은 천차만별이며, 따라서 그러한 조건의 개선을 위한 투쟁은 직종별로 (서구에서는 노동조합들이 담당하고 있으며, 러시아에서는 임시적인 동업조합들과 유인물을 통해 이루어지는 등의 형태로) 행해질 수밖에 없기 때문이다. 따라서 “경제투쟁 자체에 정치적 성격”을 부여한다는 것은 “입법 및 행정 조치들”을 통하여 해당 직종의 노동조건을 개선하고 직종별 요구 사항들을 실현함을 의미한다. (이는 마르띠노프가 자신의 글 43쪽에서 표현한 바 있다.) 바로 이것이 모든 직종의 노동자 단체들이 하고 있는 일이며 항상 해 온 일이다. 철저한 학자(이자 “철저한” 기회주의자) 부부인 웹 부부의 글[54]을 훑어보라. 그러면 여러분은 영국의 노동조합들이 이미 오래전에 “경제투쟁 자체에 정치적 성격을 부여하는” 임무를 인식하고 실현하고 있으며, 이미 오래전부터 파업의 자유를 확보하기 위해, 협동조합운동과 노동조합운동을 가로막는 온갖 법적 제약을 철폐하기 위해, 여성과 아동을 보호하는 법을 제정하기 위해, 위생법 및 공장법을 통해 노동조건을 개선하기 위해 투쟁하고 있다는 사실을 알게 될 것이다.

이처럼 "지극히" 깊은 뜻을 담은 듯 혁명적으로 들리는 "경제투쟁 자체에 정치적 성격을 부여한다."라는 화려한 문구 뒤에는 사실 사회민주주의 정치를 노동조합주의 정치로 격하시키려는 케케묵은 열망이 숨어 있는 것이다! "교조의 혁명화를 생활의 혁명화보다 높이 두는"* — 과연 그러한가? — 『불꽃』의 일면성을 교정한다는 미명 아래 그들은 우리에게 경제 개혁을 위한 투쟁이라는 뭔가 새로운 것을 선사한다. 사실상 "경제투쟁 자체에 정치적 성격을 부여한다."라는 문구 속에 들어 있는 내용은 경제 개혁을 위한 투쟁과 하등 다를 것이 없다. 마르띠노프도 자신이 쓴 글의 의미를 제대로 파악했다면, 이런 솔직한 결론에 생각이 미쳤을 것이다. 『불꽃』에 대항한 중무기를 쳐들고서 그는 이렇게 말한다. "우리 당은 경제적 착취, 실업, 기아 등을 막는 입법 및 행정 조치들을 취하라는 구체적인 요구를 정부에 내세울 수 있었고, 그렇게 해야 했을 것이다."(『노동자의 대의』 제10호 42~43쪽.) 조치들을 취하라는 구체적인 요구 — 과연 이것이 사회 개혁을 요구하는 것이 아니란 말인가? 그렇다면 우리는 다시 한 번 편견 없는 독자들께 묻겠다. '노동자의 대의'(내가 이 꼴사나운 통용어를 쓰는 것을 이해해 주기 바란다.)의 추종자들이 『불꽃』과 자신들의 견해차라며 경제 개혁을 위한 투쟁의 필요성이라는 테제를 제기하고 나섰을 때 우리가 그들을

* 『노동자의 대의』 제10호 60쪽. 이는 현재 우리 운동의 혼란스러운 상태에 "현실 운동의 한 걸음이 한 다스의 강령보다 중요하다."[33]는 테제 — 앞서 우리는 이미 이 테제의 성격을 분석한 바 있다. — 를 마르띠노프 식으로 적용시킨 표현이다. 본질적으로 이는 "운동, 그것이 전부이다. 궁극 목표는 아무것도 아니다."라는 베른슈타인의 악명 높은 문구를 러시아어로 옮긴 것에 불과하다.

숨어 있는 베른슈타인주의자들이라 부른다고 해서 과연 그것이 그들에게 중상모략을 가하는 것인가?

혁명적 사회민주주의당은 그 활동의 일부로서 항상 개혁을 위한 투쟁을 포함시켜 왔으며 지금도 그러하다. 그러나 "경제" 선동을 활용하는 것은 정부에 갖가지 조치들을 취하라고 요구하기 위해서만이 아니라 전제주의 정부를 종식시키도록 요구하기 위해서이기도 하다. (게다가 뒤의 것이 무엇보다 우선이다.) 또한 사회민주주의당은 경제투쟁을 바탕으로 해서만이 아니라 사회생활과 정치생활의 전반적인 모든 현상을 바탕으로 해서 이 같은 요구를 정부에 제기하는 것을 자신의 의무로 간주한다. 한마디로 사회민주주의당은 부분을 전체에 종속시키듯이 개혁을 위한 투쟁을 자유와 사회주의를 위한 혁명 투쟁에 종속시킨다. 마르띠노프는 정치투쟁 발전의 필연적 방법이라며 이른바 경제적 방법이라는 처방을 내리려 애씀으로써 또 다른 형태의 단계론을 부활시키고 있는 것이다. 혁명운동의 상승기에 개혁을 위한 투쟁이라는 "임무"인지 뭔지를 들고 나선 그는 이로써 당을 뒤로 잡아당기고, "경제주의자", 자유주의적 기회주의자들의 손을 들어 주고 있다.

그뿐 아니다. 마르띠노프는 "경제투쟁 자체에 정치적 성격을 부여한다."라는 거만한 테제 속에 개혁을 위한 투쟁을 몰래 숨겨 둔 채 경제 개혁 하나만을 (심지어는 공장 내의 개혁 하나만을) 무슨 특별한 것이라도 되는 양 자랑스럽게 내걸었다. 우리는 그가 왜 그랬는지 모르겠다. 혹시 부주의한 탓은 아닐까? 그러나 만일 그가 "공장 내의" 개혁만을 염두에 둔 것이 아니라면, 방금 우리가 인용한 그의 테제 자체는 아무 의미도 없게 된다. 어쩌면 그는 경제 분야에서만 정부가 "양보"할 가능성이 있고 또 그것이 현실적이라고 생각한 것은 아닐까?* 만일 그렇다면 이는 이상한 착각이다. 태형, 거주증, 토지 배상금, 이교도, 검열 등등에 관한 입법 분야에서도 양보는 가능하며, 실제로 종종 그런 일이 일어나고 있다. 당연히 정부로서는 "경제적" 양보(아니면 거짓 양보)를 하는 편이 가장 값싸고 가장 유리하다. 왜냐하면 정부는 그렇게 함으로써 노동자 대중에게 정부에 대한 신뢰를 불어넣을 수 있으리라 기대하기 때문이다. 그러나 바로 이 때문에 우리 사회민주주의자들은 경제 개혁이 우리에게 더 많은 가치가 있다거나 아니면 마치 우리가 바로 그것을 특히 중요하게 생각한다는 듯한 견해(혹은 오해)가 들어설 여지를 어떤 식으로도 절대 남겨 두어서는 안 된다. 위에서 제기한 구체적인 입법 및 행정 조치들의 요구에 관해 마르띠노프는 이렇게 말한다. "이 같은 요구는 공허한 말이 아니다. 그것은 너무도 가시적인 결과들을 약속하며, 그럼으로써 노동자 대중의 적극적인 지지를 받을 수 있기 때문이다." …… 우리는 "경제주의자들"이 아니오. 오, 아니고 말고! 우리는 단지 베른슈타인 씨, 쁘로꼬뽀비치 씨, 스뜨루베 씨, R. M. 씨, 그리고 tutti quanti[그들과 같은 모든 사람들처럼] 결과의 "가시성" 앞에 노예처럼 굽실거리고 있을 뿐이오! 우리는 단지, "가시적인 결과들을 약속하

* 43쪽. "물론 우리가 노동자들에게 일정한 경제적 요구를 정부에 제시하라고 권고한다면, 이는 경제 분야에서는 전제주의 정부가 필요에 따라 어느 정도 양보할 태세를 보이고 있기 때문이다."

지" 않는 모든 것이 "공허한 말"임을 (뜨뻐릴로프와 함께) 분명히 하고 있을 뿐이오! 우리는 단지, 마치 노동자 대중이 전제주의에 대한 그 어떤 저항 — 그런데 그 저항이라는 것은 결코 그 어떤 가시적인 결과도 약속하지 않는다. — 도 적극적으로 지지할 능력이 없다는 듯 (또한, 자신의 속물근성을 노동자 대중에게 덮어씌우려는 작자들에 맞서 노동자 대중이 이미 스스로의 능력을 증명한 사실이 없기라도 한 듯) 말하고 있을 뿐이오!

하다못해 마르띠노프 자신이 인용한 실업과 기근을 방지하는 "조치들"의 예라는 것을 한번 보라. 『노동자의 대의』가 공언한 대로라면 『노동자의 대의』가 "가시적인 결과들을 약속하는" "구체적인 입법 및 행정 조치들의 요구"를 마련하고 이를 정초하는 데 전념하고 있는 동안, "항상 교조의 혁명화를 생활의 혁명화보다 높이 두는" 『불꽃』은 자본주의 체제 전체와 실업 사이의 끊을 수 없는 연관을 해명하려 애썼고, "기근이 오고 있다"라고 경고했으며, "굶어 죽어 가는 사람들을 탄압하는" 경찰과 천인공노할 "임시 강제 노역 규정들"을 폭로했다. 또한 『여명』은 「국내 문제 비평」에서 기근 관련 부분을 발췌한 인쇄물들을 선동용 소책자로 발행했다. 하느님 맙소사, 이 얼마나 "일면적인," "삶 자체"의 명령에 귀를 막은 교조주의자들이며, 치유가 불가능한 편협한 정통주의자들인가! 상상할 수 있겠는가, 이들의 어떤 글에도 단 하나의, — 오, 끔찍하군! — "가시적인 결과들을 약속하는" 정말 단 하나의 "구체적인 요구"도 들어 있지 않다니! 불쌍한 교조주의자들! 전술은 성장하는 성장의 과정이며 경제투쟁 자체에 정치적 성격을 부여할 필요가 있다는 점을 이들에게 확신시키려면, 끄리쳅스끼와 마르띠노프의 과학 세례를 내려야 하지 않겠는가!

"고용주와 정부에 대한 노동자들의 경제투쟁('정부에 대한 경제투쟁'이라!!)에는 그 직접적인 혁명적 의의 외에 또 다른 의의가 있다. 그것은 그 투쟁이 노동자들로 하여금 자신들의 정치적 무권리 상태라는 문제에 끊임없이 직면하게 만든다는 점이다."(마르띠노프, 44쪽.) 우리가 이 문구를 이렇게 옮겨 쓴 것은 앞서 이미 수백 수천 번 했던 말을 반복하기 위해서가 아니라, "고용주와 정부에 대한 경제투쟁"이라는 이 새로운, 타의 추종을 불허하는 정식화를 해 준 데 대해 마르띠노프에게 특별히 감사하기 위해서다. 얼마나 매력적인가! 누구도 모방할 수 없는 실력으로, 너무도 솜씨 좋게 "경제주의자들" 사이의 뉘앙스 차이와 모든 사적인 이견을 일소하는 "경제주의"의 핵심 전체 — "모든 노동자의 처우 개선에 주력하며, 그들 공동의 이해관계를 위해 벌이는 정치투쟁"*에 참여할 것을 노동자들에게 촉구하는 것에서 시작하여, 단계론을 거쳐, "가장 폭 넓은 적용 가능성" 등등에 관한 대회의 결의안에 이르기까지 — 가 여기 이 간명한 문구 속에 표현되어 있다. "정부에 대한 경제투쟁"이란 그야말로 노동조합주의 정치다. 그 같은 정치로부터 사회민주주의 정치에 이르는 길은 멀고도 멀다.

* 『노동자의 사상』의 『별책 부록』 14쪽.

2. 마르띠노프가 쁠레하노프를 어떻게 심화시켰는가에 관한 일담

“요사이 우리 주변에 이렇게 많은 로모노쏘프 같은 사회민주주의자들이 등장했다니!” 이 말은, “경제주의”에 경도된 수많은 사람이 기필코 “자신의 머리로” (경제투쟁이 노동자들을 무권리 상태라는 문제에 직면하도록 만든다는 따위의) 위대한 진리에 도달하려 하고, 지금까지의 혁명사상 및 혁명운동의 발전이 일구어 낸 모든 것을 타고난 천재들 특유의 노골적인 경멸감으로 인해 간과하게 되는 경악할 만한 경향을 염두에 두면서, 어느 날 한 동지가 했던 말이다. 그러한 천재는 바로 로모노쏘프-마르띠노프이다. 그의 글 「당면 문제들」을 살펴보라. 그러면 여러분은 이미 오래전에 악쎌로트가 말했던 것(이 점에 관해서 우리의 로모노쏘프는 당연히도 침묵하고 있다.)에 그가 어떻게 “자신의 머리로” 다가가는지, 또 예를 들어 이러저러한 부르주아지 계층들이 드러내고 있는 반정부성을 우리가 간과할 수 없다는 사실을 그가 어떻게 깨닫기 시작하는지(『노동자의 대의』 제9호 61, 62, 71쪽. 『노동자의 대의』 편집진에 보낸 악쎌로트의 「답신」을 참조하라. 22, 23, 24쪽.) 알게 될 것이다. 그러나 — 쯧쯧! — 단지 “다가가고 있고” 단지 “시작하고 있을” 뿐, 그 이상은 아니다. 왜냐하면 그는 “고용주와 정부에 대한 경제투쟁”이라는 말을 겨우 운운하고 있을 만큼 여전히 악쎌로트의 사상을 전혀 이해하지 못했기 때문이다. 1898년에서 1901년에 이르는 3년 동안 『노동자의 대의』는 악쎌로트를 이해하려고 무척 애썼다. 그런데 그를 이해하지 못했다니! "인류가 그러하듯" 사회민주주의당은 언제나 자신이 실현할 수 있는 과제만을 제기하기 때문에 그럴까?[55]

그러나 이러한 로모노쏘프 같은 자들의 특징은 무식하다는 점에 있는 것만이 아니다. (그것은 아직은 절반의 비극일 뿐이다.) 더 나아가 자신들의 무지몽매를 인식하지 못한다는 점이 그들의 특징인 것이다. 이것이야말로 진짜 비극이며, 그들이 쁠레하노프를 "심화"시키는 일에 곧장 달려든 것도 이 때문이다.

> "쁠레하노프가 이 책(『러시아에서 기근과 투쟁할 때 사회주의자들의 임무』)을 쓴 이후 많은 세월이 흘렀다." — 로모노쏘프-마르띠노프는 말한다. — "지난 10년 동안 노동자계급의 경제투쟁을 이끌어 온 사회민주주의자들은 아직까지 당의 전술을 이론적으로 폭 넓게 혁신시키지 못했다. 이제 이 문제가 물 위에 떠올랐다. 만일 우리가 그러한 이론적 혁신을 원한다면, 당연히 우리는 쁠레하노프가 한때 전개한 전술 원칙들을 현저히 심화시켜야만 할 것이다. …… 우리는 이제 선전과 선동의 차이를 쁠레하노프가 했던 것과는 다르게 규정해야만 한다. (바로 앞에서 마르띠노프는 쁠레하노프의 다음과 같은 글을 인용했다. "선전가는 한 사람 혹은 몇몇 사람에게 많은 사상을 전달한다. 반면, 선동가는 단 하나의 또는 몇 가지의 사상을 전달하는 대신에 수많은 대중을 대상으로 한다.") 우리는 현존 체제 전체 혹은 그 체제의 부분적인 발현 현상들을 혁명적으로 설명하는 것을 선전으로 이해한다. 그것을 한 사

> 람이 이해할 수 있는 형식으로 하느냐 아니면 광범위한 대중이 이해할 수 있는 형식으로 하느냐는 아무 상관없다. 선동이란 엄밀한 의미에서(sic[원문 그대로]!), 대중에게 어떤 구체적인 행동을 촉구하고 프롤레타리아트가 사회생활에 직접적인 혁명적 개입을 이룰 수 있도록 조력하는 것이라고 우리는 이해한다."

마르띠노프 식의 새로운, 더 엄밀하고 더 심오한 용어법을 만들어 낸 러시아 — 아울러 전 세계 — 사회민주주의당에 축하를 보낸다. 지금까지 (쁠레하노프와 함께, 그리고 국제 노동자운동의 다른 모든 지도자와 함께) 우리는 선전가가 예를 들어 실업 문제를 다룬다면 위기의 자본주의적 본질을 설명하고 현대사회에서의 그 불가피성을 보여 주고 사회주의사회로의 변혁의 필요성을 서술하는 등등의 일을 해야 한다고 생각해 왔다. 한마디로 선전가는 (상대적으로) 소수의 사람들이 이 사상 전체를 그 총체성 속에서 한 번에 파악할 수 있을 정도로 그만큼 "많은 사상"을 제공해야 한다. 선동가라면 동일한 문제를 다루더라도 모든 청중에게 그들이 가장 잘 알고 있는 가장 두드러진 사례들, 말하자면 실업자 가족의 아사라든지 빈곤의 심화 등을 예로 들어 모두 잘 알고 있는 사실을 활용하면서 "대중"에게 하나의 사상, 즉 부의 증대와 빈곤의 증대 사이의 모순이 얼마나 부조리한가 하는 사상을 전달하는 데 모든 힘을 쏟아 부을 것이다. 이 모순에 대한 충분한 설명은 선전가에게 맡기고, 이 역겨운 부정에 대한 불만과 분노가 대중 속에서 터져 나오게 촉발하려 애쓸 것이다. 따라서 선전가는 주로 저술 활동을 하지만 선동가는 생생한 말로 활동한다. 선전가에게 필요한 자질은 선동가에게 필요한 것과는 다른 성격의 것이다. 예를 들어, 우리가 카우츠키와 라파르그를 선전가라고 한다면 베벨과 게드는 선동가다. 실천 활동의 제삼의 분야 또는 제삼의 기능을 설정하여 "대중에게 어떤 구체적인 행동을 촉구하는 일"을 이 기능에 포함시키는 것은 대단히 황당한 일이다. 단일한 행위로서의 "촉구하는 일"은 때로는 이론적 저술이나 선전용 소책자를 필수적으로, 그리고 자연스럽게 보완하는 것이기도 하고 때로는 순전히 하나의 실행 기능이 되기도 한다. 예를 들어, 실제로 곡물관세에 반대하는 독일 사회민주주의자들의 오늘날의 투쟁을 한번 보자. 이론가들은 관세정책에 관한 연구서를 저술하면서 통상조약과 무역의 자유를 위해 싸우도록, 말하자면 "촉구하고 있다." 선전가는 잡지에서 동일한 일을 하고 있으며, 선동가는 대중 연설을 통해 이를 행한다. 여기서 대중의 "구체적인 행동"이란 의회에 보내는 곡물관세 인상 반대 청원서에 서명하는 것으로 나타난다. 이론가, 선전가, 선동가는 이 같은 행동을 간접적으로 촉구하게 되며, 직접적으로 촉구하는 것은 공장마다, 집집마다 서명 용지를 나눠 주는 노동자들이다. "마르띠노프 식 용어법"에 따르면, 카우츠키와 베벨 둘 다 선전가이며 서명 용지 배포자가 선동가가 된다. 그렇지 않은가?

독일의 예를 들자니 Verballhornung[페어발호르눙]이라는 독일어 단어가 떠오른다. 이를 글자 그대로 옮기면 "발호른화化"이다. 요한 발호른은 16세기 라이프찌히의 출판업자였다. 그는 철자 독본을 발간했는데, 통례대로 이 독본에 수탉 그림을 그려 넣었다. 그런데 단 하나 특이한 것은 며느리발톱이 있는 보통 수탉의 모습을 그려 넣은 것이 아니라 발톱이 없는 수탉과 그 옆에 한 쌍의 달걀을 그려 넣었던 것이다. 그리고 이 책의 표지에 "요한 발호른의 개정판"이라는 문구를 집어넣었다. 바로 이때부터 독일인들은 사실상 더 나빠진 그 같은 "개정"을 두고 Verballhornung이라고 말한다. 마르띠노프 같은 인간들이 쁠레하노프를 "심화시키고" 있는 것을 보자니 어쩔 수 없이 발호른을 떠올리게 된다…….

우리의 로모노쏘프는 무엇을 위해 이런 잡탕을 "고안해" 냈을까? "쁠레하노프가 이미 15년 전에 그랬던 것처럼 『불꽃』은 오직 사태의 한 측면에만 주의를 기울이고 있다."(39쪽)는 사실을 보여 주기 위해서다. "『불꽃』에서는, 최소한 현재로서는, 선전의 임무가 선동의 임무를 뒷전으로 밀어내고 있다."(52쪽.) 이 구절을 마르띠노프 식 언어에서 범인류적인 언어로 옮긴다면(인류는 아직 새로 발견된 용어법을 받아들이지 못했으므로), 다음과 같이 될 것이다. 즉 『불꽃』에서는 정치 선전과 정치 선동의 임무가 "일정한 가시적인 결과들을 약속하는" "입법 및 행정 조치들을 취하라는 구체적인 요구(또는 아직 마르띠노프의 수준에 이르지 못한 구 인류의 낡은 용어법을 한 번이라도 사용할 수 있도록 허락해 준다면, 사회 개혁에 대한 요구)를 정부에 내세우는" 임무를 뒷전으로 밀어내고 있다는 것이 될 것이다. 우리는 독자들에게 이 테제를 다음의 장광설과 비교해 보라고 제안하는 바이다.

> 이 강령(혁명적 사회민주주의자의 강령)에서 우리를 경악케 하는 것은 그들이 현재 우리 나라에 있는 공장 문제에 관한 공장주들의 입법 회의, 아니면 하다못해 지방자치 기구에라도 노동자들이 참여하는 것의 중요성은 모두 간과하면서(그들의 혁명적 허무주의 덕분에), (우리 나라에는 있지도 않은) 의회에서 노동자들의 활동이 갖는 우선적 중요성을 일차적인 것으로 끊임없이 제기하고 있다는 점이다…….

이 장광설의 주인공은 로모노쏘프-마르띠노프가 자신의 머리로 도달한 그 사상을 보다 직설적이고 분명하게, 그리고 솔직하게 표현하고 있다. 그가 바로 『노동자의 사상』의 『별책 부록』(15쪽)에 나오는 R. M.이다.

3. 정치 폭로와 "혁명적 활동성 교양"

마르띠노프는 『불꽃』에 대항하여 "노동자 대중의 활동성 상승"이라는 자신의 "이론"을 내세웠지만, 실제로는 이 활동성을 폄하하려는 자신의 열망을 드러낸 꼴이 되었다. 이 활동성을 발휘할 장이자 선호되어야 할 특별히 중요하고도 "가장 널리 적용될 수 있는" 활동성 고취 수단이 모든 "경제주의자"가 받들어 모시는 바로 그 경제투쟁이라고 그가 선언했기 때문이다. 이 같은 오류의 특징은 그것이 마르띠노프 한 사람만의 특성이 아니라는 점이다. 사실, "노동자 대중의 활동성 상승"은 우리가 "경제적인 것을 바탕으로 하는 정치 선동"에 제한되지 않는다는 조건에서만 획득될 수 있다. 그런데 정치 선동의 필수적인 확대를 위한 주요 조건들 중의 하나는 전면적인 정치 폭로의 조직화다. 이러한 폭로를 통해서가 아니라면 대중의 정치의식과 혁명적 활동성을 교양할 수 없다. 따라서 이러한 종류의 활동은 모든 국제 사회민주주의자의 중요한 기능 가운데 하나이다. 정치적 자유가 있다 해도 이러한 폭로의 영역은 결코 없어지지 않으며 단지 어느 정도 그 방향이 달라질 뿐이기 때문이다. 예를 들어, 독일의 당이 자신의 입지를 특별히 강화하고 그 영향력을 확대하고 있는 것은 지칠 줄 모르는 정치 폭로 캠페인의 정열에 힘입은 결과다. 노동자들이 전횡과 탄압, 폭력과 권력 남용이 행해지고 있는 — 그것이 어느 계급에 관계된 것이든 — 각종 모든 사례에 대응하는 법을 익히지 않는다면, 이뿐만 아니라 다른 어떤 관점에서가 아닌 바로 사회민주주의 관점에서 대응하는 법을 익히지 않는다면, 노동자계급의 의식은 진정한 정치의식이 될 수 없다. 노동자들이 구체적인, 게다가 항상 절박한(당면한) 정치적 사건과 사례들을 통해 다른 사회계급들의 지적, 도덕적, 정치적 생활이 표출되는 모든 현상에 걸쳐 그것들 각각을 관찰하는 법을 배우지 않는다면, 그리고 모든 계급, 계층, 집단의 생활과 활동의 모든 측면에 대해 유물론적 분석과 유물론적 평가를 실천적으로 적용하는 법을 배우지 않는다면, 노동자계급의 의식은 진정한 계급의식이 될 수 없다. 노동자계급의 주의, 관찰력, 의식을 배타적으로, 혹은 그렇지는 않더라도 우선적으로 노동자계급에게로 돌리려는 자는 사회민주주의자가 아니다. 왜냐하면 노동자계급의 자기 인식은 이론적 지식만이 아니라, 아니 더 올바르게 말하자면 이론적 지식보다는 정치생활의 경험에서 생겨난, 현대사회의 모든 계급들의 상호 관계에 대한 충분하고도 명료한 이해와 불가분하게 연관되어 있기 때문이다. 바로 그렇기 때문에, 경제투쟁이 대중을 정치 운동으로 끌어들이기 위해 가장 널리 적용될 수 있는 수단이라는 우리 "경제주의자들"의 설교는 그 실천적 중요성으로 볼 때 극히 유해하며 극히 반동적이다. 노동자가 사회민주주의자가 되기 위해서는 지주, 성직자, 고급 관리, 농민, 학생, 부랑인 등의 경제적 본질과 그들의 사회적이고 정치적인 상을 분명히 이해하고, 그들의 강점과 약점을 알고, 각 계급 및 계층이 자신들의 이기적 의도와 본 "마음"을 은폐할 때 흔히 사용하는 문구들과 갖가지 궤변들을 분석해야만 한다. 또한 어떤 제도와 법률들이 누구의 이해관계를 반영하는지, 또 어떻게 반영하고 있는지를 분석해야만 한다. 그런데 그 어떤 책에서도 이 같은 "명료한 이해"를 얻을 수 없다. 지금 우리 주변에서 일어나고 있는 일들, 모든 사람이 저마다, 하다못해 귀엣말로 소곤거리면서라도 그 나름대로 얘기하고 있는 일들, 그리고 여러 사건들, 수치들, 판결문 등등에서 드러나고 있는 일들을 생생하게 펼쳐 보이고, 그때그때 놓치지 않고 폭로하는 것만이 그러한 이해를 가져다줄 수 있다. 이러한 전면적 정치 폭로는 그 자체로 대중의 혁명적 활동성을 교양하는 필수적이고도 기본적인 조건이다.

인민에 대한 경찰의 야수 같은 대우, 이교도 사냥, 농민에 대한 구타, 추악한 검열, 병사들에 대한 학대, 이제 막 시작된 가장 순수한 문화 사업에까지 가해지는 탄압 등등에 대해 왜 러시아 노동자는 아직까지 별다른 혁명적 활동성을 보이지 않고 있는가? "경제투쟁"이 이를 "부추기지" 않기 때문인가? 이런 활동이 "가시적인 결과들"을 거의 "약속하지" 않으며 "적극적인" 결과를 가져오지 않기 때문인가? 그렇지 않다. 다시 한 번 말하건대, 이 같은 견해는 두통거리를 딴 사람에게 뒤집어씌우고 자기 자신의 고유한 속물근성(다른 말로 하자면 베른슈타인주의)을 노동자 대중에게 전가하려는 시도일 뿐 달리 아무것도 아니다. 우리 대중운동의 후진성에 대한 책임은 당연히 우리에게 있으며, 이 모든 추악한 일을 충분히 신속하고 명료하게 널리 폭로할 능력이 우리에게 아직 없었던 것도 우리의 책임이다. 우리가 이 일을 한다면(우리는 그렇게 해야 하며, 또 할 수 있다.), 가장 평범한 노동자라도 학생들, 이교도들, 농민들, 작가들 위에서 광폭하게 날뛰면서 그들을 능멸하는 그 검은 세력이 바로 자신의 생활 곳곳에서 자신을 억누르고 핍박하는 세력임을 깨닫게, 또는 느끼게 될 것이다. 또한 그런 것을 느끼게 되면, 자기 자신도 주체할 수 없을 정도로 그들에게 호응하고 싶어질 것이다. 그렇게 되면, 오늘은 검열관에게 야유를 보내고, 내일은 농민 반란을 진압한 지방행정장의 집 앞에서 시위를 벌이고, 모레는 종교재판을 담당하는 법복 입은 헌병들을 단단히 혼내 주는 법을 알게 될 것이다. 우리가 노동자 대중에게 생생하고도 전면적인 폭로의 세례를 안겨 주기 위해 변변하게 한 일은 아직까지 없다. 아니 거의 아무것도 하지 못했다. 우리 가운데 상당수는 아직도 이 같은 자신의 의무를 인식하지 못하고 있으며, 공장 생활이라는 좁은 틀 안에서 "지루한 일상 투쟁"의 뒤를 자생적으로 종종 따라다니고 있다. 이러한 상황에서, "『불꽃』은 완전무결하고 빛나는 사상의 선전에 비해 지루한 일상 투쟁의 단계적 진전이 갖는 의미를 축소하는 경향을 보이고 있다."(마르띠노프, 61쪽)라고 말하는 것은 당을 뒤로 잡아당기는 것이며, 우리의 준비 부족과 후진성을 옹호하고 찬양하는 것이다.

대중에게 행동을 촉구하는 문제로 말하자면, 열정적인 정치 선동과 타오르듯 생생한 폭로만 있다면 저절로 되는 것이다. 범인을 현장에서 체포하여 만인이 보는 앞에서 장소에 구애받지 않고 즉시 낙인을 찍는다면, 이는 그 자체로 그 어떤 "촉구"보다 나은 효과를 가져온다. 누가 군중에게 이른바 "촉구했는지", 누가 이러저러한 시위들을 계획했는지를 나중에 규명하는 것이 불가능하게 될 정도로 종종 그것은 효과적이다. 포괄적인 의미가 아닌 구체적인 의미에서 촉구한다는 것은 행동이 일어나는 장소에서만 가능하며, 즉각 행동에 참여하는 사람만이 할 수 있는 일이다. 그러나 우리의 일, 사회민주주의적 평론가의 일은 정치 선동 및 정치 폭로를 강화하고 확대하고 심화시키는 것이다.

말이 나온 김에 "촉구하는 일"에 관해 한마디 더 하겠다. 이번 봄의 사태가 있기 이전에, 학생들의 강제 징집 문제와 같이 노동자에게 그 어떤 가시적인 결과도 확실히 약속하지 않는 문제에 적극적으로 개입해야 한다고 노동자들에게 촉구한 유일한 신문이 『불꽃』이었다. 『불꽃』은 "학생 183명의 강제 징집"에 관한 1월 11일자 포고령이 공포되자마자 이에 관한 기사를 게재했으며(제2호, 2월), 『불꽃』은 어떤 시위도 시작되기 전에 "노동자들은 학생들의 지원에 나서야 한다"라고, "인민은" 이 같은 야만적인 도전에 대해 정부를 공개적으로 응징해야 한다고 직설적으로 촉구했다. 우리는 모든 사람에게 묻는다. 마르띠노프가 "촉구하는 일"에 관해 그렇게 수없이 말하고, 심지어 "촉구하는 일"을 하나의 특수한 활동 형태로까지 분류하면서, 그 같은 촉구에 관해서는 단 한마디도 언급하지 않은 이 희한한 상황을 어떻게, 무엇으로 설명해야 하는가? 이 일이 있은 후 마르띠노프가 『불꽃』은 "가시적인 결과를 약속하는" 요구를 위한 투쟁을 제대로 "촉구하지" 않고 있으므로 **일면적**이라고 선언한 것은 속물근성이 아니고 무엇이란 말인가?

『노동자의 대의』를 비롯한 우리의 "경제주의자들"이 성과를 거둘 수 있었던 것은 후진 노동자들의 비위를 맞춘 덕분이다. 그러나 노동자 사회민주주의자, 노동자 혁명가(이러한 노동자들의 숫자는 갈수록 늘어나고 있다.)는 "가시적인 결과를 약속하는" 요구를 위해 투쟁하라는 이 모든 논리에 격분하여 반박할 것이다. 그들은 이것이 1루블에 1꼬뻬이까를 보태 준다는 낡은 동요의 변종일 뿐임을 알기 때문이다. 그러한 노동자라면 『노동자의 사상』과 『노동자의 대의』의 상담원들에게 이렇게 말해 줄 것이다. "신사 여러분, 당신들의 진짜 의무는 이행하지도 않으면서, 우리가 스스로 알아서 처리하고 있는 그러한 일에 지나치게 열심히 개입하려고 그렇게 부질없이 안달하지 마시오. 사회민주주의자의 임무가 경제투쟁 자체에 정치적 성격을 부여하는 것이라고 말한다면 이는 정말 어리석은 말이오. 그것은 단지 시작에 불과할 뿐 사회민주주의자들의 주요 임무는 아니잖소. 전 세계적으로, 그리고 러시아에서도 **경찰조차 스스로** 경제투쟁에 정치적 성격을 부여하기 시작했소. 노동자들도 스스로 정부가 누구 편에 서 있는지 이해하는 법을 배우고 있소.* 마치 아메리카 대륙이라도 발견한 듯이 당신들이 떠벌리며 열중하고 있는 바로 그 '고용주와 정부에 대한 노동자의 경제투쟁'이라는 것은, 러시아 벽촌의 대중들 가운데서 파업이라는 것은 들어 본 적이 있지만 사회주의에 관해서는 아무것도 들어 본 적도 읽어 본 적도 없는 노동자들도 스스로 하고 있는 일 아니오. 가시적인 결과를 약속하는 구체적인 요구를 내세우면서 당신들 모두가 지원하고 싶어 하는 우리 노동자들의 '활동성'이라는 것은 우리에게 이미 있소. 또한 직장의 판에 박힌 소소한 작업 속에서 우리 스스로가 지식인들의 그 어떤 도움 없이도 그러한 구체적인 요구들을 빈번히 제기하고 있소. 그러나 우리는 그러한 활동성으로는 부족하오. 우리는 '경제적' 정치라는 죽 하나만으로 먹여 키울 수 있는 아이들이 아니오. 우리는 다른 사람들

* "경제투쟁 자체에 정치적 성격을 부여해야 한다"라는 요구는 정치 활동의 영역에서 자생성에 굴종하기를 가장 선명한 형태로 표현하고 있다. 경제투쟁은 자연히, 즉 "지식집단이라는 혁명 균"의 개입 없이도, 의식적인 사회민주주의자들의 개입 없이도, 언제나 정치적 성격을 띠게 마련이다. 예를 들어, 사회주의자들이 전혀 참여하지 않은 영국 노동자들의 경제투쟁도 정치적 성격을 띠었다. 사회민주주의자들의 임무는 경제적인 것을 바탕으로 하는 정치 선동에 그치지 않는다. 그들의 임무는 이 노동조합주의 정치를 사회민주주의 정치투쟁으로 바꾸는 것이며, 노동자들을 사회민주주의 정치의식의 수준으로 끌어올리기 위해, 경제투쟁이 노동자들에게 무심히 던져 준 섬광 같은 정치의식을 활용하는 것이다. 그런데 마르띠노프 같은 자들은 자생적으로 각성되어 가는 정치의식을 추구하고 이를 고양하는 대신에 자생성 앞에 넙죽 엎드린 채 노동자들은 경제투쟁을 통해 자신들의 정치적 무권리 상태라는 문제에 "직면한다"라는 말을 역겨울 정도로 계속 반복하고 있다. 신사 여러분, 이처럼 자생적으로 노동조합주의 정치의식을 각성한다고 해서 당신들이 사회민주주의적 임무라는 문제에 "직면하게" 되지는 않는다는 점이 유감이오.

이 알고 있는 모든 것을 알고 싶소. 우리는 정치생활의 모든 측면을 상세히 알고 싶고, 갖가지 정치적 사건에 적극적으로 참여하고 싶소. 이를 위해서는 지식인들이 우리 스스로도 아는 일을 반복해서 말하지 말고* 우리가 아직 알지 못하는 것, 공장의 경험과 "경제적" 경험으로는 스스로 결코 깨달을 수 없는 것, 바로 정치적 지식이라는 것을 우리에게 더 많이 제공해 주는 것이 필요하오. 그런 지식은 당신들, 지식인들이 얻을 수 있는 것 아니오. 당신들은 우리에게 지금까지 했던 것보다 백배, 천배는 많이 그러한 지식을 우리에게 제공할 의무가 있고, 게다가 말, 소책자, 논문 따위의 형태(이런 것들은 자주 볼 수 있소만 — 솔직

* "경제주의자들"에게 하고 있는 노동자의 이 모든 말이 우리가 괜히 지어낸 것이 아니라는 것을 확인하고자 두 사람의 증인의 말을 인용하겠다. 이들은 의심의 여지없이 노동자운동을 직접적으로 잘 알고 있으며, 우리 "교조주의자들"을 편파적으로 선호하는 경향을 전혀 보이지 않는 사람들이다. 왜냐하면 그중 한 사람은 "경제주의자"고(심지어 『노동자의 대의』를 정치 기관지로 생각할 정도로), 다른 사람은 테러주의자이기 때문이다. 첫째 증인은 『노동자의 대의』 제6호에 실린 「뻬쩨르부르크의 노동자운동과 사회민주주의의 실천적 임무」라는 정직함과 생동감이 돋보이는 글을 쓴 사람이다. 그는 노동자들을 1)의식적 혁명가들 2)중간층 3)나머지 대중으로 나눈다. 바로 여기서 중간층은 "일반적인 사회적 환경과 자기 주변의 경제적 이해관계들의 연관 관계를 오래전부터 잘 이해하고 있으며, 그러한 경제적 이해관계들보다 정치생활의 문제에 더 많은 관심을 보이는 경우가 많다." …… 그들은 『노동자의 사상』을 신랄하게 비판한다. "다 그게 그거고 옛날부터 알고 있던 것이며, 오래전에 다 읽어 본 것들이다," "정치적 관점으로 보아도 역시 아무것도 없다,"(30~31쪽) 심지어 셋째 층, 즉 "더 민감하고, 더 젊고, 술집과 교회 같은 데서 타락한 정도가 덜한 노동자 대중조차도, 정치적 내용의 책을 구할 기회는 거의 없지만 학생 소요에 관한 단편적인 자료들을 접하며 곰곰이 생각해 보면서 정치적 생활 현상들을 되는 대로 해석하고 있다," 등등. 한편, 테러주의자는 이렇게 쓰고 있다. "…… 자기 도시가 아닌 다른 여러 도시에서 일어나는 공장 생활의 사소한 사건들에 관해 한두 번 쯤은 읽게 될 것이다. 그렇지만 나중에는 그만두게 된다. …… 지겨우므로…… 노동자 신문에서 국가에 관해 언급하지 않는 것은…… 노동자를 어린애로 본다는 것을 의미한다. …… 노동자는 어린애가 아니다." (혁명적 사회주의그룹의 간행물 『자유』 69, 70쪽.)

히 말하는 것을 양해해 주시오 — 지루하고 재미없소.)만이 아니라 지금 이 시점에서 우리 정부와 지배계급이 생활의 전 영역에서 행하고 있는 바를 생생하게 폭로하는 형태, 꼭 그러한 형태로 전달할 의무가 있소. '노동자 대중의 활동성 상승'에 관한 이야기는 이제 그만 좀 하고, 이러한 임무를 더 열심히 수행해 주시오. 우리는 당신들이 생각하는 것보다 훨씬 활동적이며, 그 어떤 '가시적인 결과'도 약속하지 않는 요구라 할지라도 공개적인 가두 투쟁으로 그것을 지지할 수 있단 말이오! 우리의 활동성을 '상승시키는 것'은 당신들이 할 일이 아니지 않소. 당신들에게도 바로 그 활동성이라는 것 자체가 부족하지 않소. 자생성에 덜 굴종하고 자신의 활동성 상승에 관해 더 많이 생각하시오, 신사 여러분!"

4. 경제주의와 테러주의의 공통점은 무엇인가?

위의 각주에서 우리는 우연히 연대하게 된 "경제주의자"와 비非사회민주주의자인 테러주의자를 대비해 보았다. 하지만 일반적으로 말해, 이들 사이에는 우연적인 것이 아닌 필연적인 내적 연관이 있다. 아래에서 우리는 이를 다시 언급해야 할 것인데, 이 문제를 다루는 것은 혁명적 활동성의 교양이라는 바로 그 문제에서 필수적인 일이다. "경제주의자들"과 테러주의자들에게는 하나의 공통된 뿌리가 있다. 자생성에 굴종하기가 바로 그것인데, 앞 장에서 우리는 이를 하나의 일반적인 현상으로 언급했다. 이제 우리는 정치 활동과 정치투쟁의 영역에 미치는 영향력이라는 면에서 이를 살펴보겠다. 언뜻 보기에는, 우리의 주장이 역설적으로 들릴 수도 있다. "지루한 일상 투쟁"을 강조하는 사람들과 개개인의 가장 헌신적인 투쟁을 호소하는 사람들 사이의 차이는 분명 매우 크기 때문일 것이다. 그러나 이는 역설이 아니다. "경제주의자들"과 테러주의자들은 자생적 경향의 양 극단에 굴종하고 있다. "경제주의자들"은 "순수한 노동자운동"이라는 자생성에, 테러주의자들은 노동자운동과 혁명 활동을 단일한 범주로 묶어 파악할 능력이나 가능성이 없는 지식인들의 뜨거운 분노라는 자생성에 굴종하고 있다. 이러한 가능성에 대한 믿음을 버렸거나 아니면 애초부터 믿은 적이 없는 사람이라면, 테러 이외에 자신의 울분과 혁명적 열정을 분출할 다른 출구를 찾기란 정말 어려운 일이다. 이처럼, 우리가 지적한 양 경향의 자생성에 대한 굴종은 저 유명한 *Credo* 강령의 실행 개시일 뿐 그 외의 무엇도 아니다. 노동자들은 "고용주와 정부에 대한 자신들의 경제투쟁"을 벌이고(*Credo*의 저자는 우리가 자기의 사상을 마르띠노프 식 언어로 표현하고 있음을 물론 용서해 주시겠지! 이렇게 하는 것이 정당하다고 본다. 왜냐하면 *Credo*에서도 노동자가 어떻게 경제투쟁 속에서 정치체제에 직면하는지를 언급하고 있기 때문이다.), 지식인은 자기 힘으로 정치투쟁을 한단다. 당연히 테러의 도움으로! 정말 논리적이고 필연적인 결론이다. 이 강령을 실천하기 시작한 사람들 자신이 그 필연성을 인식하지 못했다 할지라도 우리는 이를 역설하지 않을 수 없다. 사람들이 그야말로 좋은 의도로 테러에 호소하거나 경제투쟁 자체에 정치적 성격을 부여하라고 호소한다 해도 정치 활동에는 그들의 의식과는 전혀 무관한 자기 논리가 있다. 지옥은 좋은 의도로 포장되어 있다. 이 경우에도 좋은 의도가 "최소 저항 노선" 또는 순전히 부르주아적인 *Credo* 강령의 노선에 대한 자생적인 애착을 막지는 못한다. 사실 수많은 러시아 자유주의자 — 공공연한 자유주의자와 맑스주의의 가면을 쓴 자유주의자 둘 다 — 가 마음으로 테러에 공감하고 있으며 이 시점에서 테러주의적 정서가 고양되는 것을 지지하려 노력하는 상황 역시 우연한 것이 아니다.

노동자운동에 대한 전면적 원조를 자신의 임무로 내세웠지만 테러를 강령에 포함시킨, 말하자면 사회민주주의당으로부터 해방된 혁명적 사회주의 그룹 '자유'가 등장했을 때, 이 사실은 악셀로트의 뛰어난 통찰력을 다시 한 번 확인시켜 주었으니, 그는 1897년 말에 벌써 사회민주주의당의 동요가 낳은 이 같은 결과를 문자 그대로 예언하고(『현재의 임무와 전술 문제에 부쳐』[36]) 저 유명한 『두 전망』의 개요를 작성했던 것이다. 씨앗 속에 다 자란 나무가 있듯이, 러시아 사회민주주의자들 사이의 이후의 모든 논쟁과 견해차는 이미 이 두 전망 속에 함축되어 있다.*

* 마르띠노프는 "또 다른, 더 현실적인(?) 딜레마를 생각하고 있다."(『사회민주주의당과 노동자계급』 19쪽.) "사회민주주의당은 프롤레타리아트의 경제투쟁을 직접 지도하는 것을 자신의 몫으로 하며, 이로써(!) 그 투쟁을 혁명적 계급투쟁으로 전화시킨다." …… "이로써"는, 그러니까 경제투쟁을 직접 지도함으로써임에 분명하다. 마르띠노프에게 물어 보자. 직종과 관련된 투쟁을 지도하는 것 하나만으로 노동조합주의 운동을 혁명적 계급운동으로 전화시킨 사례를 어디서 보았는가? 이런 "전화"를 위해 우리가 전면적인 정치 선동을 직접 지도하는 데 적극 매진해야 한다고 생각하지는 못하는가? …… "그렇지 않고 다른 전망이 있다. 사회민주주의당은 노동자의 경제투쟁 지도를 회피하고 있으며, 이로써…… 자기의 날개를 자르고 있다." …… 『노동자의 대의』가 위에 언급한 견해대로라면 "회피하고" 있는 것은 『불꽃』이다. 그러나 우리는 경

위에서 지적한 관점에서 보면, "경제주의"라는 자생성에 맞서지 못했던 『노동자의 대의』는 테러주의의 자생성에도 역시 맞서지 않았다는 것이 명백해진다. 여기서 자유그룹이 테러를 옹호하기 위해 내세운 특수한 논거를 짚어 보는 일은 매우 흥미롭다. 자유그룹은 테러의 공포용 역할을 "전면 부정한다."(『혁명주의의 부활』[56] 64쪽.) 그 대신에 테러의 "자극적(흥분제의) 의의"를 제기하고 있다. 이는 첫째로, 테러에 복무할 것을 강요했던 사상적 전통(사회민주주의당 이전의 전통)의 쇠퇴 및 와해의 한 단계라는 점에서 특징적이다. 테러로 정부를 "위협하고" 그럼으로써 조직을 괴란하는 것이 이제는 불가능함을 인정한다는 것은 본질적으로 강령에 의해 신성시된 활동 영역으로서의 테러, 즉 하나의 투쟁 체계로서의 테러를 완전히 단죄한다는 것을 뜻한다. 둘째로, 이는 "대중의 혁명적 활동성 교양"이라는 과업과 관련된 우리의 절박한 임무를 이해하지 못한 전형적인 경우라는 점에서 더욱 특징적이다. 자유그룹은 노동자 운동을 "선동하고" 그것에 "강한 자극"을 제공하는 수단으로 테러를 선전하고 있다. 이 이상 적나라하게 스스로를 논박한 논거를 상상하기는 어려운 일 아닌가! 우리는 묻는다. 과연 특별한 "흥분" 수단을 고안해 내야 할 정도로 러시아의 삶에 폭정이 부족하단 말인가? 다른 한편으로, 러시아의 전횡을 겪어 보고도 격분하지 않고 격분할 수 없는 사람이 있다면, 그런 사람은

제투쟁을 지도하기 위해 『불꽃』이 하는 일이 『노동자의 대의』가 하는 일보다 훨씬 많다는 사실을 알고 있다. 나아가 『불꽃』은 이에 국한되지 않으며, 이를 위해 자신의 정치적 임무를 축소시키지 않는다.

정부와 한 줌의 테러주의자간의 한판 대결 역시 "코를 후비면서" 바라볼 것이라는 점이 명백하지 않은가? 문제는 노동자 대중은 추악한 러시아의 삶에 매우 강하게 흥분하고 있는 반면에 우리에게는 러시아의 삶이 쥐어짜 내는 인민의 흥분이라는 물방울과 물줄기 — 우리가 생각하는 것보다 훨씬 더 많은, 헤아릴 수 없을 정도의 — 하나하나를 집중시켜 낼 — 이렇게 표현해도 괜찮다면 —, 그리고 모을 힘이 없다는 것이다. 그러나 그 물줄기들은 반드시 하나의 거대한 흐름으로 결합되어야만 하는 것이다. 이것은 실현 가능한 임무이며, 노동자운동의 엄청난 성장과 위에서 이미 언급한 바와 같은 정치 문건에 대한 노동자들의 갈망이 이를 증명하고 있다. 테러를 촉구하는 것은 경제투쟁 자체에 정치적 성격을 부여하라는 촉구와 마찬가지로, 또 다른 형태로 러시아 혁명가들의 가장 절박한 임무, 즉 전면적인 정치 선동 수행을 조직하는 임무를 회피하는 것이다. 자유그룹은 "만약 대중 속에서 정력적이고 강도 높은 선동이 시작된다면, 그것의 자극적(흥분제의) 역할은 제대로 이루어지는 것이다."(『혁명주의의 부활』 68쪽)라고 직설적으로 고백하면서도 선동을 테러로 대체하고 싶어 한다. 이것이 바로 이번 봄*의 사태가 보여준 명백한 증거에도 불구하고, 테러리스트와 "경제주의자들" 둘 다 대중의 혁명적 활동성을 과소평가하고 있음을 보여 주고 있다. 이뿐만 아니라, 한쪽은 인위적인 "흥분제"를 찾으려 덤벼들고, 다른 쪽은 "구체적인 요구"를 말한다. 그러면서 둘 다 정

* 대규모 가두 시위[57]가 시작된 1901년 봄을 말한다. (저자가 1907년판에 붙인 주.)

치 선동과 정치 폭로의 조직이라는 일에서 자기 자신의 활동성을 발전시키는 문제에는 제대로 주의를 기울이지 않고 있다. 그러나 지금도, 그리고 다른 어떤 때에도, 이것은 다른 그 무엇으로도 결코 대체할 수 없는 일이다.

5. 민주주의를 위한 전위투사로서의 노동자계급

우리는 가장 폭 넓은 정치 선동의 수행과 아울러 이에 따른 전면적인 정치 폭로의 조직화가 — 그것이 진정한 사회민주주의 활동이라면 — 그 무엇보다도 절실하고 절대적으로 필요한 활동 임무임을 보았다. 그러나 우리는 노동자계급에게 정치적 지식과 정치 교양이 절실히 필요하다는 점에만 의거하여 이 같은 결론을 내렸다. 그런데 그 같은 문제제기만으로는 너무 협소하다. 그것은 일반적으로는 사회민주주의당 전체의 일반 민주주의적인 임무를, 그리고 특수하게는 오늘날의 러시아사회민주주의당의 일반 민주주의적인 임무를 간과하는 것이다. 이러한 상황을 좀 더 구체적으로 설명하는 것이 가능하도록 "경제주의자"에게 가장 "친근한", 이른바 실천적 측면에서 사태에 접근해 보도록 하겠다. 노동자계급의 정치의식을 발전시켜야 한다는 점에는 "모두 동의한다." 그렇다면 어떻게 이것을 해야 하며, 이것을 하기 위해서는 무엇이 필요한가라는 질문이 나온다. 경제투쟁은 노동자들을 노동자계급에 대한 정부의 관계라는 문제에 직면하게 만들 뿐이다. 따라서 "경제투쟁 자체에 정치적 성격을 부여한다"라는 임무에 우리가 아무리 매진해도, 우리는 그러한 임무의 틀 안에서는 **결코** 노동자의 정치의식을 (사회민주주의 정치의식의 수준으로까지) 발전시킬 수 **없을 것이다. 왜냐하면 그 틀 자체가 협소하기 때문이다.** 마르띠노프의 정식화가 우리에게 가치 있는 것은 그것이 갈팡질팡 헤매는 그의 능력을 잘 묘사하고 있기 때문이 결코 아니다. 마르띠노프의 정식화가 우리에게 가치 있는 것은 그 정식화가 모든 "경제주의자"의 근본적인 오류, 즉 노동자의 계급적 정치의식은 이른바 그들의 경제투쟁 **내부로부터**, 말하자면 오로지 (아니면 하다못해 주로) 경제투쟁에만 의거해서, 오로지 (아니면 주로) 이 투쟁만을 기반으로 하여 발전시킬 수 있다는 그들의 확신을 선명하게 표현하고 있기 때문이다. 그 같은 견해는 근본적으로 잘못된 것이다. 그런데 "경제주의자들"은 우리가 자신들을 논박한다고 해서 우리에게 화를 내면서도, 그 이견의 근원에 관해서는 충분히 생각하지 않으려 한다. 바로 그런 까닭에, 우리가 문자 그대로 서로를 이해하지 못하고 서로 다른 언어로 말하고 있는 이런 상황이 발생하는 것이다.

계급적 정치의식은 **오직 외부에서**, 즉 경제투쟁의 외부에서, 고용주에 대한 노동자의 관계라는 영역 밖에서 노동자에게 전달될 수 있다. 이 같은 지식을 건질 수 있는 유일한 영역은 국가와 정부에 대한 **모든** 계급 및 계층의 관계라는 영역이며 **모든** 계급의 상호 관계라는 영역이다. 따라서 노동자에게 정치적 지식을 가져다주기 위해서 무엇을 할 것인가라는 문제에 대해, "경제주의"에 경도된 실천가들은 말할 것도 없고 대부분의 실천가들을 만족시키는 한 가지 답변만으로 답해서는 안 된다. "노동자에게 가라"라고 답해서는 안 된다는 것이다. 노동자에게 정치적 지식을 가져다주려면 사회민주주의자들은 **모든 주민 계급 속으로** 나아가야 한다. 자기 군대의 분견대를 **모든 방면으로** 파견해야 한다.

우리는 일부러 이처럼 모가 난 정식화를 선택하고 있다. 간단하고도 신랄한 표현을 일부러 쓰고 있다. 이는 결코 역설을 말하고자 함이 아니다. "경제주의자들"이 용서받지 못할 정도로 무시하고 있는 임무에, 그리고 이해하고 싶어 하지 않는 노동조합주의 정치와 사회민주주의 정치의 차이에 그들이 충분히 "직면하도록" 하기 위함이다. 그런 까닭에 우리는 독자들께 열내지 말고 우리의 말을 끝까지 주의 깊게 들어 보시라고 부탁드린다.

최근 몇 년 동안 가장 널리 확산된 사회민주주의자 서클이라는 유형을 한번 보라. 이런 서클의 활동을 예의 주시해 보라. 이들은 "노동자와의 관계"를 맺고 있으며, 이에 만족하면서 공장 내의 악덕 행위, 자본가들에게 편파적인 정부의 행위, 경찰의 폭력 등을 격렬하게 비판하는 내용의 전단을 발행한다. 노동자들과의 모임에서 대화는 보통, 아니 거의 대부분 이 같은 주제를 벗어나지 않는다. 혁명운동의 역사, 정부의 대내외 정치 문제, 러시아와 유럽의 점진적 경제성장, 현대사회에서의 여러 계급들의 처지 등등에 관한 대화나 보고는 극히 드물며, 사회의 다른 계급들 안에 체계적인 관계를 만들어 내고 이를 확대하는 문제에 관해서는 어느 누구도 생각조차 하지 않고 있다. 본질적으로, 대부분의 경우에 그러한 그룹의 성원들에게 이상적인 활동가 상은 사회주의자, 즉 정치적 지도자이기보다는 노동조합 서기에 훨씬 가까운 인물에 지나지 않는다. 예를 들어, 영국의 노동조합 서기라면 누구나 노동자가 경제투쟁을 수행하는 것을 항상 도우며, 공장 폭로를 조직하고, 파업의 자유와 (해당 공장에서 파업이 있다는 것을 모든 사람에게 경고하기 위한) 사수대 구성의 자유를 제한하는 법률과 조치들의 부당함을 설명하고, 부르주아계급에 속하는 중재재판관의 편파성 등등을 설명한다. 한마디로 노동조합의 서기들은 한결같이 "고용주와 정부에 대한 경제투쟁"을 수행하고 돕는다. 그러므로 이러한 것이 아직은 사회민주주의가 아니라는 사실, 이상적인 사회민주주의자는 노동조합의 서기가 아니라, 인민의 호민관, 즉 전횡과 억압 — 그것이 어디에서 발생하건, 어떤 계급, 계층에 관계된 것이건 상관없이 — 이 드러나는 온갖 현상에 대응할 능력이 있는, 그리고 이 모든 현상을 경찰의 폭력과 자본주의적 착취라는 하나의 그림으로 종합할 능력이 있는, 또한 모든 사람 앞에서 자신의 사회주의적 신념과 민주주의적 요구를 표명하고 모든 사람에게 프롤레타리아트 해방 투쟁의 전 세계적, 역사적 의의를 설명하기 위해서 그 어떤 사소한 사건이라도 활용할 능력이 있는 그러한 인민의 호민관이어야 한다는 사실은 아무리 주장해도 충분치 않다. 예를 들어 로버트 나이트(영국의 가장 강력한 노동조합의 하나인 보일러공협회의 유명한 서기이자 지도자)와 빌헬름 리프크네히트 같은 활동가를 비교해 보라. 그리고 마르띠노프가 『불꽃』과 자신의 이견을 정리해 놓은 대립 구도를 그들에게 한번 적용해 보라. 그러면 여러분은 다음과 같은 사실을 알 수 있을 것이다. ― 나는 마르띠노프의 글을 한 장씩 넘겨 나가겠다. 나이트가 훨씬 더 많이 "대중에게 어떤 구체적인 행동을 촉구했으며"(39쪽), 리프크네히트는 "현존 체제 전체나 그 체제의 부분적인 발현 현상들을 혁명적으로 조명하는"(38~39쪽) 데 더 많이 전념했다. 또한 나이트는 "프롤레타리아트의 당면한 요구들을 정식화하고 그것들을 실현하는 수단을 적시했지만"(41쪽), 리프크네히트는 이러한 일은 물론이고 "이와 동시에 다양한 반정부 계층들의 적극적인 활동을 지도하고" "그들에게 최종 행동 강령을 지시하는"*(41쪽) 것 역시 포기하지 않았다. 나이트는 이른바 "경제투쟁 자체에 가능한 한 정치적 성격을 부여하려"(42쪽) 노력하고 "일정한 가시적인 결과를 약속하는 구체적인 요구들을 정부에" 훌륭하게 "내세우는"(43쪽) 능력을 보인 반면, 리프크네히트는 "일면적인" "폭로"(40쪽)에 훨씬 더 많이 전념했다. 나이트는 "지루한 일상 투쟁의 단계적 진전"(61쪽)에 더 큰 의의를 부여한 반면, 리프크네히트는 "완전무결하고 빛나는 사상의 선전"(61쪽)에 더 큰 의의를 부여했다. 리프크네히트는 자신이 지도하는 신문을 이른바 "혁명적 반정부당의 기관지, 다양한 주민 계층의 이해관계와 충돌하고 있는 우리의 체제, 특히 정치체제를 폭로하는 기관지"(63쪽)로 만든 반면, 나이트는 "프롤레타리아트의 투쟁과 긴밀하고 유기적인 연관 속에서 노동자의 대의를 위해 활동했으며"(63쪽) ― 그 "긴밀하고 유기적인 연관"이라는 것을, 우리가 앞서 끄리쳅

* 예를 들어, 프로이센-프랑스 전쟁 시기에 리프크네히트는 민주주의파 전체의 행동 강령을 지시했다. 이는 1848년에 맑스와 엥겔스가 더 많이 했던 일이다.

스끼와 마르띠노프의 예를 통해 배웠던 자생성에 굴종하기라는 의미에서 이해한다면 — 스스로는 "그 자체로 자신의 영향력을 배가시켰다"라고 확신했지만 — 마르띠노프도 물론 마찬가지이다 — 사실은 "자신의 영향력을 축소시켰다." 한마디로, 여러분은 마르띠노프가 de facto[사실상] 사회민주주의당을 노동조합주의의 수준으로 전락시키고 있음을 알게 될 것이다. 비록 그가 이렇게 한 것이 사회민주주의당의 건투를 빌지 않아서가 결코 아니며, 단지 쁠레하노프를 이해하려고 노력하기보다 쁠레하노프를 심화시키려고 조금 서둘렀기 때문인 것이 분명하더라도 말이다.

하지만 다시 우리가 서술하고 있던 문제로 돌아가자. 앞서 우리는 사회민주주의자라면, 즉 프롤레타리아트의 정치의식을 전면적으로 발전시킬 필요가 있다고 말로만 주장하는 사람이 아니라면 "모든 주민 계급 속으로 나아가야 한다"라고 말한 바 있다. 여기서 다음과 같은 문제들이 등장한다. 어떻게 그것을 할 것인가? 우리에게 이를 위한 힘이 있는가? 다른 모든 계급 속에 그 같은 활동을 위한 토양이 있는가? 이것이 계급적 관점으로부터 후퇴하는 것, 또는 후퇴하는 결과를 가져오는 것을 의미하지는 않는가? 이 문제들을 잠시 살펴보자.

우리는 이론가로서, 선전가로서, 선동가로서, 조직가로서 "주민의 모든 계급 속으로 나아가야 한다." 사회민주주의자의 이론 활동은 개별 계급들의 사회적, 정치적 처지가 갖는 모든 특수성을 연구하는 방향으로 전개되어야 한다. 이 점은 누구도 의심하지 않는다. 하지만 이러한 방향에서 행해지고 있는 것은 매우, 매우 미미하다. 공장 생활의 특수성을 연구하는 데 집중된 활동과 비교하면 균형이 잡히지 않을 정도로 적다. 여러분은 여러 위원회나 서클에서 제철 산업 같은 것에 대한 전문적인 지식을 습득하는 데까지 파고드는 사람들을 만나게 될 것이다. 그러나 조직의 성원들(이러저러한 이유로 실천 활동에서 떨어져 있을 수밖에 없게 된 — 이런 일은 빈번히 일어난다. — 성원들)이 우리의 사회생활 및 정치생활의 어떤 절박한 문제, 다른 계층의 주민들에게 사회민주주의 활동을 위한 동기를 제공할 정도의 힘이 있는 그런 문제에 관한 자료를 모으는 일에 전문적으로 종사하고 있는 예는 거의 찾을 수 없을 것이다. 현재의 노동자운동 지도자들 대부분의 준비 부족을 말할 때 이 부분에서의 준비에 관해 언급하지 않을 수가 없다. 이 또한 "프롤레타리아트 투쟁과의 긴밀하고 유기적인 연관"에 대한 "경제주의적" 이해와 관련되어 있기 때문이다. 하지만 중요한 것은 말할 것도 없이 주민의 모든 계층 속에서의 **선전**과 **선동**이다. 서유럽의 사회민주주의자들에게 이 임무가 다소 쉬운 이유는 원하는 사람은 **누구나** 참석할 수 있는 대중적 회합과 집회가 있기 때문이다. 사회민주주의자가 **모든** 계급을 대표하는 의원들 앞에서 발언하는 의회가 있기 때문이다. 우리에게는 의회도, 집회의 자유도 없다. 하지만 그럼에도 불구하고 우리에게는 **사회민주주의자**의 말을 듣고 싶어 하는 노동자들과의 회합을 마련할 능력이 있다. 또한 우리는 온갖 계급의 대표들이 **민주주의자**의 말을 듣고 싶어 하기만 한다면 그들과의 회합을 마련할 수 있어야 한다. "공산주의자들는 모든 혁명운동을 지지한다."[58]라는 것, 따라서 우리에게는 한순간이라도 자신의 사회주의적 신념을 감추지 않으면서 전 국민 앞에서 일반 민주주의적 과제를 표명하고 강조해야 할 의무가 있다는 것을 사실상 잊고 있는 자는 사회민주주의자가 아니기 때문이다. 모든 일반 민주주의의 문제를 제기하고 첨예화시키며 해결하는 데서 자신이 만인 앞에 서 있어야 한다는 의무를 사실상 잊고 있는 자는 사회민주주의자가 아니기 때문이다.

"그 점은 누구나 확실히 동의하고 있는 것 아니오!" 참을성 없는 독자가 우리를 제지한다. 또한 최근의 동맹 대회에서 채택된 『노동자의 대의』 편집진을 위한 새 지침도 직설적으로 이렇게 말하고 있다. "하나의 특수한 계급으로서의 프롤레타리아트에게 직접 관련되어 있든, 아니면 자유를 위한 투쟁에서의 모든 혁명 세력의 전위로서의 프롤레타리아트에게 관련되어 있든, 사회적, 정치적 생활의 모든 사건과 현상은 정치 선동과 선전의 계기가 되어야 한다."(『두 대회』 17쪽. 강조는 우리가 한 것.) 그렇다. 매우 올바르고 좋은 말이다. 그러므로 만일 『노동자의 대의』가 이 말들을 이해했더라면, 그래서 이 말들과 나란히 정반대의 말을 하지 않았다면, 우리는 충분히 만족했을 것이다. 자기 자신을 "전위"라고, 선진 대오라고 부르는 것만으로는 부족하지 않은가. 우리가 선두에서 나아가고 있음을 보고 나머지 모든 대오가 그 사실을 인정하지 않을 수 없도록 행동해야만 한다. 우리는 독자들께 묻는다. 과연 나머지 "대오"의 대표들이 우리가 "전위"입네 말하면 우리를 신뢰할 만큼 그렇게 바보들인가? 다음과 같은 구체적인 상황을 떠올려 보기만 해 보라. 러시아의 교양 있는 급진주의자들이나 자유주의적 입헌주의자들의 "대오" 앞에 사회민주주의자가 나타나 이렇게 말한다. "우리가 전위요, 이제 우리 앞에는 경제투쟁 자체에 어떻게 가능한 한 정치적 성격을 부여할 것인가라는 임무가 놓여 있소." 조금이라도 똑똑한 급진주의자나 입헌주의자라면(그런데 러시아의 급진주의자와 입헌주의자 가운데는 똑똑한 사람들이 많다.) 그런 말을 듣고서 조용히 웃기만 할 것이다. 그리고는 이렇게 말할 것이다. (물론 혼잣말로. 이런 사람은 대부분의 경우 노련한 외교가니까.) "이렇게 멍청한 '전위'가 있나! 그것은, 그러니까 노동자의 경제투쟁 **자체**에 정치적 성격을 부여하는 것은 바로 우리, 부르주아 민주주의의 선진적 대표들의 임무라는 것도 모르고 계시는군. 사실, 우리도 서유럽의 모든 부르주아와 마찬가지로 노동자들을 정치에 끌어들이길 원하고 있단 말이야. 하지만 그것은 **사회민주주의 정치가 아니라 바로 노동조합주의 정치여야만 하지.** 노동자계급의 노동조합주의 정치가 바로 노동자계급의 **부르주아적 정치**란 말이야. 그런데 이 '전위'께서 만든 자기 임무의 정식화라는 게 바로 노동조합주의 정치의 정식화가 아닌가! 그러니 그들이 마음껏 자기 자신을 사회민주주의자라고 부르도록 내버려 두라고. 나는 꼬리표를 보고 열 내는 그런 어린애가 아니란 말이야! 단지 저 극악한 정통 교조주의자들한테 항복하지만 말라고. 사회민주주의당을 무의식적으로 노동조합주의의 궤도로 잡아끌고 있는 사람들에게 '비판의 자유'를 주도록 하라고!"

사회민주주의의 전위를 운운하는 사회민주주의자들이 — 자생성이 우리 운동을 거의 지배하고 있는 이 시점에 — 세상에서 그 무엇보다 두려워하는 것이 "자생적 요소의 과소평가"라든가 완전무결하게 빛나는 사상의 선전에 비해 지루한 일상 투쟁의 단계적 진전이 갖는 의미를 축소하는 것 등등이라는 사실을 우리의 입헌주의자가 알게 된다면, 그의 가벼운 미소는 박장대소로 바뀔 것이다! 의식성이 자생성을 능가하지 않을까 두려워하는, 생각이 다른 사람들까지도 일반적으로 승인하지 않을 수 없는 대담한 "계획"을 제기하는 것을 두려워하는 "선진" 대오라니! 혹시 이들은 후위라는 말과 전위라는 말을 혼동하고 있는 것이 아닐까?

실제로 마르띠노프의 다음 언명을 깊이 숙고해 보라. 40쪽에서 그는 『불꽃』의 폭로 전술이 일면적이며, "우리가 아무리 정부에 대한 불신과 증오를 퍼뜨린다 해도, 그 정부의 타도를 위한 충분하고 적극적인 사회적 역량을 발전시키지 못한다면 우리는 목표를 달성하지 못할 것이다."라고 말한다. 따옴표 속의 이 말은 우리가 이미 잘 알고 있는 것이니, 자신의 활동성은 낮추려 하면서 대중의 활동성은 높이겠다는 고심이다. 하지만 지금, 문제는 여기에 있는 것이 아니다. 마르띠노프가 여기서 말하고 있는 것은 당연히 **혁명적** 역량("타도를 위한")이다. 그런데 그는 과연 어떤 결론에 도달하는가? 다양한 사회계층들은 보통 때는 항상 뿔뿔이 제 갈 길을 가므로, "이를 고려할 때 분명한 것은 우리, 사회민주주의자들이 다양한 반정부 계층들의 적극적인 활동을 동시에 지도할 수 없다는 점이다. 그들에게 적극적인 행동 강령을 강제할 수 없으며, 하루하루 자신들의 이해관계를 위해 어떤 방법으로 투쟁해야 하는가를 지시할 수 없다는 점이다……. 자유주의적인 계층들은 이제 벌써 자신들의 당면 이해관계를 위한 적극적인 투쟁에 대해 스스로 고민하게 될 것이다. 그 투쟁이 그들을 우리의 정치체제에 직면하도록 할 것이다."(41쪽.) 이처럼 마르띠노프는 혁명적 역량에 관해, 전제주의 타도를 위한 적극적인 투쟁에 관해 운을 뗴 놓고서는 노동조합의 역량, 당면 이해관계를 위한 적극적인 투쟁이라는 옆길로 새어 버린다! 우리가 학생들, 자유주의자들 등등의 투쟁을 그들의 "당면 이해관계"를 위해 지도할 수 없다는 것은 자명하다. 그러나 문제는 그 얘기가 아니라는 점 아닌가, 참으로 존경스러운 "경제주의자"여! 우리가 거론한 것은 다양한 사회계층들이 전제주의 타도에 참여하는 것이 가능하고 또 필요하다는 점이었다. 그런데 우리는 이러한 "다양한 사회계층들의 적극적인 활동"을 지도할 수 있을 뿐만 아니라, "전위"가 되고자 한다면 우리는 반드시 그렇게 해야만 한다. 우리의 학생들, 우리의 자유주의자들 등등을 "우리의 정치체제에 직면하도록" 고심하는 사람들은 그들 자신만이 아니다. 전제주의 정부의 경찰과 관리들이야말로 누구보다도 먼저, 그리고 누구보다도 더 많이 이 문제를 고민할 것이다. 하지만 우리가 선진적 민주주의자가 되고자 한다면, "우리는" 대학 제도나 지방행정 제도 같은 것들에만 불만을 가진 사람들을 정치체제 전체의 부당함이라는 생각에 직면하도록 만드는 문제를 고민해야 한다. 우리는 모든 반정부 계층이 우리 당과 우리의 정치투쟁을 강력히 도울 수 있도록, 또 실제로 돕게 되도록 우리 당의 지도 아래 그 같은 전면적인 정치투쟁을 조직해야 할 임무를 짊어져야 한다. 우리는 사회민주주의자 실천가들을 이러한 전면 투쟁의 모든 현상을 지도하고 필요한 순간에는 동요하는 학생들, 불만 어린 지방의원들, 분노한 이교도들, 모욕당한 교사들 등등에게 "적극적인 행동강령을 강제할" 능력을 갖춘 정치 지도자로 단련시켜야 한다. 따라서 마르띠노프의 주장, 즉 "그들에 대해 우리는 체제의 폭로자라는 소극적인 역할로만 나설 수 있다. …… 우리는 그들의 희망 사항을 여러 정부 위원회에 전해 줄 수 있을 뿐이다."(강조는 우리가 한 것)라는 주장은 완전히 틀렸다. 이 말을 함으로써, 마르띠노프는 자신이 혁명적 "전위"의 진정한 역할이라는 문제에 대해 정확히 아무것도 이해하지 못하고 있음을 보여 준다. 독자들이 이 점에 주목한다면, 마르띠노프의 다음과 같은 결론이 지닌 진정한 의미를 이해하게 될 것이다. "매우 다양한 주민 계층들의 이해관계와 우리의 체제, 특히 정치체제가 충돌하는 한에서 『불꽃』은 그러한 체제를 폭로하는 혁명적 반정부 세력의 기관지다. 이에 반해 우리는 프롤레타리아트의 투쟁과의 긴밀하고 유기적인 연관 속에서 노동자의 대의를 위해 활동하고 있으며 앞으로도 그럴 것이다. 우리는 스스로의 활동 영역을 축소시킴으로써 그 자체로 우리의 영향력을 배가시키고 있다."(63쪽.) 이 결론의 진정한 의미는 이런 것이다. 『불꽃』은 노동자계급의 노동조합주의 정치(어떤 착각이나 준비 부족, 또는 신념으로 인해 우리의 실천가들은 너무나 빈번히 이러한 정치의 틀에 갇혀 있다.)를 사회민주주의 정치의 수준으로 끌어올리고자 한다는 것이다. 반면에 『노동자의 대의』는 사회민주주의 정치를 노동조합주의 정치의 수준으로 끌어내리고자 한다는 것이다. 그런데 여기서도 여전히 『노동자의 대의』는 이것이 "공동의 대의에서 충분히 양립 가능한 입장들"(63쪽)이라고 모두에게 단언하고 있다. O, Sancta Simplicitas [오, 성스러운 단순함이여]!

더 나아가 보자. 우리에게는 과연 모든 주민 계급을 향하여 선전하고 선동할 수 있는 힘이 있는가? 물론 있다. 이 사실을 심심찮게 부정하는 경향이 있는 우리의 "경제주의자들"은 1894년(대략)부터 1901년 사이에 우리 운동이 내디딘 저 엄청난 진전을 간과하고 있는 것이다. 그들, 진정한 "꽁무니주의자들"은 오래전에 지나가 버린 운동 초창기의 관념 속에 살고 있는 경우가 허다하다. 그때 우리는 정말 놀랄 정도로 무력했다. 그때는 노동자들 사이에서의 활동을 위해 무조건 떠나는 결단과 그러한 활동을 외면하는 어떠한 경향이라도 단호히 단죄하는 결의가 자연스럽고도 정당한 것이었다. 그때는 노동자계급 속에서 확고부동하게 자리 잡을 수 있도록 하는 것이 과제의 전부였다. 지금은 거대한 역량이 운동에 흡입되어 있다. 교양 계급의 젊은 세대를 대표하는 뛰어난 사람들이 모두 우리에게로 오고 있다. 운동에 이미 입문한, 또는 참여하기를 원하는 사람들, 사회민주주의당에 이끌리는 사람들이 모든 지방에 걸쳐 어느 곳에든 있을 정도다. (반면에 1894년에 러시아의 사회민주주의자들은 손가락으로 꼽을 정도였다.) 우리 운동의 주요한 정치적, 조직적 결함 중의 하나는 역량 있는 이 모든 이를 흡수하여 이들 모두에게 알맞은 일을 부여할 능력이 없다는 점이다. (이에 관해서는 다음 장에서 좀 더 상세히 말하겠다.) 이들의 거의 대다수에게는 "노동자에게로 갈" 기회가 전혀 없기 때문에, 역량을 우리의 주요 과업으로부터 다른 곳으로 돌리는 것이 아닌가 하는 우려는 성립될 수도 없다. 그와는 반대로, 노동자들에게 진실하고 포괄적이며 생생한 정치 지식을 제공하기 위해서는, 우리 국가 메커니즘의 내적 추진력을 알 기회를 제공하는 온갖 지점에, 모든 사회계층 속에, 어떤 곳을 불문하고 "우리 사람들", 즉 사회민주주의자들이 있어야 한다. 또한 이러한 사람들은 선전이나 선동과 관련하여 필요할 뿐만 아니라 조직과 관련하여서는 더더욱 필요하다.

모든 주민 계급 속에서 활동할 수 있는 기반은 있는가? 이를 보지 못하는 사람 역시 의식성이 대중의 자생적 고양에 뒤처진 사람이다. 노동자운동은 어떤 사람들에게는 불만을, 다른 사람들에게는 반정부당을 지지하는 것에 거는 희망을, 또 다른 사람들에게는 전제주의를 용납할 수 없고 전제주의의 붕괴가 필연적이라는 인식을 불러일으켰으며 지금도 그러하다. 만일 우리가 이러한 불만이 표출되는 갖가지 형태를 활용하고 맹아 상태의 저항일지라도 그 작은 조각들을 모두 모아 다듬어 내야 하는 자기 임무를 인식하지 못한다면, 우리는 그저 말로만 "정치가"요 사회민주주의자일 뿐일 것이다. (실제로 이런 사람들이 너무나 많다.) 근로 농민, 가내공업가, 영세 수공업자 등등의 수백만 대중 모두가 조금이라도 숙달된 사회민주주의자의 설교를 항상 목마르게 듣게 될 것이라는 점은 차치해 두자. 하지만 주민 계급 중에 자신들의 무권리 상태와 폭정에 불만을 가진, 그래서 가장 절박한 일반 민주주의적 요구의 대변자인 사회민주주의자들의 선전을 쉽게 받아들일 수 있는 사람들, 그룹, 서클이 포함되어 있지 않은 계급을 하나라도 꼽을 수 있겠는가? 주민의 모든 계급, 계층 속에서 사회민주주의자가 행하는 이러한 정치 선동의 구체적인 상을 그리고 싶은 사람이 있다면, 우리는 그에게 이러한 선동의 주요한 (하지만 당연히 유일한 것은 아닌) 수단으로 넓은 의미에서의 **정치 폭로**를 제시할 것이다.

「무엇으로부터 시작할 것인가?」(『불꽃』 제4호, 1901년 5월) — 이에 관해서는 뒤에서 상세히 논해야만 할 것이다. — 에서 나는 이렇게 쓴 바 있다. "우리는 조금이라도 의식 있는 인민의 모든 계층 속에서 **정치** 폭로를 향한 열망을 깨우쳐 내야 한다. 현재 정치 폭로의 목소리가 이렇게 드문드문, 약하고 소심하게 들리는 것에 당황할 필요는 없다. 그것은 결코 경찰의 전횡을 전반적으로 묵인하며 따르고 있기 때문이 아니다. 그것은 폭로할 수 있는 능력을 갖추고 있으며 언제라도 그럴 태세가 되어 있는 사람들이 말할 수 있는 연단이 없으며, 연설자들의 말에 귀를 기울이고 열렬히 동의를 표하는 청중이 없고, 연설자들이 '전능한' 러시아 정부에 대한 항변을 호소할 만한 세력을 인민들 가운데 어디서도 만날 수 없기 때문이다. …… 우리에게는 이제 짜르 정부를 전 국민 앞에 폭로하기 위한 연단을 만들 능력이 있으며 또 그럴 의무가 있다. 사회민주주의 신문이 그 연단이 되어야 한다."

노동자계급이야말로 정치 폭로에 이상적인 청중이다. 그들은 전면적이고 생생한 정치적 지식을 다른 누구보다 먼저, 그리고 더 많이 필요로 한다. 그들에게는 누구보다도 훌륭하게 이러한 지식을 적극적인 투쟁으로 구현할 능력이 있다. 비록 그러한 투쟁이 아무런 "가시적인 결과"를 약속하지 않는다 할지라도 말이다. 그런데 전 국민적 폭로를 위한 연단이 될 수 있는 것은 전 러시아적 신문뿐이다. "현대 유럽에서 정치 기관지 없이는 정치 운동이라 불릴 만한 운동을 상상할 수 없다." 이 점에서 러시아 역시 현대의 유럽에 속한다는 것은 의심의 여지가 없다. 신문은 우리 나라에서 이미 오래전에 하나의 힘이 되었다. 그렇지 않다면 정부가 신문을 매수하고 깟꼬프나 메셰르스끼 같은 자들에게 보조금을 지급하느라 수만 루블씩을 지출하지도 않았을 것이다. 또 비합법 언론이 검열의 빗장을 뚫었고, 합법적이고 보수적인 신문들이 공개적으로 그것을 언급하지 않을 수 없도록 했다는 것은 전제주의 러시아에서 새로운 일이 아니다. 70년대에도, 심지어 50년대에도 그러했다. 그런데 지금은 비합법 신문을 읽고 그를 통해 "어떻게 살고 어떻게 죽어야 할지" — 『불꽃』(제7호)에 편지를 보내 온 한 노동자의 표현을 빌리자면[59] — 를 배우려 하는 국민의 층이 몇 배나 넓고 두터워졌다. 경제 폭로가 공장주에 대한 선전포고이듯이 정치 폭로는 바로 정부에 대한 선전포고다. 나아가 이 같은 폭로 운동이 폭 넓고 힘있게 되면 될수록, 전쟁 개시를 위해 선전포고를 하는 사회계급의 수가 많고 결단력이 높게 되면 될수록, 이 선전포고는 더욱 큰 도덕적 의의를 갖게 된다. 그렇기 때문에 정치 폭로는 이미 그 자체로 적대 체제를 붕괴시키는 하나의 강력한 수단이자 일시적이고 우연적인 적의 동맹군을 적으로부터 이탈시키는 수단, 전제주의 정권의 항시적인 참여자들 사이에 불신과 적대감을 조장하는 수단인 것이다.

전 국민적 폭로를 실제로 조직할 당만이 우리 시대 혁명 세력의 전위가 될 수 있다. 그런데 "전 국민적"이라는 말은 매우 많은 함의를 갖는다. 비노동자계급 출신(전위가 되기 위해서는 다른 계급들을 포섭해야만 한다.)의 폭로자들 가운데 압도적 다수는 상식 있는 정치인들과 냉정한 사업가들이다. 그들은 "전능한" 러시아 정부는커녕 하다못해 말단 관리에게라도 "항변한다"라는 것이 얼마나 위험한가를 너무나 잘 알고 있다. 그래서 그들은 그러한 항변이 실제로 영향력을 발휘할 수 있다는 사실과 우리가 하나의 정치 세력이라는 사실을 알게 될 때에만, 우리에게 하소연하게 될 것이다. 국외자의 눈에 그 같은 세력으로 비치려면, 우리의 의식성, 창발성, 정력을 상승시키기 위해 흔들림 없이 많은 노력을 기울여야 한다. 이는 후위의 이론과 실천에다 "전위"라는 이름표를 달아매는 것으로는 될 수 없는 일이다.

그러나 만일 정부에 대한 전 국민적 폭로의 실제적인 조직화를 우리가 담당해야 한다면, 우리 운동의 계급적 성격은 무엇으로 드러날 것인가? "프롤레타리아트 투쟁과의 긴밀하고도 유기적인 연관"을 비이성적으로 열렬히 지지하는 사람이라면, 우리에게 이런 질문을 할 것이고 또 이미 하고 있다. 그것은 바로, 이 전 국민적 폭로를 우리 사회민주주의자가 조직한다는 점으로 드러난다. 고의적이든 아니든 맑스주의를 왜곡하는 것을 한 치도 묵인하지 않는 굳건한 사회민주주의 정신으로, 선동이 제기하는 모든 문제를 조명할 것이라는 점으로 드러난다. 프롤레타리아트에 대한 혁명적 교양과 전체 인민을 대표하는 정부에 대한 공격을 하나의 끊을 수 없는 전체로 통일하고 아울러 정치적 자립성을 수호하며, 노동자계급의 경제투쟁을 지도하고, 새로운 프롤레타리아트층을 부상시켜 그들을 우리 진영으로 끌어들이게 될, 착취자들과 노동자계급의 자생적인 충돌을 활용하는 당이 이러한 전면적 정치 선동을 수행할 것이라는 점으로 드러난다!

그런데 "경제주의"의 가장 특징적인 성격 중의 하나가 바로 이러한 관계를 이해하지 못한다는 것이다. 더 나아가 프롤레타리아트의 가장 절실한 요구(정치 선동과 정치 폭로를 통한 전면적 정치 교양)가 일반 민주주의 운동의 요구와 일치하는 이 지점을 이해하지 못한다는 것이다. 이러한 몰이해는 비단 "마르띠노프 식" 문구들에서만 발견되는 것이 아니다. 그것은 이 문구들과 의미상 일맥상통하는, 이른바 계급적 관점에 관한 인용문에서도 드러난다. 예를 들어 『불꽃』 제12호에 실린 "경제주의자들의" 편지의 필자들은 이렇게 표현하고 있다.* "『불꽃』의 이러한 주요 결점(이데올로기의 과대평가)이야말로 사회민주주의당과 다양한 사회계급 및 경향들과의 관계라는 문제에서 이 신문이 보여 주는 자기모순의 원인이다. 이론을 쭉 진열함으

---

* 우리는 그야말로 특징적인 이 편지에 대해 "경제주의자들"에게 지면 관계상 『불꽃』에서 구체적이고 충분한 답변을 하지 못했다. 우리는 이 편지가 등장한 것이 무척 반가웠다. 『불꽃』의 계급적 관점이 일관성을 결여하고 있다는 말은 이미 오래전부터 그야말로 다양한 사람들로부터 들어왔기에, 우리는 이러한 말에 답하기 위한 적절한 기회, 또 떠도는 그 같은 비난을 정식화한 표현을 찾아 왔기 때문이다. 그런데 방어가 아니라 역공으로 공격에 답하는 것이 우리의 습관이다.

로써……"(당과 함께 성장하는 당 임무의 성장을 통해서가 아니라) "반反절대주의 투쟁으로 즉각 전환해야 한다는 임무를 ― 분명, 현재 상황에서 노동자들에게 이 임무가 너무나 과중하다는 것을 느끼면서도 ― 결정한 뒤……" (우리는 이 임무가 어린 자식들을 걱정하는 "경제주의자" 지식인들보다는 노동자들에게 더 쉬운 것임을 느낀다. 더 나아가 우리는 그것을 분명히 알고 있다. 왜냐하면 노동자들은 ― 저 잊을 수 없는 마르띠노프의 말을 빌리자면 ― 그 어떤 "가시적인 결과"도 약속하지 않는 요구를 위해서라 할지라도 기꺼이 싸울 것이기 때문이다.) …… "그럼에도, 노동자들이 이 투쟁을 위한 힘을 이후에 스스로 축적하는 과정을 기다릴 인내심이 없는 『불꽃』은 일련의 자유주의자들과 지식인들 속에서 동맹군을 찾기 시작한다……."

그렇소, 그렇고 말고. 우리는 정말 온갖 "중재자들"이 옛날 옛날에 약속한 바 있는 축복받은 시간, 우리의 "경제주의자들"이 자신들의 후진성을 노동자들에게 떠넘기고 자신들에게 정력이 부족한 것을 마치 노동자들의 역량이 부족한 것처럼 합리화시키기를 그만두는 그러한 시간을 "기다릴" "인내심"이란 인내심은 모두 잃어버렸소. 우리의 "경제주의자들"께 묻는다. "노동자들이 투쟁을 위한 힘을 축적하는" 것의 핵심이 도대체 무엇이오? 그것이 노동자들을 정치적으로 교양하고 그들 앞에 우리의 억압적인 전제주의의 모든 측면을 폭로하는 일이라는 것은 명백하지 않소? 바로 이러한 작업을 위해 지방의원, 교사, 통계학자, 학생 등에 대한 정치 공세를 폭로하는 일에 우리와 함께할 태세를 갖춘 "일련의 자유주의자들과 지식인들 속의 동맹군"이 우리에게 필요하다는 것 역시 명확하지 않소? 이 놀랍도록 "교묘한 메커니즘"을 이해하는 것이 정말 그렇게도 어렵단 말이오? "러시아의 사회민주주의자들이 비프롤레타리아계급들 중에서 자신들의 지지자, 직간접적인 동맹자들을 획득해야 하는 임무는 주로, 그리고 무엇보다 먼저 바로 프롤레타리아트 속에서의 선전 활동의 성격에 의해 좌우된다."[60]라는 사실은 악쎌로트가 이미 1897년부터 당신들에게 되풀이해 말해 온 것이 아니요? 그럼에도 불구하고 마르띠노프와 다른 "경제주의자들"은 여전히, 노동자들은 먼저 "고용주와 정부에 대한 경제투쟁으로" 힘(노동조합주의 정치를 위한)을 비축하고 그러고 난 다음에 노동조합주의적 "활동성의 교양"을 사회민주주의적 활동성의 교양으로 "전환해야" 한다고 생각하고 있는 것 아닌가!

"경제주의자들"은 계속해서 말한다. "…… 그러한 모색 속에서 『불꽃』은 빈번히 계급적 관점에서 이탈하여 계급 모순을 은폐하고, 정부에 대한 공통의 불만을 ― '동맹군들'의 불만은 원인과 정도가 매우 다양함에도 불구하고 ― 최우선 과제로 내세운다. 예를 들자면, 지방의회에 대한 『불꽃』의 태도가 그러한 것이다……." "『불꽃』은 정부가 던져 주는 동냥에 만족하지 못하는 귀족들에게 노동자계급의 지원을 약속이라도 해 주는 듯하다. 그러면서 이러한 계층들의 계급적 차이에 관해서는 한마디도 하지 않는다." 아마도 편지의 필자들은 「전제주의와 지방의회」라는 기사들(『불꽃』 제2호와 제4호)을 언급하고 있는 모양인데, 독자 여러분이 그 기사들에 주의를 기울인다면 그 글들[*]이 "신분적, 관료적 지방의회의 온건한 선동"과 "유산계급조차 하고 있는 자주적 활동"에 대한 정부의 태도를 다루고 있음을 알게 될 것이다. 그 글에는 지방의회에 반대하는 정부의 투쟁을 노동자가 무관심하게 바라보아서는 안 되며, 또 혁명적 사회민주주의당이 정부 앞에 온몸으로 떨쳐 일어나면 지방의원들에게는 온건한 어조를 버리고 강하고 격렬한 발언을 해 줄 것이 요청된다고 적혀 있다. 편지의 필자들은 어떤 점에 동의하지 않는단 말인가? 알 수 없는 노릇이다. 그들은 노동자가 "유산계급"이니 "신분적, 관료적 지방의회"니 하는 말들을 "이해하지 못할" 것이라고 생각한단 말인가? 그들은 지방의원들에게 온건한 논조를 강경한 논조로 바꾸라고 촉구하는 것이 "이데올로기의 과대평가"라고 생각한단 말인가? 그들은 노동자들이 절대주의가 지방의회까지도 어떤 태도로 대하는지 알지 못하더라도 절대주의와 투쟁할 수 있는 "힘을 축적할" 수 있다고 상상한단 말인가? 이 모든 것이 여전히 의문으로 남아 있다. 분명한 것은 단 하나뿐이다. 그것은 편지의 필자들이 사회민주주의당의 정치적 임무를 매우 혼란스럽게 가정하고 있다는 것이다. 이것은 그들의 다음과 같은 문구를 보면 더 분명해진다. "『불꽃』이 학생운동에 보이는 태도 역시 그러한 것(즉 "계급 대립을 은폐하는 것")이다." 우리가 노동자들에게 대중 시위를 통해 폭력, 만행, 고삐 풀린 행동의 실제 진원지는 학생이 아니라 러시아 정부

* 이 기사들 사이에는(『불꽃』 제3호에는) 농촌의 계급 대립을 집중적으로 다룬 글이 게재된 바 있다.

라는 사실을 천명해야 한다고 촉구하는(『불꽃』 제2호) 대신에 『노동자의 사상』의 정신에 입각한 논평을 실어야 했단 말인가! 그 같은 생각을 1901년 가을에, 그러니까 2월과 3월 사태가 일어난 후에, 학생운동에서도 전제주의에 대한 저항의 "자생성"이 사회민주주의당의 의식적 운동 지도를 앞지르고 있음을 증명하는 새로운 고양을 눈앞에 둔 시점에, 사회민주주의자들이 피력하고 있다. 경찰과 까자크인들에게 구타당하는 학생들을 옹호하는 노동자들의 자생적 열의는 사회민주주의 조직의 의식적 활동을 능가하고 있다!

계속해서 편지의 필자들은 이렇게 말한다. "그런 반면, 다른 기사들을 통해 『불꽃』은 갖가지 타협들을 준열히 질책하면서, 예를 들면 게드파[3]의 성급한 행동을 옹호하고 나선다." 오늘날의 사회민주주의자들 사이의 이견에 관해 자신감에 차서 이처럼 경솔하게, 이러한 이견은 본질적인 것이 아니며 그것으로 인한 분열은 정당화될 수 없다고 아무렇지도 않은 듯 말하는 사람들에게 우리는 그 말들을 심사숙고하라고 충고하는 바이다. 다양한 계급들에 대한 전제주의의 적대성을 해명하는 문제에서, 그리고 전제주의를 반대하는 다양한 계층들이 존재함을 노동자들에게 인지시키는 문제에서 아직까지 우리가 한 일은 놀라울 정도로 미미하다고 말하는 사람들과 그것을 "타협", 말할 것도 없이 "정부와 고용주에 대한 경제투쟁" 이론과의 타협의 문제라고 생각하는 사람들이 도대체 한 조직 내에서 성공적으로 일할 수 있겠는가?

우리는 농노 해방 40주년을 맞아 계급투쟁을 농촌에 도입하는 것이 필요하다고 말해 왔으며(제3호), 또한 비쩨의 비밀 각서 사건을 계기로 지방자치와 전제주의가 화해할 수 없다는 사실에 관해서도 말해 왔다(제4호). 우리는 새로운 법률과 관련하여 토지 소유자 및 이들에게 봉사하는 정부의 농노제를 공격했으며(제8호), 비합법 지방의회 대회를 환영하고, 치욕스러운 청원 운동을 넘어 투쟁으로 나서라고 의원들을 격려해 왔다(제8호). 우리는 정치투쟁의 필요성을 이해하기 시작하여 그러한 투쟁으로 이행해 간 학생들을 독려하면서(제3호), 그와 동시에 학생들에게 가두시위에 참가하지 말라고 요청한 "순수 학생"운동 지지자들이 드러낸 "조잡한 무식"을 질타했다(제3호, 2월 25일의 모스크바학생회집행위원회의 성명서와 관련하여). 우리는 신문 『러시아』의 간교한 자유주의자들의 "백일몽"과 "위선"을 폭로했으며(제5호), 그와 동시에 "저명한 자유주의적 지방의원들, 연로한 교수들과 학자들, 평화적 자유주의자들에게 징벌을 가하는" 정부 고문실의 만행을 밝혔다(제5호, 「경찰의 문필 활동 탄압」). 우리는 "노동자 후생 복리에 관한 국가 후견" 프로그램의 진짜 의미가 무엇인지를 파헤쳤으며, "위로부터의 개혁으로 아래로부터의 개혁 요구를 사전에 막는 것이 아래로부터의 개혁을 기다리는 것보다 낫다."라는 "귀중한 고백"을 환영한 바 있다(제6호). 우리는 통계국원들의 저항을 격려하고(제7호), 파업을 파괴하는 통계국원들에게 질타를 가했다(제9호). 이러한 전술이 프롤레타리아트의 계급의식의 빛을 흐리고 자유주의와 타협하는 것이라고 생각하는 사람은 그 자체로 자신이 *Credo* 강령의 진정한 의미를 전혀 이해하지 못하고 있음을, 따라서 그가 아무리 이 강령을 부정한다고 해도 사실상 바로 이 강령을 실행하고 있음을 폭로하는 것이다! 왜냐하면 이로써 그는 사회민주주의당을 "고용주와 정부에 대한 경제투쟁"으로 끌어가고 있으며, 또한 "자유주의적인" 문제에 매번 적극적으로 개입하여 이 문제에 대한 자신의 사회민주주의적 태도를 명확히 해야 하는 임무를 포기하고 자유주의 앞에 굴복하고 있기 때문이다.

6. 다시 한 번 "중상모략을 일삼는 자들"에 대하여, 다시 한 번 "혹세무민하는 자들"에 대하여

독자들께서 기억하시다시피, 이 친절한 단어들은 『노동자의 대의』가 사용한 것이다. "노동자운동을 부르주아 민주주의의 도구로 전락시키는 토양을 간접적으로 마련해 주었다."라는 우리의 비판에 『노동자의 대의』는 그런 식으로 응수하고 있는 것이다. 정신적으로 단순한 『노동자의 대의』는 이러한 비판이 논쟁 중의 돌출 발언에 지나지 않는다고 단정해 버렸다. 그들의 말을 빌리면, "이 극악한 교조주의자들이 온갖 불쾌한 말로 우리에게 비방을 퍼붓기로 작정을 한 것이다. 도대체 부르주아 민주주의의 도구가 되는 것보다 더 불쾌한 일이 있을 수 있는가?" 그러고는 다음과 같이 굵은 활자로 "반박문"을 게재한다. "노골적인 중상모략"(『두 대회』 30쪽), "혹세무민"(31쪽), "가장무도회"(33쪽). 성급하게 욕을 해 댐으로써 적의 사상을 고찰할 만한 능력이 자신에게 없음을 증명해 보이면서, 『노동자의 대의』는 제우스가 그랬던 것처럼(비록 제우스와 닮은 점은 거의 없지만) 자신이 틀렸다는 바로 그 사실 때문에 화가 나 있다. 그런데 사실 대중운동이 어떤 형태로든 자생성에 굴종하는 것, 사회민주주의 정치를 노동조합주의 정치로 격하시키는 것이 왜 노동자운동을 부르주아 민주주의의 도구로 전락시키는 토양을 마련하는 것인지를 이해할 수 있으려면 조금이라도 생각해 보았어야 한다. 자생적 노동자운동 자체로는 노동조합주의만을 만들어 낼 수 있을 뿐이다. (또한 필연적으로 만들어 낸다.) 그런데 노동자계급의 노동조합주의 정치가 바로 노동자계급의 부르주아적 정치다. 노동자계급이 정치투쟁, 심지어 정치혁명에 참여한다고 해도, 그것이 그들의 정치를 사회민주주의 정치로 만드는 것은 결코 아니다. 『노동자의 대의』는 갑자기 이 사실을 부정하고 싶은 것이 아닐까? 국제적인 사회민주주의당과 러시아의 사회민주주의당의 심각한 문제들을 자신이 어떻게 이해하고 있는지를 만인이 보는 앞에서 마침내 꾸밈없이 솔직하게 말해야겠다는 생각이라도 불현듯 든 것일까? 오, 천만에. 『노동자의 대의』는 한 번도 그런 생각을 한 적이 없다. "여긴 없는데요" 수법이라 불리는 그런 방식을 꿋꿋이 견지하고 있기 때문이다. 나는 내가 아니오, 이 말馬은 내 말이 아니오, 나는 마부가 아니오. 우리는 "경제주의자"가 아니오, 『노동자의 사상』은 "경제주의"가 아니오, 러시아에는 "경제주의"라는 것이 아예 없소. 이는 매우 교묘하고도 "외교적인" 수법이다. 단 하나, 조금 난처한 점이 있다. 그것은 이 수법을 실천하는 기관지들에는 다들 "엿장수 마음대로"라는 별명이 붙어 있다는 것이다.

『노동자의 대의』는 러시아에서 부르주아 민주주의라는 것은 대체로 "환상"이라고 여긴다(『두 대회』 32쪽).* 행복한 사람들이군! 이들은 타조처럼 날갯죽지에 머리를 처박고는, 그렇게 하면 주위의 모든 것이 사라진다고 상상하고 있다. 맑스주의가 붕괴되었다고, 심지어 사멸하고 있다고 온 세상에 자신들의 승전보를 달마다 알리는 일련의 자유주의적 사회 평론가들, 노동자들에게 계급투쟁에 관한 브렌타노 식 이해와 노동조합주의 정치 개념을 심어 주는 자유주의자들을 고무하는 자유주의 신문들(『상트뻬쩨르부르크 통보』, 『러시아 통보』 등등 무수히 많다.), 기라성 같은 맑스주의 비판가들 — 이들의 진짜 경향은 *Credo*가 너무도 멋지게 열어 보인 바 있으며, 이들의 저작 상품들은 유일하게 세금도 물지 않고 러시아를 활보하고 있다. —, 그리고 특히 2월과 3월 사태 이후 비非사회민주주의적 혁명 경향의 활성화, 이 모든 것이 분명 환상이란 말인가! 이 모든 것이 부르주아 민주주의와 아무 관계도 없단 말인가!

『노동자의 대의』는 『불꽃』 제12호에 보낸 "경제주의자들의" 편지의 필자들처럼 "왜 이번 봄의 사건들이 사회민주주의당의 권위와 위신을 강화시키는 대신에 비사회민주주의적 혁명 경향을 그처럼 활성화시켰는지 심사숙고해 보아야" 할 것이다. 그것은 우리가 우리의 임무 수준에 도달하지 못했으며 노동자 대

* 이는 "노동자운동을 운명적으로 혁명의 길로 밀어 넣는 러시아의 구체적인 조건"에 관한 인용이다. 사람들은 노동자운동의 혁명적 길이라는 것이 아직은 사회민주주의적 길일 수 없다는 것을 이해하려 들지 않는다! 사실, 모든 서유럽 부르주아지는 절대주의 하에서 노동자들을 의식적으로 혁명의 길로 "밀어 넣었다". 우리 사회민주주의자는 이에 만족할 수 없다. 또한 만일 우리가 어떤 방식으로든 사회민주주의 정치를 자생적인 노동조합주의 정치의 수준으로 격하시킨다면, 그럼으로써 우리는 부르주아 민주주의의 손을 들어 주는 셈이 된다.

중의 활동성이 우리의 활동성보다 높았기 때문이며, 우리에게는 제대로 준비된 혁명 지도자들과 조직가들, 즉 모든 반정부 계층이 지닌 성향을 잘 알고 운동의 중심에 서서 자생적 시위를 정치적 시위로 변화시키고 그것의 정치적 성격을 확대시킬 수 있는 혁명 지도자들과 조직가들이 없었기 때문이다. 이 같은 조건에서는 사회민주주의자와 노동자보다 더 기민하고 더 정력적인 혁명가들, 사회민주주의자가 아닌 그러한 혁명가들이 우리의 후진성을 이용하게 될 것이 불가피하며, 노동자들이 경찰과 군대에 맞서 아무리 헌신적이고 정열적으로 싸운다 할지라도, 아무리 혁명적으로 나선다 할지라도, 이들은 그 같은 혁명가들을 지지하는 세력으로만 남을 뿐이며 사회민주주의당의 전위가 아니라 부르주아 민주주의당의 후위가 될 것이다. 독일의 사회민주주의당을 한번 살펴보라. 우리의 "경제주의자들"은 독일 사회민주주의당의 약점만을 취하려 하고 있다. 어째서 독일에서는 단 하나의 정치적 사건이라도 사회민주주의의 권위와 위신을 높이는 방향으로 영향을 미치게 되는가? 그것은 사회민주주의가 언제나 정치 사건을 가장 혁명적으로 평가하고, 폭정에 맞선 온갖 저항을 방어하는 지점에서 다른 모든 사람의 선두에 있기 때문이다. 사회민주주의는 경제투쟁이 노동자들을 무권리 상태에 직면하게 한다거나 구체적인 조건이 운명적으로 노동자운동을 혁명적 길로 밀고 간다는 등의 논리를 펴는 것으로 스스로를 잠재우지 않는다. 사회민주주의는 사회적, 정치적 생활의 모든 영역과 문제에 개입한다. 그러니까 황제 빌헬름이 부르주아 진보당 출신의 시장 임명을 거부한 사건에도, "음란" 서적

및 그림 금지법 제정 문제에도, 교수 임용에 대한 정부의 영향력 행사 문제 등등에도 개입한다. (아직 우리의 "경제주의자들"이 이는 본질적으로 자유주의와 타협하는 것이라고 독일인들에게 가르치지 못했나 보군!) 사회민주주의는 어디서나 만인의 선두에 서서 모든 계급의 정치적 불만을 각성시키고, 잠든 이들을 흔들어 깨우고, 뒤처진 이들을 끌어당기고, 프롤레타리아트의 정치의식과 정치 활동성 발전을 위해 모든 측면의 자료를 제공한다. 그 결과, 사회주의의 의식적인 적들마저 선진 정치 투사에게 존경의 빛을 감추지 못하고, 희한하게도 중요한 문서들이 부르주아 진영은 물론이고 관료 및 궁정 내부에서조차 『전진』의 편집실로 종종 넘어오곤 하는 것이다.

바로 여기에 언뜻 "모순"으로 보이는 수수께끼의 해답이 놓여 있다. 그것은 『노동자의 대의』의 이해 수준을 훨씬 넘어서기 때문에 『노동자의 대의』는 그저 두 손을 높이 들고 "가장무도회"라고 외칠 뿐이다! 실제로 한번 상상해 보라. 우리 『노동자의 대의』는 **대중적인** 노동자운동을 **제일 중요하게** 내세우고 있소. (그래서 이를 굵은 활자로 쓰는 바이오!) 우리는 모든 사람에게 자생적 요소의 중요성을 과소평가하지 말라고 경고하고 있소. 우리는 경제투쟁 **자체**, 바로 **그 자체**에 정치적 성격을 부여하고자 하오. 우리는 프롤레타리아트의 투쟁과 긴밀하고도 유기적인 연관을 맺고자 한단 말이오! 그런데 사람들은, 우리가 노동자운동을 부르주아 민주주의의 도구로 전락시키는 토양을 마련하고 있다지 않소. 누가 이런 말을 한단 말이오? "자유주의적" 문제에 사사건건 개입하고("프롤레타리아트 투쟁과의 유기적인 연관"을 이렇게도 이해하지 못한단 말인가!), 학생들, 심지어 (오, 빌어먹을!) 지방의원들에게까지 그렇게 많은 관심을 기울이면서 자유주의와 "타협"하려 나서는 자들이 그들이오! 어찌됐건 비非프롤레타리아트계급 주민들 속에서의 활동에 더 많은("경제주의자들"과 비교하여) 노력을 기울이려 하는 자들이 그들이오! 이것이 "가장무도회"가 아니고 무엇이란 말이오?

가엾은 『노동자의 대의』여! 언제쯤에야 이들은 이 복잡한 메커니즘의 수수께끼를 풀 수 있을까?

제4장

경제주의자들의 수공업성과 혁명가 조직

위에서 우리가 분석한 『노동자의 대의』의 주장, 즉 경제투쟁이 가장 널리 적용될 수 있는 정치 선동의 수단이며, 지금 우리의 임무는 경제투쟁 자체에 정치적 성격을 부여하는 것이라는 등등의 주장은 우리의 정치적 임무뿐만 아니라 **조직적** 임무에 대해서도 그들의 이해가 협소함을 드러내고 있다. "고용주와 정부에 대한 경제투쟁"을 위해서는 중앙 집중화된 전 러시아적 조직, 분노 · 저항 · 정치적 반정부성 등을 표출하는 온갖 형태를 하나의 총공세로 통일시킬 조직, 혁명 활동이 직업인 사람들로 구성되고 전체 인민의 진정한 정치 지도자들에 의해 지도받는 조직이 전혀 필요치 않다. 따라서 그런 투쟁을 통해서는 이러한 조직이 생겨날 수도 없다. 이 역시 자명한 일이다. 어떤 조직이든 조직의 성격은 당연히, 그리고 필연적으로 그 조직의 활동 내용에 의해 규정된다. 그런 까닭에 『노동자의 대의』는 위에서 분석한 주장들을 통해 그 정치 활동의 협소함뿐만 아니라 조직 작업의 협소함마저도 신성화하고 정당화하고 있는 것이다. 이 경우에도 언제나 그렇듯이 『노동자의 대의』는 그 의식성이 자생성에 굴복하고 있는 기관지임이 드러난다. 그런데 자생적으로 형성되는 조직 형태에 굴복하는 것, 우리의 조직 작업이 얼마나 협소하며 원시적인지 또 우리가 이 영역에서 아직 얼마나 "수공업자"에 지나지 않는지에 관한 의식이 결여되어 있는 것이야말로 우리 운동의 진정한 질병이다. 물론, 이는 쇠퇴에 따르는 질병이 아니라 성장에 따르는 질병이다. 하지만 자생적 분노의 물결이 운동의 조직가이자 지도자인 우리를 휩쓸고 있는 지금은, 후진성을 옹호하고 협소함을 정당화하는 온갖 경향에 반대하는 가장 비타협적인 투쟁이 특히 필요하다. 실천 활동에 참여하고 있는 사람들, 또는 이제 뛰어들려 하는 사람들 모두에게 우리를 휩쓸고 있는 **수공업성**에 대한 불만을 일깨우고 그로부터 벗어나려는 불굴의 결의를 각성시키는 것이 특히 필요하다.

1. 수공업성이란 무엇인가?

1894년에서 1901년까지 전형적이던 사회민주주의 서클 활동의 상황을 간단히 그려 보임으로써 이 문제에 답해 보도록 하겠다. 이미 우리는 이 시기에 청년 학생들이 예외 없이 맑스주의에 심취하였음을 지적한 바 있다. 물론 이것은 이론으로서의 맑스주의에만 한정된 것은 아니었다. 그렇다기보다는 오히려 "무엇을 할 것인가?"라는 문제의 답으로서의, 적을 향한 행군에 나서라는 촉구로서의 맑스주의에 심취한 것이었다. 그런데 이 신참 민병들은 놀라울 정도의 원시적인 장비와 준비로 행군에 나섰다. 심지어 아무런 장비도 없고 전혀 준비되지 못한 경우도 허다했다. 그야말로 촌놈처럼 몽둥이 하나만 들고 전쟁에 나선 것이다. 학생 서클은 노장 운동가들과 전혀 관계없이, 다른 지방의 서클들이나 심지어는 같은 도시 다른 구역의 서클들과도 전혀 관계없이, 혁명 활동의 개별 부분들을 전혀 조직하지 못한 채, 어느 정도라도 일정 시기에 대한 체계적인 계획도 전혀 없이, 노동자들과 관계를 맺기 시작하고 활동에 뛰어든다. 서클은 점진적으로 조금씩 더 폭 넓은 선전과 선동을 전개하고, 자신들이 등장했다는 사실 하나로, 상당히 넓은 층의 노동자와 자금을 제공하고 "위원회" 산하에 새로운 청년 그룹들을 배출하는 그런 교양 계층 일부의 공감을 얻어 낸다. 위원회(또는 투쟁동맹)의 매력이 증가하고 그 활동 규모도 성장한다. 위원회는 그야말로 자생적으로 그 활동을 확대해 나간다. 일 년, 아니 몇 달 전에 학생 서클에서 활동을 시작하고 "어디로 갈 것인가?"라는 문제를 결정했던 바로 그 사람들, 노동자들과의 관계를 꾸려 그것을 유지하고 유인물을 제작하고 배포했던 그 사람들이 이제 다른 혁명가 그룹들과 관계를 맺기 시작하고, 문건들을 어렵사리 입수하고, 지역신문 발간에 손을 댄다. 그들은 시위를 조직하자고 말하기 시작하고 마침내 공개적인 전투행위에 돌입한다. (이 전투행위는 정황에 따라 최초의 선동 유인물, 신문의 창간호, 최초의 시위 등등이 될 수 있다.) 그리고 보통, 이러한 행위의 시초는 즉각적이고 완전한 실패를 자초한다. 그것이 즉각적이고 완전한 실패인 것은 이 전투행위가 사전에 숙고되어 세밀하게 준비된 길고도 완강한 체계적인 투쟁 계획의 결과가 아니라 관습적으로 진행되어 온 서클 활동의 자생적 성장이었기 때문이다. 당연히 경찰은 학생 시절부터 이미 "이름을 날렸던" 지역의 주요 활동가들을 잘 알고 있었으며, 단지 몰이사냥하기에 가장 적절한 순간을 기다려 왔던 것이다. 경찰은 서클이 충분히 성장하여 가시적인 범죄 구성요건을 갖출 만큼 뻗어 나갈 기회를 일부러 제공하며, 그들이 잘 알고 있는 몇몇 인물들은 "새끼를 칠 수 있도록"(내가 아는 한, 이는 우리 동료들과 헌병들이 모두 사용하는 은어이다.) 언제나 남겨 둔다. 이러한 전쟁은 몽둥이로 무장하여 현대식 군대에 맞서 싸우는 한 무리의 전투에 비교되지 않을 수 없다. 단 하나 놀랄 만한 것은 이 운동의 생명력이다. 전투원들이 전혀 준비되지 못했음에도 불구하고 이 운동은 범위를 넓히고 성장하여 승리를 거두기도 했다. 사실, 역사적 관점에서 볼 때, 장비의 원시성은 처음에는 불가피할 뿐만 아니라 병사들을 폭 넓게 끌어들이는 조건 중의 하나로서 합법칙적이라고까지 할 만한 것이었다. 하지만 심각한 전투행위가 시작되자마자(본질적으로 그 전투행위들은 1896년 여름 파업[38]으로부터 이미 시작되었다.), 우리 전투조직의 결점들이 점차 뼈저리게 드러나기 시작했다. 처음 얼마 동안은 갈피를 잡지 못하고 일련의 과오(사회주의자들의 죄악을 기록하여 국민에게 호소한다든지, 노동자들을 수도에서 지방의 산업 중심지로 추방시킨다든지 하는 따위의)를 범했던 정부는 곧 새로운 투쟁 조건에 적응하였으며, 완벽하게 무장된 선동꾼, 첩자, 헌병대 부대들을 필요한 장소에 파견할 수 있었다. 조직적인 소탕이 매우 빈번하게 반복되어 엄청난 사람들을 덮쳤고 지역의 서클들을 모조리 쓸어버렸다. 그 결과, 노동자 대중은 문자 그대로 지도부 전체를 상실했으며, 운동의 성격은 믿을 수 없을 정도로 급변하게 되어 활동의 연관이나 계승이라곤 아예 정립될 수도 없을 정도였다. 지역 활동가들의 경악할 만한 산개, 서클 구성의 우연성, 이론 · 정치 · 조직 문제에서의 협소한 시야와 준비 부족 등은 앞서 설명한 조건이 낳은 필연적인 결과물이었다. 우리에게 지구력과 보안이 결여된 탓에, 몇몇 지역에서는 노동자들 사이에 지식인에 대한 불신이 퍼져 나가고 지식인을 멀리하는 경향이 생기는 지경에 이르렀다. 그들은 이렇게 말한다. "지식인은 너무 경솔해서 패배를 자초한다!"

결국, 이러한 수공업성은 모든 생각 있는 사회민주주의자가 하나의 질병으로 체감할 정도가 되었다. 운동을 조금이라도 아는 사람은 누구나 이 사실을 안다. 운동에 대해 아는 바가 없는 독자들이 우리가 운동의 특정 단계나 특정 병폐를 인위적으로 "만들어 내고" 있다고 생각하지 않도록, 앞서 한 번 거론한 적이 있는 증인의 말을 인용하겠다. 발췌문이 길더라도 불평하지 말기 바란다.

> "더 폭 넓은 실천 활동으로의 점진적인 이행" — 『노동자의 대의』 제6호에서 B-v는 이렇게 쓰고 있다 — "러시아 노동자 운동이 겪고 있는 전반적 전환기에 의해 직접 규정되는 이 이

행이 하나의 특징적인 성격이라면……, 러시아 노동자운동의 전반적 메커니즘에는 그만큼 흥미로운 또 하나의 성격이 있다. 우리가 말하고 있는 것은 뻬쩨르부르크뿐만이 아니라 러시아 전역에서 감지되고 있는 것처럼 **행동에 적합한 혁명 세력이 전반적으로 부족하다***는 점이다. 노동자운동의 전반적 활성화, 노동자 대중의 전반적 발전, 점점 빈번해지는 파업, 정부의 탄압 · 체포 · 추방 · 유형을 강화시키는 노동자의 더욱 공개적인 대중 투쟁 등에서 **수준 높은 혁명 세력의 부족은 점점 더 두드러지고 있다.** 따라서 그것이 운동의 깊이와 그 일반적 성격에 영향을 미치지 않을 수 없다는 것 또한 틀림없는 사실이다. 수많은 파업이 혁명 조직의 강력하고 직접적인 영향을 받지 않고 이루어지고 있다. …… 선동용 유인물과 비합법 문건의 부족을 모두 느끼고 있다. …… 노동자 서클들은 선동자가 없는 채로 방치되어 있다. …… 이와 함께 눈에 띄는 것은 항상적인 자금 결핍이다. 한마디로 **노동자운동의 성장이 혁명 조직의 발전과 성장을 앞지르고 있다.** 현재 활동 중인 혁명가들의 실제 수는 동요하는 노동자 대중 전체에 대한 영향력을 수중에 집중시키고 모든 소요에 조직성과 정연한 형태를 부여하기에는 너무도 미미한 수준이다. …… 개별 서클들과 개별 혁명가들은 서로 결집하고 연합하지 못한 채, 규율에 따라 움직이는 강력하고 단일한 조직, 계획적으로 발전된 부분들로 이루어진 하나의 조직을 구성하지 못하고 있다…….” 파괴된 서클을 대신하여 즉각 새로운 서클들이 출현하는 것은 “운동의 생명력을 입

* 인용문에서 강조는 모두 우리가 한 것.

증할 뿐, 충분한 수의 제대로 된 혁명운동가들이 존재하고 있음을 보여 주는 것은 아니다." 필자는 이렇게 토를 달면서 다음과 같이 결론짓는다. "뻬쩨르부르크 혁명가들의 실천적 준비의 부족은 그들의 활동 결과에도 나타난다. 최근의 몇몇 재판, 특히 자기해방그룹과 대對자본노동투쟁그룹[61] 등에 대한 재판이 보여 주는 것은 다음과 같은 사실, 즉 노동조건에 관해 세밀히 알지 못하고, 따라서 해당 공장의 선동 조건도 모르고 보안의 원칙도 모른 채 단지 사회민주주의당의 일반적 관점만을 숙지한 젊은 선동가가 활동할 수 있는 기간은 기껏 4, 5, 6개월 정도일 뿐이라는 사실이다. 그러고는 체포되고, 체포에 뒤이어 조직 전체, 아니면 적어도 그 일부분이 궤멸되는 결과를 초래하는 경우가 빈번하다. 한 그룹의 존속 기간이 몇 개월 단위라면 그 그룹이 과연 성공적이고 유익한 활동을 할 수 있겠는가라는 의문이 생긴다. 분명, 현존하는 조직들의 결함을 전적으로 전환기의 탓으로 돌려서는 안 된다. …… 현재 활동 중인 조직들의 수적인 구성, 주요하게는 질적인 구성이 여기서 그에 못지않게 중요한 역할을 하고 있음은 분명한 일이다. 따라서 우리 사회민주주의자들의 첫째 임무는…… 성원을 엄격히 선발하는 가운데 조직들을 실질적으로 통일시키는 것이 되어야 한다."

2. 수공업성과 경제주의

우리는 이제, 벌써 모든 독자가 저절로 떠올리게 될 것이 분명한 하나의 문제를 다루어야 한다. 운동 전체에 내재된, 성장에 따르는 질병인 이 수공업성을 러시아의 사회민주주의당 안의 하나의 경향인 "경제주의"와 관련지을 수 있는 것인가? 우리는 그렇다고 생각한다. 조직 작업의 미숙과 실천적 훈련의 부족은 사실 우리 모두에게 공통된 것이며, 시작부터 흔들림 없이 혁명적 맑스주의의 관점을 견지했던 사람들도 여기에 포함된다. 물론 어느 누구도 준비 부족 그 자체를 두고 실천가들을 비난할 수는 없을 것이다. 하지만 "수공업성"이라는 개념 안에는 준비 부족 외에 다른 어떤 것이 포함되어 있다. 전체 혁명 활동의 폭이 전반적으로 협소하다는 것, 이 협소한 활동을 통해서는 훌륭한 혁명가 조직이 건설될 수 없다는 사실을 이해하지 못하는 것, 마지막으로 — 이것이 주요한 점인데 — 이 협소함을 정당화하고 그것을 특수한 "이론"으로 격상시키려 시도하는 것, 즉 이 분야에서도 자생성에 굴종하는 것 등이 그것이다. 이 같은 시도가 드러난 순간, 수공업성과 "경제주의"의 관련은 명백해졌다. 또한 우리가 "경제주의"(즉 맑스주의 이론, 사회민주주의당의 역할, 그 정치적 임무 등에 대한 협소한 이해)를 완전히 탈피하지 못한다면 조직 활동의 협소함을 타파하지 못할 것이라는 점도 의심의 여지가 없어졌다. 그런데 이 같은 시도는 두 가지 경향으로 드러났다. 어떤 이들은 다음과 같이 말하기 시작했다. 혁명가들이 "강제하고" 있는 그처럼 폭 넓고 전투적인 정치적 임무를 아직 노동자 대중 스스로 제기하지는 않았으며, 그들은 아직까지는 당면한 정치적 요구를 위해 싸워야 하고 "고용주와 정부에 대한 경제투쟁"을 벌여야 한다[*]고. (그런데 대중운동이 "쉽게 접근할 수 있는" 이 같은 투쟁에 자연스럽게 조응하는 것이 바로 전혀 준비되지 못한 청년이라도 "쉽게 접근할 수 있는" 조직이다.) 온갖 종류의 "점진 개혁주의"와는 거리가 먼 다른 이들은 이렇게 말하기 시작했다. "정치혁명을 완수하는 것"은 가능하며 또 그렇게 해야만 하지만, 이를 위해 완강하고 집요한 투쟁으로 프롤레타리아트를 교양할 강고한 혁명가 조직을 만들 필요는 전혀 없고 이를 위해서는 우리 모두가 "쉽게 잡을 수 있고" 또 이미 잘 알고 있는 몽둥이를 움켜쥐는 것으로 충분하다고. 비유법을 쓰지 않고 말하자면, 우리가 총파업을 주도하는 것[**] 또는 "자극적 테러"를 수단으로 노동자운동의 "힘없는" 발걸음을 재촉하는 것[***] 등으로도 충분하다는 것이다. 기회주의자들과 "혁명주의자들", 이 두 경향 모두 현재 지배적인 수공업성 앞에 굴복하여 그것을 탈피할 수 있는 가능성을 믿지 않고 있다. 이들은 우리의 일차적이고 가장 절실한 실천적 임무, 즉 정치투쟁의 힘, 불요불굴성, 계승성 등을 보장할 수 있는 **혁명가 조직**을 건설해야 하는 임무를 이해하지 못한다.

우리는 앞서 B-v의 다음과 같은 말을 인용하였다. "노동자운동의 성장이 혁명 조직의 발전과 성장을 앞지르고 있다." 이 "가까이 있는 관찰자의 귀중한 보고"(B-v의 글에 대한 『노동자의

---

* 『노동자의 사상』과 『노동자의 대의』, 특히 쁠레하노프에 대한 『답변』.

** 러시아에서 출판된 자료집 『프롤레타리아트의 투쟁』 가운데 「누가 정치혁명을 수행할 것인가?」. 끼예프위원회도 이를 재발행한 바 있다.

*** 『혁명주의의 부활』과 『자유』.

대의』 편집진의 평가)는 우리에게 이중의 가치가 있다. 그것은 러시아사회민주주의당 안에 존재하는 위기의 주요 원인이 **대중의 자생적 고양**에 미치지 못하는 **지도자들**("이데올로그들", 혁명가들, 사회민주주의자들)의 **후진성**에 있다고 판단한 우리가 옳았음을 증명하고 있다. 또한 그것은 "경제주의자들의" 편지(『불꽃』 제12호)의 필자들, 끄리첸스끼, 마르띠노프 등이 자생적 요소와 지루한 일상 투쟁의 중요성을 과소평가하는 위험성에 관해, 또 과정으로서의 전술 등에 관해 말한 이 모든 논리가 수공업성을 옹호하고 찬양하는 것에 불과하다는 사실을 보여 주고 있다. "이론가"라는 말을 할 때마다 경멸의 표정으로 얼굴을 찡그리고, 우리가 뻔히 아는 준비 부족과 미숙함 앞에 자신이 무릎 꿇고 있는 것을 "생활 감각"이라고 말하는 이 사람들은 사실상 우리의 가장 절실한 **실천적** 임무를 전혀 이해하지 못하고 있음을 스스로 폭로하고 있다. 이들은 뒤처진 사람들에게 이렇게 외친다. "보조를 맞추어 걸어가시오! 앞지르지 마시오!" 이들은 조직 작업에서 창의력과 정력의 결핍으로 힘들어하는 사람들, 폭넓고 대담한 과업을 제기할 "계획"의 결핍으로 고통 받는 사람들에게 "과정으로서의 전술"을 외친다! 우리의 주요한 과오는 정치적, **조직적** 임무를 일상적 경제투쟁의 "가시적이고" "구체적인" 당면의 이해관계 수준으로 **격하시키는** 것이다. 그러나 이들은 계속해서 우리를 향해 다음과 같은 똑같은 노래를 불러댄다. "경제투쟁 자체에 정치적 성격을 부여해야 하오!" 다시 한 번 말하겠는데, 이는 문자 그대로 장례 행렬을 보고 축하한다고 외쳤던 설화의 주인공과 똑같은 "생활 감각"인 것이다.[34]

이 현자들이 누구에도 비할 바 없이, 정말 "나르시소스처럼" 얼마나 거만하게 쁠레하노프를 훈계했는지 한번 생각해 보라. "대체로(sic[원문 그대로]!) 노동자 서클들은 현실적, 실천적 의미의 정치적 임무, 즉 정치적 요구를 위한 합목적적이고 성공적인 실천 투쟁이라는 의미의 정치적 임무를 감당할 수 없다."(「『노동자의 대의』 편집국의 답변」 24쪽.) 신사 양반들! 서클도 서클 나름이오. "수공업자들"의 서클은 자신들의 수공업성을 인식하지 못하는 한, 그로부터 벗어나지 못하는 한, 당연히 정치적 임무를 감당할 수 없겠지요. 게다가 이 수공업자들이 그 수공업성에 흠뻑 빠져 있다면, 그들이 "실천적"이라는 단어를 항상 강조해서 쓰고 가장 후진적인 대중의 이해 수준으로까지 자신들의 임무를 격하시키는 것이 실천적으로 필요하다고 생각한다면, 그 경우 당연히 이 수공업자들은 가망이 없으며 정말 아무런 정치적 임무도 감당할 수 없소. 하지만 알렉쎄예프, 미슈낀, 할뚜린, 젤랴보프 같은 사람들이 지휘하는 서클은 진정한, 그리고 가장 실천적인 의미에서의 정치적 임무를 감당할 수 있소. 그것은 자생적으로 깨어나고 있는 대중이 그들의 뜨거운 선전에 호응을 보내고, 그들의 넘치는 정력이 혁명적 계급의 정력적인 지원을 얻고 그것으로 지탱되기 때문이며, 또 그러한 한에서 그런 것이오. 이 혁명적 계급을 적시하고 그 계급의 자생적 각성의 필연성과 불가피성을 입증했을 뿐 아니라 심지어 "노동자 서클들" 앞에도 높고 큰 정치적 임무를 제기했던 쁠레하노프는 골백번 옳았소. 그런데 당신들은 그 같은 임무를 격하하고, "노동자 서클" 활동의 폭과 정력을 축소하기 위한 구실로 그 이후 발생한 대중운동을 빙자하고 있지 않소. 이것이 수공업자가 자신의 수공업성에 흠뻑 빠져 있는 것과 무엇이 다르단 말이오? 당신들은 실천성을 자랑하오. 그러나 당신들은 러시아의 실천가라면 누구나 알고 있는 사실, 즉 하나의 서클뿐만이 아니라 심지어 한 사람의 정력이라도 혁명 과업에서 얼마나 큰 기적을 낳을 수 있는지를 모르고 있소. 아니, 당신들은 70년대에 있었던 그런 지휘자들이 우리 운동에서 나올 수 없다고 생각하는 것이오? 무엇 때문에? 우리가 준비되지 못했기 때문에? 그러나 우리는 준비되고 있고, 준비될 것이며, 그리하여 준비되어 있을 것이오! 사실 유감스럽게도 "고용주와 정부에 대한 경제투쟁"이라는 고인 물에는 곰팡이가 생겨났소. 러시아 프롤레타리아트의 "뒷모습"을 외경하듯 관조하면서(쁠레하노프의 표현을 빌리자면) 무릎을 꿇고 자생성을 간절하게 기도하는 사람들이 나타난 것이오. 하지만 우리는 이 곰팡이를 없앨 수 있을 것이오. 이제야말로, 진정으로 혁명적인 이론을 지침으로 삼는 러시아의 혁명가는 진실로 혁명적이고 자생적으로 깨어나고 있는 계급에 의거하여 마침내 — 마침내! — 올곧게 일어서서 장사의 힘으로 포효할 수 있소. 이를 위해 필요한 것은 우리의 정치적 임무와 조직 활동의 폭을 낮추는 온갖 은밀한 의도가 학생 시절부터 이미 실천 활동을 꿈꾸어 온 수많은 사람과 실천가 사이에서 경멸받고 조롱당하도록 하는 것뿐이오. 우리가 이 일을 해내고 말테니, 신사 양반들, 냉정을 유지하시길!

「무엇으로부터 시작할 것인가?」라는 글에서 나는 『노동자의 대의』에 반대하여 이렇게 쓴 바 있다. "어떤 특정한 문제에 관한 선동 전술이나 당 조직의 어떤 세부적인 일을 수행하기 위한 전술을 24시간 안에 바꾸는 것은 가능한 일이다. 하지만 아무런 원칙도 없는 사람들이 아니라면 어느 누구도, 24시간이 아니라 24개월이라 할지라도 전투적 조직과 대중 속에서의 정치 선동이 일반적으로, 항상, 그리고 무조건 필요한 것인가에 대한 관점을 바꿀 수는 없다." 이에 대해 『노동자의 대의』는 이렇게 답한다. "『불꽃』의 비난 가운데 유일하게 사실에 근거한 척하는 이 비난도 전혀 근거 없는 것이다. 『노동자의 대의』의 독자들이라면 우리가 애초부터, 『불꽃』이 등장하기 전부터 이미 정치 선동을 요구했음은 물론이고……"(여기에 덧붙여, 노동자 서클뿐만 아니라 "대중적 노동자운동도 전제주의 타도를 일차적인 정치적 과제로 내세우는 것은 불가능하며," 단지 당면한 정치적 요구를 위한 투쟁만이 그러한 임무가 될 수 있다고, 또 "한 번의, 또는 극단적인 경우에는 몇 번의 파업이 있은 후에, 대중은 당면한 정치적 요구들을 이해할 수 있게 된다."라고 말하면서), "…… 우리가 **유일한** 사회민주주의 정치 선동 자료를 발간하여, 러시아에서 활동하는 동지들에게 국외로부터 공급해 왔다는 것도 잘 알고 있다……" (덧붙이자면, 당신들은 그 유일한 자료에서 오로지 경제투쟁을 바탕으로 해서만 정치 선동을 가장 널리 적용했소. 그뿐만 아니라 마침내는 이 협소한 선동이 "가장 널리 적용될 수 있는 것"이라는 결론에까지 도달했소. 신사 양반들, 당신들은 자신이 내세운 논거가 바로 『불꽃』이 등장해야 했던 필연성 — 그러한 종류의 자료가 **유일한** 것이기 때문에 — 을 입증하고 『불꽃』과 『노동자의 대의』 사이의 투쟁의 필연성을 입증한다는 것을 깨닫지 못한단 말이오?) …… "다른 한편으로, 우리의 출판 활동은 사실상 당의 전술적 통일을 준비해 온 것이다.……" (전술은 당과 함께 성장하는 당 임무의 성장 과정이라는 신념의 통일 말인가? 굉장한 통일이로군!) …… "그리하여 동맹은 그 자체로 '전투조직'의 가능성을 마련해 놓았으며, 그러한 조직을 창건하기 위해 국외 조직으로서 할 수 있는 모든 것을 해 왔다."(『노동자의 대의』 제10호 15쪽.) 교묘히 발을 빼보려는 헛된 시도로군! 나는 당신들이 할 수 있는 모든 것을 해왔다는 사실을 결코 부정할 생각이 없소. 나는 당신들이 "할 수 있는" 것의 한계가 당신들의 근시안적인 이해 수준으로 인해 제한되고 있다는 것을 주장하고 또 주장하는 바이오. "당면한 정치적 요구들"을 위한 투쟁을 수행하기 위한, 아니면 "고용주와 정부에 대한 경제투쟁"을 수행하기 위한 "전투조직"을 말하는 것 역시 웃기는 일이오.

하지만 만일 독자들이 수공업성에 대한 "경제주의자"의 사랑의 진수를 보고 싶다면, 절충적이고 변덕스러운 『노동자의 대의』로부터 일관성 있고 단호한 『노동자의 사상』으로 눈을 돌려 볼 필요가 있다. R. M.은 『별책 부록』 13쪽에서 다음과 같이 쓰고 있다. "이제 이른바 혁명적 지식인에 관해 두 마디만 하겠다. 혁명적 지식인이 '짜르 체제에 대항하는 단호한 전투에 돌입할' 충분한 각오가 되어 있다는 것은 실제로 여러 차례 입증된 바 있는 사실이다. 다만 비극은 우리의 혁명적 지식인이 정치경찰의 무자비한 탄압을 받고 있는 까닭에 정치경찰과의 투쟁을 전제주의에 대한 정치투쟁이라고 생각해 왔다는 점이다.

그러므로 오늘날까지 그들은 한 가지 문제에서 미궁에 빠져 있으니, '전제주의와 투쟁하기 위한 세력들을 어디서 획득해야 하는가?'가 그것이다."

자생적 운동의 숭배자(가장 나쁜 의미의 숭배자)가 경찰과의 투쟁을 이렇게 도도히 경멸하다니, 얼마나 훌륭한가? 이 숭배자는 자생적 대중운동에서는 정치경찰과의 투쟁이 전혀 중요하지 않다는 사실로 우리의 어설픈 보안 능력을 정당화하려 하는 것 아닌가!! 이 기괴한 결론에 동의할 수 있는 사람들은 정말 몇 명 안 된다. 그 정도로, 우리의 혁명 조직이 가진 결함이라는 문제는 모든 사람에게 뼈아픈 현실이 되어 있다. 하지만 예를 들어 만일 마르띠노프가 이에 동의하지 않는다면, 이는 그가 자신의 논리를 끝까지 사고해 볼 용기가 없거나 그럴 능력이 없는 까닭이다. 사실, 대중이 가시적인 결과를 약속하는 구체적인 요구를 제기해야 한다는 그런 "임무"라면, 강고하고 중앙 집중화된 혁명가들의 전투조직을 창건하기 위한 특별한 고민이 필요하기나 하겠는가? "정치경찰과 전혀 투쟁하지" 않는 대중이라 해서 과연 그 정도의 "임무"를 수행하지 못하겠는가? 나아가 몇몇 지도자들을 포함하여 "정치경찰과 투쟁할" 능력이 전혀 없는 노동자들 역시 (거의 대다수가) 이 임무를 담당하려 하지 않는다면, 과연 그러한 임무라는 것이 수행될 수 있겠는가? 그러한 노동자들, 평균적 대중에게는 파업에서 또는 경찰과 군대에 맞선 가두 투쟁에서 엄청난 정력과 자기희생을 보여 줄 능력이 있으며, 전체 운동의 종국적인 결과를 결정할 힘이 있다. (또한 그들만이 그렇게 할 수 있다.) 그러나 이른바 정치경찰과의 투쟁을 위해서는 특수한 자질이 필요하다. 혁명 활동이 **직업인** 사람이 필요한 것이다. 그래서 우리는 대중이 구체적인 요구를 "내세울" 수 있도록 고민해야 할 뿐만 아니라 노동자 대중이 혁명 활동이 직업인 사람들을 많이 "내세울" 수 있도록 고민해야 한다. 이렇게 해서, 우리는 직업적 혁명가 조직과 순수한 노동자운동의 상호 관계라는 문제에 이르게 되었다. 이 문제가 글로 다루어진 적은 거의 없지만, 우리 "정치가들"은 다소간 "경제주의"에 경도된 동지들과 토론하거나 논쟁하면서 이 문제를 충분히 논해 왔다. 이 문제는 특별히 살펴볼 필요가 있다. 하지만 우선 또 하나의 글을 인용하는 것으로 "경제주의"와 수공업성의 연관에 관한 우리의 논리 전개를 끝내겠다.

N. N. 씨는 「답변」이라는 자신의 글에서 이렇게 쓴 바 있다. "노동해방그룹은 정부와의 투쟁을 위한 물리력이 어디에 있는지 헤아려 보지도 않고, **이 투쟁의 길이 어디에 있는지** 적시하지도 않은 채, 정부에 대한 직접적 투쟁을 요구하고 있다." 투쟁의 길을 강조한 후, 필자는 "길"이라는 말에 다음과 같은 주를 단다. "이러한 상황은 보안 목적이라는 것으로는 설명될 수 없다. 왜냐하면 강령의 핵심이 음모가 아니라 **대중운동**이기 때문이다. 대중이 비밀스런 길로 갈 수는 없다. 도대체 비밀 파업이라는 것이 가능하단 말인가? 비밀 시위와 비밀 청원이라는 것이 가능한가?"(『바데메쿰』 59쪽.) 필자는 이 "물리력"(파업과 시위의 주동자들)과 투쟁의 "길"이라는 양자 모두에 거의 가깝게 다가섰다. 그러나 결국 어찌할 바 모르고 혼란 상태에 빠져 있으니, 그것은 그가 대중운동에 "굴종하고" 있기 때문이다. 대

중운동을 우리의 혁명적 활동성을 자극하여 고무해야 하는 어떤 것이 아니라 우리를 혁명적 활동성에서 벗어나게 해 주는 어떤 것으로 보고 있기 때문이다. 파업에 참여하는 사람들과 파업에 직접적으로 관여하고 있는 사람들에게 비밀 파업이라는 것은 있을 수 없다. 그러나 러시아 노동자 대중에게는 파업이 "비밀스런" 것으로 남을 수 있다. (그리고 많은 경우에 그렇게 된다.) 왜냐하면 정부가 파업 노동자들과의 모든 연락을 단절시키려 부심하고 파업에 관한 자료가 유포되는 것을 어떻게든 불가능하게 만들려고 고심할 것이기 때문이다. 바로 이런 데서 벌써 "정치경찰"과의 특별한 "투쟁", 즉 파업에 참여하고 있는 매우 광범위한 대중으로서는 결코 적극적으로 수행할 수 없는 그러한 투쟁이 필요한 것이다. "기술상의 모든 규칙을 동원하여" 이런 투쟁을 조직해야만 하는 사람들이 바로 직업적으로 혁명 활동에 종사하는 사람들이다. 대중이 운동에 자생적으로 이끌려 들어온다고 해서 투쟁을 조직할 필요성이 없어지는 것은 아니다. 그와는 반대로 바로 그 때문에 조직이 더욱 필요해진다. 경찰이 어떤 파업과 집회라도 비밀스런 것으로 만드는 것을 우리 사회주의자들이 막지 못한다면 (또 어떤 때는, 우리 스스로가 파업과 집회를 비밀리에 준비하지 못한다면), 우리는 대중에 대한 직접적인 의무를 이행하지 못할 것이기 때문이다. 우리는 이를 해낼 능력이 있다. 왜냐하면 자생적으로 깨어나고 있는 대중이 점점 더 많은 수의 "혁명 활동이 직업인 사람"을 자기 주변에서도 배출하게 될 (우리가 어떤 방법으로든 노동자들에게 제자리 뛰기를 권할 생각을 하지 않는다면) 것이기 때문이다.

3. 노동자 조직과 혁명가 조직

사회민주주의자에게 정치투쟁이라는 개념이 "고용주와 정부에 대한 경제투쟁"이라는 개념으로 윤색된다면, 다소간의 차이는 있더라도 "혁명가 조직"이라는 개념이 "노동자 조직"이라는 개념으로 될 것이라 생각하는 것도 당연하다. 이런 일이 실제로 발생하고 있으니, 조직에 관해 논하면서 우리가 문자 그대로 서로 다른 언어로 말하고 있는 상황이 벌어지고 있는 것이다. 예를 들면, 내가 이전에는 알지 못했던 매우 일관성 있는 한 "경제주의자"와 토론한 것이 지금 생각난다.[62] 논점은 『누가 정치혁명을 수행할 것인가?』라는 소책자에 관한 것이었는데, 우리는 그 글의 주요한 결점이 조직 문제를 도외시한 것이라는 데는 금방 의견의 일치를 보았다. 우리는 이내 서로 연대하고 있다고 생각했다. 그러나…… 대화가 더 진전되자, 우리가 서로 다른 이야기를 하고 있음이 드러났다. 상대방은 파업기금, 상조회 등을 간과한다는 점에서 그 글의 필자를 비판했고, 나는 정치혁명의 "수행"을 위해 필요한 혁명가 조직을 염두에 두고 있었던 것이다. 이러한 견해차가 드러나자마자 그 어떤 원칙적인 문제에 관해서도 이 "경제주의자"와 합의할 수 있었던 기억이 없다!

우리의 견해차의 근원은 어디에 있었던가? "경제주의자들"은 조직적 임무, 정치적 임무 둘 다에서 항상 사회민주주의를 벗어나 노동조합주의의 길로 새 버린다는 바로 그 지점에 있다. 사회민주주의당의 정치투쟁은 고용주와 정부에 대한 노동자들의 경제투쟁보다 훨씬 광범위하고 복잡한 것이다. 이와 마찬가지로 (또한 그 결과로) 혁명적 사회민주주의당 조직은 그런 투쟁을 위한 노동자 조직과는 다른 종류의 것일 수밖에 없다. 노동자 조직은 첫째, 노동조합 조직이어야 하며, 둘째, 가능한 한 폭넓은 조직이어야 하며, 셋째, 가능한 한 공개적이어야 한다. (물론 나는 여기서, 그리고 또 뒤에서도 전제주의 러시아만을 염두에 두고 있다). 이와는 반대로 혁명가 조직은 무엇보다 먼저, 그리고 주요하게 혁명 활동을 직업으로 가진 사람들을 아울러야 한다. (그런 까닭에 나는 사회민주주의자인 혁명가를 염두에 두면서 혁명가 조직을 논하는 것이다). 그러한 조직의 성원들이 갖는 이 공통된 특징 앞에서는 노동자와 지식인의 모든 차이가 일소되어야 한다. 성원들 개개인의 직업의 다양함에 관해서는 말할 나위도 없다. 이 조직은 그렇게 폭넓지 않아야 하며 가능한 한 비밀스러워야 한다. 이 세 가지 차이점에 관해 좀 더 살펴보자.

정치적 자유가 있는 나라에서는 노동조합 조직과 정치 조직의 차이가 노동조합과 사회민주주의당의 차이만큼이나 확연하다. 물론 역사적, 법적, 그 밖의 여러 조건에 따라 여러 나라에서 노동조합에 대한 사회민주주의당의 관계가 다양한 형태를 띠는 것은 불가피한 일이다. 그 관계들이 긴밀하고 복잡한 정도는 다소간의 차이가 있을 수 있다. (우리의 관점에서 볼 때, 그 관계는 가능한 한 긴밀하고 가능한 한 덜 복잡해야 한다.) 그러나 노동조합 조직과 사회민주주의당 조직의 일치라는 말은 자유국가에서는 있을 수 없다. 언뜻 보기에, 러시아에서는 전제주의의 압제가 사회민주주의 조직과 노동자 단체의 모든 차이를 쓸어버리고 있는 듯하다. 노동조합이든 서클이든 모든 것이 금지되어 있으며, 노동자의 경제투쟁 무기이자 그 주요한 표출 형태인 파업이 일반적으로 형사상의 범죄(때로는 정치적 범죄이기까지!)이기 때문이다. 이처럼 우리의 조건은 한편으로는 경제투쟁을 수행하는 노동자들을 정치 문제에 직면하도록 "떠밀면서", 다른 한편으로는 사회민주주의자들에게 노동조합주의와 사회민주주의를 혼동하도록 "떠밀고 있다." (그런데 우리의 끄리첸스끼, 마르띠노프 일파와 같은 자들은 첫째 종류의 "떠밀기"에 관해서는 열심히 말들을 하면서도 둘째 종류의 "떠밀기"는 깨닫지 못하고 있다.) 사실 "고용주와 정부에 대한 경제투쟁"에 99퍼센트 몰두하고 있는 사람들을 생각해 보라. 그들 중 일부는 활동 기간을 통틀어(4~6개월) 단 한 번도 보다 복잡한 혁명가 조직의 필요성이라는 문제에 부딪치지 않을 것이다. 다른 일부는 비교적 널리 유포된 베른슈타인주의 문건과 부딪치게 될 것이고, 그 문건을 통해 "지루한 일상 투쟁의 단계적 진전"의 커다란 중요성을 확신하게 될 것이다. 마지막으로, 나머지 사람들은 "프롤레타리아트 투쟁과 긴밀하고도 유기적인 연관", 노동조합운동과 사회민주주의 운동의 연관의 새로운 모범을 세상에 내보이겠다는 매혹적인 생각에 빠지게 될 것이다. 이런 사람들은 자본주의 무대에 늦게 진출한, 따라서 노동자운동의 무대에 늦게 진출한 나라일수록 더 많은 사회주의자들이 노동조합운동에 참여하여 그 운동을 지원할 수 있으며, 그런 나라일수록 비非사회민주주의적 노동조합의 수가 적을 수 있고 또 아마도 그럴 것이라고 판단한다. 지금까지는 그런 판단이 전적으로 옳다. 그러나 비극은 이들이 더 멀리 나아가서 사회민주주의와 노동조합주의의 완전한 융합을 꿈꾼다는 것이다. 우리는 지금 「뻬쩨르부르크투쟁동맹 규약」의 예에서 이러한 꿈이 우리의 조직 계획에 얼마나 유해하게 반영되고 있는지를 보게 될 것이다.

경제투쟁을 위한 노동자 조직은 노동조합 조직이어야 한다. 사회민주주의자인 노동자라면 누구나 이러한 조직에서 가능한 한 적극적으로 활동하고 협조를 아끼지 않아야 한다. 맞는 말이다. 그러나 "공장의" 조합원들이 모두 사회민주주의자일 수 있어야 한다고 요구하는 것은 우리에게 전혀 이익이 되지 않는다. 그렇게 함으로써 대중에 대한 우리의 영향력은 줄어들게 되기 때문이다. 고용주와 정부에 대한 투쟁을 위해 단결하는 것이 필요하다는 점을 이해하는 노동자라면 누구나 공장의 조합에 참여하도록 내버려 두자. 공장의 조합이 이 기본적인 단계의 이해에라도 다다를 수 있는 사람들을 모두 결합시키지 못한다면, 그래서 매우 폭넓은 조직이 되지 않는다면, 조합의 목적 자체가 달성되지 못할 것이다. 이러한 조직의 폭이 넓어지면 넓어질수록 그들에 대한 우리의 영향력도 넓어진다. 그러한 영향력은 경제투쟁의 "자생적" 발전에 의해서는 물론이고, 사회주의적 조합원들이 동료에게 직접적이고 의식적인 영향을 미침으로써도 생겨난다. 그러나 조직의 성원이 광범위할 경우에는 엄격한 보안 유지(경제투쟁에 참여하기 위한 것보다 훨씬 많은 준비가 필요하므로)가 불가능하다. 광범위한 조직 성원과 엄격한 보안 유지라는 두 가지 필요성 사이의 모순을 어떻게 해결할 것인가?

공장 조직은 어떻게 하면 가능한 한 비밀스럽지 않게 될 것인가? 이를 위해서는 — 일반적으로 말하자면 — 두 가지 방법밖에 없다. 공장의 조합을 합법화시키든가(몇몇 국가에서는 이 과정이 사회주의적이고 정치적인 단체의 합법화에 선행되어 이루어진 바 있다.), 아니면 비밀스럽게 그러나 조직원 대중에게는 보안성이라는 것은 거의 전무할 만큼 "자유롭고", 독일식으로 말하면 lose[느슨하게], 정형화되지 않은 형태로 조직을 유지하든가.

러시아에서 비사회주의적이고 비정치적인 노동자 단체의 합법화는 이미 시작되었다. 또한 빠르게 성장하는 우리 사회민주주의적 노동자운동의 한 걸음 한 걸음이 이 합법화 시도 — 주되게는 기존 체제의 지지자들로부터 비롯되었지만, 부분적으로는 노동자들 스스로나 자유주의적 지식인도 참여한 시도 — 를 배가하고 고무하게 될 것이라는 점은 누구도 의심하지 않고 있다. 바씰리예프나 주바또프 같은 작자들이 이미 합법화의 깃발을 치켜들었으며, 오제로프 씨, 보름스 씨 등이 그에 협조하기로 벌써 약속했고 또 협조를 이행한 바 있다. 노동자들 가운데에도 이미 이 새로운 경향의 추종자들이 있다. 따라서 우리는 이제 이 경향을 중시하지 않을 수 없다. 어떻게 중시할 것인가. 이에 관해서는 사회민주주의자들 사이에 두 가지 견해가 있을 수 없다. 우리에게는 주바또프, 바씰리예프, 헌병과 성직자들이 이 경향에 참여하는 온갖 사례를 폭로하고 노동자들에게 이들의 진정한 의도가 무엇인지를 설명해 줄 의무가 있다. 우리에게는 또한 노동자들의 공개 집회에서 자유주의적 활동가들의 연설 속에 숨어들어 있을 갖가지 화해론적 "조화의" 목소리를 폭로할 의무가 있다. 그들이 평화적 계급 협조가 바람직하다는 자신의 신념 때문에 이러한 노선을 택하든, 당국에 아첨하고자 하는 바람 때문에 그러하든, 아니면 단순히 멍청해서이든 그런 건 아무 상관없다. 마지막으로 우리에게는 노동자들에게 경찰이 빈번히 그들 앞에 설치해 두는 덫에 걸리지 말 것을 경고해야 할 의무가 있다. 경찰은 그러한 공개 집회와 허가된 단체들 속에서 "열성 활동가들"을 찾아내고 합법 조직을 매개로 비합법 조직에 선동꾼들을 투입시키려고 애쓴다.

하지만 이 모든 일을 한다고 해도, 노동자운동의 합법화가 결국은 우리에게 이익이 되지 결코 주바또프 같은 자들에게 이롭지 않다는 사실을 잊어서는 안 된다. 그와는 반대로, 우리는 바로 폭로 캠페인이라는 것을 통하여 밀에서 잡초를 솎아 내게 되는 것이다. 잡초가 무엇인지는 이미 지적한 바 있다. 밀이란 훨씬 더 광범위한 노동자층, 가장 후진적인 노동자층의 관심을 사회와 정치 문제로 돌리는 것이며, 우리 혁명가들이 본질적으로 합법적인 기능(합법 서적의 유포, 상조 활동 등등)에서 벗어나는 것이다. 그러한 기능들이 발전되면 필연적으로 더욱 많은 선동 자료들이 우리에게 제공될 것이다. 이런 점에서 우리는 주바또프와 오제로프 같은 자들에게 다음과 같이 말할 수 있고, 또 말해야 한다. "신사 양반들, 노력하시게, 노력하시라고! 당신들이 노동자에게 덫을 놓는 (직접적 도발이라는 의미에서든 아니면 노동자들을 "스뜨루베주의"로 "정당하게" 타락시킨다는 의미에서든) 만큼, 우리는 당신들을 폭로하는 문제에 신경을 쓸 것이오. 당신들이 실제로 일보 전진한다면 — 비록 "소심한 지그재그" 그 자체이긴 하지만 일보 전진은 전진이다. —, 우리는 이렇게 말할 것이오. '계속하십시오!'" 아무리 사소할지라도 실제적인 일보 전진은 노동자를 위한 공간을 실제로 확장시키는 것일 수 있다. 그러한 확장은 어떤 것이든 우리에게 이익이 되며 합법단체들의 출현을 앞당길 것이다. 그러한 합법단체들에서는 선동꾼들이 사회주의자들을 포획하는 것이 아니라 사회주의자들이 추종자를 얻게 될 것이다. 한마디로 이제 우리의 과업은 잡초와 투쟁하는 것이다. 온실의 화분에서 밀을 키우는 것은 우리의 일이 아니다. 우리는 잡초를 솎아 내면서 그 자체로 밀의 씨앗이 발아할 수 있는 토양을 가꾸게 되는 것이다. 또한, 아파나시아 이바니치, 뿔리헤리야 이바노브나[63] 같은 자들이 온실 재배에 몰두하고 있을 때, 우리는 오늘의 잡초를 베고 내일의 밀을 수확할 일꾼들을 키워 내야 한다.*

그러므로 가능한 한 비밀스럽지 않으며 가능한 한 광범위한 노동조합 조직을 창출하는 문제는 우리가 합법화를 수단으로 해결할 수 있는 것이 아니다. (그러나 주바또프와 오제로프 같은

* 잡초에 대한 『불꽃』의 투쟁은 『노동자의 대의』 측의 다음과 같은 성난 항변을 촉발했다. "『불꽃』에게는, 시대의 상징으로서의 이 거대한 (올 봄의) 사건들이 노동자운동을 '합법화하려는' 주바또프 하수인들의 가소로운 시도만큼의 가치도 없다. 『불꽃』은 이러한 사실들이 자신의 입장을 반박하고 있음을 보지 못한다. 그 사실들은 노동자운동이 정부의 눈앞에 매우 위협적인 규모가 되었음을 증명하고 있는 것이다."(『두 대회』 27쪽.) "이 모든 것에 대한 책임은 '삶의 힘찬 명령'을 듣지 못하는 저 정통주의자들의 '교조주의'에 있다. 그들은 한 길이 넘는 밀은 한사코 보지 않으려 하면서 짧디짧은 잡초들과 싸우고 있지 않은가! 이것이 '러시아 노동자운동의 전망에 대한 왜곡된 감정'이 아니고 무엇인가?"(같은 책 27쪽.)

자들이 비록 부분적일지라도 이러한 해결의 가능성을 열어 준다면 우리는 매우 기쁠 것이다. 이를 위해서 우리는 있는 힘을 다해 그들과 정력적으로 싸워야 한다!) 그렇다면 남는 것은 비밀 노동조합 조직의 길이다. (우리가 확실히 알고 있는 것처럼) 이미 이 길로 나선 노동자들에게 우리는 모든 지원을 다해야 한다. 노동조합 조직은 경제투쟁을 발전시키고 강화하는 데 매우 유용하게 기여할 수 있을 뿐만 아니라, 정치 선동과 혁명적 조직화에도 매우 중요한 보조축이 될 수 있다. 이러한 성과를 달성하기 위해, 또 이제 시작되고 있는 노동조합운동을 사회민주주의당을 위해 바람직한 궤도로 올려놓기 위해, 무엇보다 먼저 뻬쩨르부르크의 "경제주의자들"이 거의 5년 동안 매달린 조직 계획의 어리석음을 분명하게 알 필요가 있다. 그 계획은 1897년 7월의 「노동자 기금 규약」(『노동자 신문』 제9~10호 46쪽. 『노동자의 사상』 제1호에서 발췌.)과 1900년 10월 「조합 노동자 조직 규약」(상트뻬쩨르부르크에서 간행된 특별 전단, 『불꽃』 제1호에 실린 바 있음.)에서 서술된 바 있다. 이 두 규약의 주요한 결함은 광범위한 노동자 조직을 세세하게 정형화하고 있다는 것, 그리고 이 조직과 혁명가 조직을 혼동하고 있다는 것이다. 더 잘 정초된 둘째 규약을 한번 살펴보자. 이 규약은 전부 52개 항으로 구성되어 있다. 23개 항은 "노동자 서클들"의 조직 기구, 사업 수행 체계, 운영 권한에 관해 서술하고 있는데, "노동자 서클들"은 각 공장마다 조직되고("10인 이하") "중앙 (공장) 그룹"을 선출한다고 한다. "중앙 그룹 — 제2항에 등장 — 은 소속 공장에서 발생하는 모든 일을 관찰하고 공장에서 일어난 사건의 일지를 작성한다," "중앙 그룹은 모든 기금 납부자에게 달마다 기금의 상태에 관해 보고한다,"(제17항) 기타 등등. 10개 항은 "지역 조직"에 관한 것이고, 19개 항은 "노동자조직위원회"와 "투쟁동맹 상트뻬쩨르부르크위원회"의 극도로 복잡한 연결에 관한 것이다. (이 양 위원회는 각 지역과 "집행 그룹" — "선전가 그룹, 지방 연락 그룹, 국외 연락 그룹, 자료 관리 그룹, 출판 그룹, 재정 그룹" — 에서 선출된 사람들로 구성된다.) 사회민주주의당이 노동자들의 경제투쟁에 관계된 "집행 그룹"이라니! "경제주의자"의 사상이 사회민주주의로부터 노동조합주의로 어떻게 옆길로 새고 있는지, 사회민주주의자는 무엇보다 먼저 프롤레타리아트 해방 투쟁 **전체를** 지도할 능력을 가진 혁명가 조직에 관해 생각해야 한다는 개념 자체가 "경제주의자"에게는 얼마나 낯선 것인지를 이보다 더 극명하게 보여 주기도 어려울 것이다. "노동자계급의 정치적 해방"과 "짜르의 폭정"에 대한 투쟁을 언급하면서 이따위 조직 규약을 쓰는 것은 사회민주주의당의 진정한 정치적 과제에 관해 아무런 개념도 갖고 있지 않다는 것을 의미한다. 50여 개 항 가운데 단 하나의 항도, 러시아 절대주의의 모든 측면과 러시아의 다양한 사회계급들의 전체 성격을 조명해 주는 실로 폭넓은 정치 선동이 대중 속에서 필요하다는 것에 대한 실낱같은 이해조차 보여 주지 않는다. 정말이지 그러한 규약으로는 정치적 목표는 말할 것도 없고 노동조합주의적 목표마저도 실현할 수 없다. 왜냐하면 그러한 목적을 위해서는 **직업별** 조직이 필요한데, 규약에서는 이를 언급조차 하지 않고 있기 때문이다.

하지만 무엇보다도 특징적인 것은 이 모든 "체계"의 놀랄 만한 육중함이 아닐까. 이 체계는 획일적이고 우스우리만치 자잘한 규칙들로 이루어진 영구적인 실을 이용하여 삼 단계 선출 방식을 통해 각각의 공장들과 "위원회"를 연결시키려 애쓴다. "경제주의"라는 협소한 시야에 의해 억눌린 사상은 여기서 형식적 관료주의 냄새를 풍기는 세세한 일들에 매달린다. 물론, 실제로는 이 모든 항의 3/4이 한 번도 적용되지 않는다. 오히려 각각의 공장에 중앙 그룹이 있는 그 같은 "비밀" 조직은 믿기 어려울 만큼 광범위한 패배를 헌병이 쉽게 조직하도록 돕는다. 한때 폴란드의 동지들도 모두가 노동자 기금을 널리 설립하는 데 몰두했지만, 이것이 헌병들에게 풍성한 수확만을 안겨 줄 뿐이라는 것을 확신하자 금방 이러한 생각을 거부했다. 그렇게 그들은 운동의 이러한 한 시대를 이미 겪은 바 있다. 만일 우리가 광범위한 노동자 조직을 원하되 광범위한 패배를 원치 않는다면, 헌병들에게 만족을 안겨 주기를 원치 않는다면, 우리는 이 조직이 완전히 무형의 조직이 될 수 있도록 노력해야 한다. 그런 경우, 조직이 원활히 기능하는 것이 가능할 것인가? 여기 이 기능들을 한번 보라. "…… 공장에서 발생하는 모든 일을 관찰하고 공장에서 일어난 사건의 일지를 작성한다."(규약 제2항.) 정말 이러한 일을 반드시 정형화해야 할 것인가? 이러한 일은 이를 위한 특별한 그룹을 전혀 만들지 않고 비합법 신문에 투고하는 방식으로 이루어지는 편이 훨씬 더 낫지 않겠는가? "…… 공장에서 노동자들의 처우 개선을 위한 노동자 투쟁을 지도한다."(규약 제3항.) 이 역시 정형화할 필요가 전혀 없다. 명민한 선동가는 노동자들이 어떤 요구를 제기하고 싶어 하는지를 단순한 대화를 통해서도 아무리 사소한 것이라도 세밀하게 간파해 낸다. 그런 후에 그는 필요한 문서를 넘겨주기 위해, 이제는 광범위한 것이 아니라 좁은 범위의 혁명가 조직에 이를 전하게 된다. "…… 1루블당 2꼬뻬이까씩 회비를 내는…… 기금을 조성한다."(제9항.) — 그 다음에는 달마다 기금의 상태에 관한 보고서를 모든 회원에게 제공한다(제17항), 회비를 내지 않는 회원들은 제명한다(제10항) 등등. 바로 이런 것이야말로 경찰에게는 천국 그 자체이다. "중앙 공장 기금"의 모든 비밀을 간파하고 돈을 압수하고 뛰어난 사람들을 전부 정리해 버리기 위해 이보다 더 쉬운 방법은 없기 때문이다. 특정 조직(매우 좁은 범위의 비밀스러운)의 직인이 찍힌 1꼬뻬이까나 2꼬뻬이까 쿠폰을 발행하는 것이 더 간단하지 않겠는가, 아니면 아예 쿠폰 없이 모금하고 그에 관한 보고서는 일정한 암호를 붙여 비합법 신문에 게재하는 것이 더 간단하지 않겠는가? 이렇게 하면, 목적이 달성되는 것은 마찬가지지만 헌병들이 그 실마리를 찾아내는 것은 백배나 더 어려워질 것이다.

하나하나 예를 들어 이 규약을 계속 분석해 갈 수도 있다. 그러나 나는 위에서 말한 정도로 충분하다고 생각한다. 가장 장래성 있고 노련하며 강인한 노동자들이 긴밀하게 결합된 중핵이 있어 이들이 주요 지역에 믿을 수 있는 사람들을 확보해 두고 엄중한 보안 규칙에 따라 혁명가 조직과 연결되어 있다면, 그 어떤 정형화된 형태 없이도 대중의 폭넓은 협조 속에 노동조합 조직이 담당하는 모든 기능을 수행할 수 있을 것이다. 그것도 사회민주주의당을 위해 바람직한 방향으로 말이다. 헌병들의 온갖 방해를 뚫고 사회민주주의 노동조합운동을 공고히 하고, 이를 발전시키는 것은 이러한 방법을 통해서만 가능하다.

내게 이렇게 반박할 사람들이 있을 것이다. 조직이 전혀 정형화되어 있지 않고 등록된 확실한 회원이 전혀 없을 정도로 lose하다면[느슨하다면], 그런 것은 조직이라 부를 수도 없다고. 그럴지도 모른다. 하지만 나는 이름 따위에 연연하지 않는다. 이 "회원 없는 조직"은 필요한 모든 것을 해낼 것이며, 사회주의와 장래의 노동조합 사이의 강고한 관계를 처음부터 보장할 것이다. 절대주의 아래에서 선거, 보고, 전체 투표 등등을 갖춘 광범위한 노동자 조직을 원하는 사람은 어쩔 수 없이 공상가일 뿐이다.

이로부터 나오는 교훈은 간단하다. 만일 우리가 강고한 혁명가 조직을 튼튼히 건설하는 것에서 출발한다면, 우리는 전체 운동의 불요불굴성을 지키고 사회민주주의당의 목적과 본래의 노동조합의 목적 둘 다를 실현할 수 있다. 그러나 우리가 대중이 "쉽게 접근할 수 있는" 듯 보이는 (하지만 실제로는 헌병이 쉽게 접근할 수 있으며 혁명가들을 경찰의 접근망에 내놓는) 매우 광범위한 노동자 조직에서 출발한다면, 우리는 이 두 가지 목적 가운데 그 어느 것도 실현하지 못할 것이다. 또한 우리는 수공업성을 벗어나지 못할 것이며, 그 분산성과 끝없는 지리멸렬로 주바또프 식 또는 오제로프 식 노동조합이 대중에게 쉽게 접근할 수 있도록 만들어 줄 뿐이다.

그렇다면 대체 혁명가 조직의 기능은 어떤 것이어야 하는가? 이제 우리는 이에 관해 상세히 논해 보겠다. 그러나 이에 앞서, "경제주의자"와 여전히 가까운 거리에 있는 (애절한 그 운명이여!) 우리의 테러주의자가 취하는 아주 전형적인 논리 하나를 더 분석해 보겠다. 노동자를 위한 잡지 『자유』(제1호)에는 「조직」이라는 기사가 있다. 그 글의 필자는 자신의 지인들, 이바노보-보즈네센스크의 "경제주의자" 노동자들을 옹호하고 싶어 한다.[64] 그는 이렇게 쓰고 있다.

> 대중이 침묵을 지키고 정치적 자각이 결여되어 있다면, 그리고 아래로부터 운동이 이루어지지 않는다면 이는 유감스러운 일이다. 한번 보라. 대학 도시에서 학생들이 명절을 맞아 또는 여름을 보내려 흩어져 집으로 간다. 그러면 노동자운동은 정지해 버린다. 외부로부터 떠밀려 일어나는 그 같은 노동자운동이 과연 현실적인 힘일 수 있는가? 그럴 수는 없다……. 노동자운동은 아직 자기 발로 걷는 법을 깨쳐 익히지 못했다. 그렇기 때문에 이리저리 끌려다니고 있다. 모든 일이 다 그렇다. 학생들이 흩어지면 일은 중단된다. 가장 쓰임새 있는 크림층을 뽑아내면 우유는 쉰다. '위원회'가 검거되고 아직 새 위원회는 만들어지지 않았으므로 또다시 소강상태다. 물론 어떤 위원회가 만들어질지 아직은 모른다. 어쩌면 이전의 위원회와는 전혀 다른 것이 될지도 모른다. 처음 위원회는 이렇게 말했지만 나중 위원회는 그 말을 뒤집는다. 어제와 오늘 사이의 연관은 사라진다. 어제의 경험은 내일의 교훈이 되지 못한다. 이 모든 것은 저 깊은 곳, 대중 속에 뿌리를 두지 않고 백 명의

바보들이 아니라 열 명의 똑똑한 사람들이 활동하기 때문에 생긴 일이다. 열 사람은 언제나 조그만 그물로도 다 잡을 수 있지만, 조직이 대중을 획득하면 모든 것이 대중으로부터 진행된다. 그렇기 때문에 아무리 애를 써도 과업을 괴멸시킬 수는 없는 것이다.(63쪽.)

사실이 올바르게 묘사되어 있다. 우리의 수공업성을 그린 이 그림은 엉터리가 아니다. 그러나 결론은 그 어리석음이나 그 정치적 우둔함으로 보아 『노동자의 사상』에 필적할 만하다. 그것은 어리석음의 극치다. 왜냐하면 필자는 "저 깊은 곳"에 있는 운동의 "뿌리"에 관한 철학적, 사회-역사적 문제를 헌병에 맞서 더 나은 투쟁을 하는 기술적-조직적 문제와 혼동하고 있기 때문이다. 그것은 정치적 우둔함의 극치다. 왜냐하면 필자는 형편없는 지도자들을 떠나 훌륭한 지도자들에게 호소하는 대신에 지도자들 일반을 떠나 "대중"에게 호소하고 있기 때문이다. 자극적인 테러로 정치 선동을 대체하라는 사상이 정치 문제에서 우리를 뒤로 잡아당기듯, 이는 조직과 관련하여 우리를 뒤로 잡아당기려는 시도에 불과하다. 사실 나는 『자유』가 우리에게 바친 이 혼돈을 어디서부터 분석해야 할지 모르겠다. 그야말로 embarras de richesses[많아서 당황스러운] 상황을 겪고 있는 것이다. 문제를 일목요연하게 보여 주기 위해, 예를 드는 것으로 시작해 보겠다. 독일의 경우를 한번 살펴보자. 당신들은 독일에서는 조직이 대중을 포섭하여 모든 것이 대중으로부터 진행되고 있으며 노동자운동이 자기 발로 걷는 법을 깨쳐 익힌 지 오래라는 사실을 부인하지 않겠지요? 그러리라 생각합니다. 그런데 이 수백만의 대중이 어떻게 "열 명의" 경험 많은 정치 지도자를 높이 평가할 줄 알게 된 것일까, 어떻게 이 지도자들에게 굳게 매달리고 있는 것일까! 의회에서 적대 정당의 의원들이 사회주의자들을 다음과 같이 약 올린 적이 한두 번이 아니었다. "훌륭하신 민주주의자들이군 그래! 노동자계급의 운동이란 건 당신들에게는 말뿐이오. 실제로는 한 무리의 지도자들이 계속해서 나서고 있는 것 아니오? 해가 바뀌어도, 수십 년이 지나도, 늘 베벨이고 늘 리프크네히트 아니오? 당신들이 말하는 이른바 선출된 노동자 의원들이 황제가 임명한 관료들보다 더 오래 교체되지 않는구먼!" 그러나 "지도자"와 "대중"을 대립시키고 대중의 어리석고 본능적인 허영심에 불을 질러 "열 명의 똑똑한 사람들"에 대한 대중의 신뢰를 무너뜨림으로써 운동의 항구성과 강고함을 앗아 가려는 이 데마고그들의 시도에 독일인들은 경멸 어린 비웃음으로 대응했을 뿐이었다. 독일에서는 정치사상이 이미 충분히 발전되어 있으며 정치적 경험도 충분히 쌓여 있어서, 재능 있는 "열 명"(재능 있는 인재들이 백 명에 한 명꼴로 나오는 것은 아니므로)의 경험 많고 직업적으로 준비된, 세월의 오랜 교육으로 단련되었으며 누구보다 탁월하게 서로 보조가 맞는 지도자들 없이는 현대사회에서 단 하나의 계급도 굳건히 투쟁할 수 없다는 사실을 이해할 수 있는 정도다. 독일인들도, 주변에서 "백 명의 바보들"에게 아첨하며 그들을 "열 명의 똑똑한 사람들"보다 높이 평가하고 대중의 "근육으로 다져진 주먹"[65]을 치켜세우는 그러한 데마고그들을 알고 있었다. 이들은 경솔한 "혁명적" 행동에 나서라고 대중을 부추기면서(모스트나 하쎌만처럼), 신념에 철저하고 흔들림 없는 지도자들에 대한 불신을 조장한다. 독일 사회주의는 사회주의 내부의 온갖 데마고그 분자들과 비타협적인 불굴의 투쟁을 벌인 바로 그 대가로 성장하고 강화되었다. 그런데 자생적으로 각성된 대중에게 충분히 준비되고 성숙된 노련한 지도자들이 없다는 사실이 러시아의 사회민주주의의 위기 일체를 설명해 주고 있는 이러한 시기에, 우리의 현명하신 양반들은 바보들의 심오한 사상을 이렇게 크게 외치고 있지 않은가! "운동이 아래로부터 이루어지지 않다니 엉망이군."

"학생들로 구성된 위원회는 안정적이지 않으므로 쓸모없다." 전적으로 옳은 말이다. 그러나 이로부터 나오는 결론은 직업적 혁명가들로 구성된 위원회가 필요하며 직업적 혁명가로 단련될 수 있다면 학생이든 노동자든 아무 상관이 없다는 것이다. 그런데 당신들은 노동자운동이 외부로부터 떠밀려서는 안 된다는 결론이나 내리고 있으니! 정치가 무엇인지를 모르는 당신들은 그렇게 함으로써 우리의 "경제주의자들"과 함께 그 수공업성을 편들어 준다는 사실도 알아채지 못하고 있다. 학생들이 우리의 노동자들을 "떠밀고 있는" 것이 어떤 것인지 물어 봐도 되겠는지요? 학생들이 노동자들에게 자신들이 가지고 있는 단편적인 정치 지식과 우연히 입수한 사회주의 사상의 파편들(오늘날 학생들의 주요한 지적 양식은 합법적 맑스주의인데, 그것으로는 초보적인 지식과 자질구레한 단편들을 얻을 수 있을 뿐이기 때문에)을 제공했다는 것이 전부다. 또한 그 정도의 "외부로부터의 떠밀기"란 것도 그리 많지 않다. 그와는 반대로 그것이 우리 운동에는 너무도 부당하리만큼 너무도 부족했다. 왜냐하면 우리가 너무나 맹렬하게 자기 세계에만 빠져들어 초보적인 "고용주와 정부에 대한 경제투쟁"에 노예처럼 굴종해 왔기 때문이다. 우리, 혁명 활동이 직업인 사람들은 그와 같은 "떠밀기"에 백배나 더 많이 치중해야만 하며 또 우리는 그렇게 할 것이다. 하지만 노동자(적어도 당신들만큼 미성숙한 노동자)가 자신에게 정치 지식과 혁명적 경험을 제공하는 모든 사람을 불신하게 만들 것이 틀림없는 꺼림칙한 단어, 즉 "외부로부터의 떠밀기"와 같은 말을 당신들이 선택한 순간, 바로 그 선택이 그러한 모든 사람에게 본능적인 반발감을 불러일으키고 있다는 사실만으로도 당신들은 데마고그이며, 데마고그는 노동자계급의 최악의 적이다.

제발, 나의 논쟁이 "동지라 볼 수 없는 태도"라고 그렇게 서둘러 개탄의 소리를 높이지는 말라! 나도 당신들의 의도가 순수함을 의심할 생각은 없다. 나는 이미 정치적 무지함이라는 것 하나 때문에 데마고그가 될 수도 있다고 말한 바 있다. 게다가 나는 당신들이 데마고그의 수준으로까지 타락했다는 것을 증명했다. 또한 데마고그는 노동자계급의 최악의 적이라는 사실을 나는 결코 지치지 않고 반복할 것이다. 데마고그가 최악인 까닭은 군중의 어리석은 본능에 불을 붙이기 때문이다. 미성숙한 노동자들이 자신들의 친구로 나서고 있는, 가끔은 진정 그렇게 나서고 있는 사람들 가운데에서 이 적들을 분간하는 것은 불가능하다. 데마고그가 최악인 까닭은 혼란과 동요의 시기, 우리 운동의 면모가 이제 막 다듬어지고 있는 시기에 데마고기로 대중의 주의를 끄는 것보다 더 쉬운 일이 없기 때문이다. 대중은 가장 뼈저린 시련을 겪고 난 후에야 비로소 자신이 범한 오류를 확신할 수 있게 된다. 바로 이 때문에, 오늘날 러시아사회민주주의당의 슬로건은 데마고기의 수준으로까지 타락하고 있는 『자유』 및 『노동자의 대의』와의 단호한 투쟁이 되어야 한다. (이에 관해서는 나중에 더 상세히 논할 것이다.)*

"백 명의 바보들보다 열 명의 똑똑한 사람들을 잡는 것이 더 쉽다." 이 위대한 진리(이 진리를 선사해 준 것에 대해 백 명의 바보들은 당신들에게 언제나 박수를 보낼 것이다.)가 자명해 보이는 것은 단지 당신들이 논리를 전개하면서 하나의 문제에서 다른 문제로 건너뛰었기 때문이다. 당신들은 "위원회"의 일망타진, "조직"의 일망타진을 말하기 시작했고 계속 말하고 있다. 그러더니 이제는 "저 깊은 곳"에 있는 운동 "뿌리"의 일망타진이라는 문제로 건너뛰었다. 물론 우리 운동이 포획되지 않는 이유는 깊은 곳에 수십만 개의 뿌리를 두고 있기 때문이다. 그러나 문제의 요점은 이것이 전혀 아니다. "깊은 곳에 있는 뿌리"라는 점과 관련하여 보자면, 우리의 온갖 수공업성에도 불구하고 지금도 역시 우리를 "일망타진"할 수는 없지만, 그럼에도 우리는 운동의 계승성 일체를 파괴하는 "조직"의 일망타진

* 여기서는, "외부로부터의 떠밀기"와 조직에 관한 『자유』의 이후의 모든 논리 전개와 관련하여 우리가 말한 모든 것이 "경제주의자들"과 "노동자의 대의 추종자들" 모두에게 고스란히 해당된다는 사실만 지적해 두자. 왜냐하면 이들 가운데 일부는 조직 문제에 관하여 동일한 관점을 적극적으로 설파하고 옹호해 왔으며, 일부는 그러한 관점에 경도되었기 때문이다.

을 안타까워하고 있으며 또 그러지 않을 수 없다. 그런데 당신들이 조직의 일망타진이라는 문제를 제기하고 그로부터 빗나가지 않은 만큼, 나는 당신들에게 열 명의 똑똑한 사람들을 일망타진하는 것이 백 명의 바보들을 일망타진하는 것보다 훨씬 어렵다고 말하겠다. 또한 당신들이 아무리 내가 "반민주주의적"이니 어떠니 하면서 대중을 부추긴다 할지라도 나는 이 명제를 옹호할 것이다. 내가 이미 여러 번 지적했듯이, 조직 관계에서 "똑똑한 사람들"이라 함은 오직 직업적 혁명가들을 칭하는 것이어야 하며 그들이 학생 출신이든 노동자 출신이든 그런 것은 전혀 상관이 없다. 그러므로 나는 여기서 다음과 같이 주장하는 바이다. 1) 혁명가 조직의 지속적이고 견고한 계승성이 없다면 그 어떤 혁명운동도 강고해질 수 없다. 2) 운동의 기반을 이루고 운동에 참여하면서 투쟁에 자생적으로 끌려오는 대중의 폭이 넓으면 넓을수록 (그럴수록 데마고그들이 미성숙한 대중층을 다른 쪽으로 끌고 가기가 더욱 쉬어지기 때문에) 그러한 조직의 필요성은 더욱 절박해지며, 그러한 조직은 더욱더 강고해져야 한다. 3) 그러한 조직은 직업적으로 혁명 활동에 종사하는 사람들로 주로 구성되어야 한다. 4) 전제주의 국가에서는 정치경찰에 맞선 투쟁 기술면에서 전문적인 준비를 하고 직업적으로 혁명 활동에 종사하는 사람들만이 조직에 참여하는 수준으로까지 조직 구성원의 범위를 좁히면 좁힐수록, 그러한 조직을 "일망타진"하는 것은 더욱 어려워질 것이고, 5) 또한 운동에 참여할 기회를 갖게 되고 적극적으로 활동하게 될 노동자계급과 그 밖의 사회계급 출신의 성원들은 더욱 많아질 것이다.

우리의 "경제주의자", 테러주의자, "경제주의자이자 테러주의자들"*에게 이 명제들을 반박해 보라고 제안하는 바이다. 이제 나는 이 명제들 중 마지막 두 가지를 살펴보겠다. "열 명의 똑똑한 사람들"과 "백 명의 바보들" 가운데 어느 쪽을 일망타진하는 것이 더 쉬운가라는 문제는 위에서 분석한 문제, 즉 엄격한 비밀 활동이 필요한 가운데 대중적 조직이 가능한가라는 문제로 귀착된다. 광범위한 조직을 높은 보안 수준, 즉 정부에 대한 투쟁의 지속적이고 견고한 계승성에 반드시 필요한 그러한 수준으로까지 올려놓는 일은 결코 할 수 없다. 그리고 가능한 한 적은 수의 직업적 혁명가의 수중에 모든 보안 기능을 집중시킨다는 것이 이 혁명가들이 "모든 사람을 대신해서 생각하고" 대중은 운동에 활발하게 참여하지 않는다는 것을 의미하지는 않는다. 그와는 반대로 이러한 직업적 혁명가들은 대중으로부터 점점 더 많이 배출될 것이다. 왜냐하면 "위원회"를 구성하기 위해서는 몇몇 학생들과 경제투쟁을 주도하는 노동자들이 모이는 것으로 충분하지 않다는 점과 직업적 혁명가로 성장하기 위해서는 수년의 세월이 필요하다는 점을 대중이 알게 될 것이기

* 어쩌면 『자유』에게는 이 용어가 바로 앞의 말보다 더 맞는 말일지도 모른다. 왜냐하면 『혁명주의의 부활』은 테러주의를 옹호하고 있는데, 위에 분석한 기사는 "경제주의"를 옹호하고 있기 때문이다. "원망은 간절한데, 아, 운명이 쓰디쓰구나!" — 『자유』에 대해 대략 해 줄 수 있는 말은 이런 것이다. 가장 훌륭한 성품과 가장 좋은 의도가 결과적으로는 혼란일 뿐이니까. 그것은 무엇보다도 『자유』가 조직의 계승성을 옹호하면서도 혁명적 사상과 사회민주주의 이론의 계승성은 알고자 하지 않은 까닭에 생긴 혼란이다. 직업적 혁명가로서의 삶을 여전히 요구하면서(『혁명주의의 부활』), 이를 위해 첫째로는 자극적인 테러를, 둘째로는 "외부로부터의 떠밀기"가 적은 "중간 노동자의 조직"(『자유』 제1호 66, 67쪽)을 제안하려 애쓰는 것은 그야말로 집을 따뜻하게 하려고 바로 그 집을 부숴 불쏘시개로 쓰는 것과 똑같다.

때문이다. 또한 대중은 수공업성 하나만을 "생각하지" 않고 바로 그 같은 성장에 대해서도 생각하게 될 것이기 때문이다. 조직 보안 기능의 집중이 운동의 모든 기능을 집중시킨다는 의미는 결코 아니다. "열 명의" 직업적 혁명가들이 비합법 저술 활동의 보안 유지 기능을 전담한다고 해서 실로 광범위한 대중이 그 활동에 적극적으로 참여할 수 있는 폭이 축소되지는 않는다. 오히려 열 배나 증대될 것이다. 이렇게 해서, 아니 오직 이렇게 해야만, 비합법 문건을 읽고 그에 협력하고 부분적으로는 그 문건을 배포하는 일이 더 이상 비밀 활동이 아닐 수 있도록 만들 수 있다. 왜냐하면 수천 부씩 뿌려지는 각각의 문건들에 대해 사법적, 행정적 실마리를 찾는 것은 불가능하고 또 어리석은 일이라는 것을 경찰이 금방 깨닫게 될 것이기 때문이다. 또한 이것은 비단 출판물에만 관계된 것이 아니라 시위까지를 포함한 운동의 모든 기능에 해당된다. 우리의 경찰 못지않게 직업적으로 엄격히 훈련되고 경험 많은 "열 명의" 혁명가들이 비밀 활동의 모든 측면, 즉 유인물의 작성, 대략적인 계획의 수립, 시의 각 지역 · 각 공장 구역 · 각 학교별 지도부의 임명 등등의 일에 집중함으로써, 대중은 시위에 매우 적극적으로 또 매우 폭넓게 참여해도 더 이상 해를 입지 않게 된다. 오히려 그와는 반대로 승리하게 될 것이다. (나의 관점이 "비민주주의적"이라고 반박하는 사람들이 있을지도 모른다. 그러나 이 어리석기 짝이 없는 반박에 대해서는 아래에서 세세히 논하겠다.) 혁명가 조직에 가장 엄밀한 보안 기능이 집중된다고 해서, 광범위한 대중을 대상으로 하며 따라서 가능한 한 정형화되어 있지 않으면서 가능한 한 비밀성이 적은 다른 조직들, 즉 노동조합, 비합법 문건 강독 서클, 노동자 자체 학습 서클, 기타 모든 주민 계층의 사회주의 서클, 민주주의 서클 등등의 전반적인 대중 활동의 내용과 폭이 약화되지는 않는다. 그와는 반대로 더욱 풍부해진다. 아주 다양한 기능을 가진 그 같은 서클, 단체, 조직들은 **최대한 많이**, 최대한 다양한 기능을 갖추고 도처에 있어야 한다. 하지만 그러한 조직들을 **혁명가** 조직과 **혼동하는 것**, 그것들 사이의 경계를 없애는 것, 대중 속에서 그렇지 않아도 믿을 수 없을 만큼 희미한 의식, 즉 대중운동에 "봉사"하기 위해서는 사회민주주의 활동에 전문적으로 자신의 전부를 바치는 사람들이 필요하며 그러한 사람들은 인내와 강인함으로 자신을 직업적 혁명가로 **키워 내야** 한다는 의식을 눌러 버리는 것은 어리석고 유해하다.

지금은 정말 그러한 의식이 믿기 어려울 만치 희미해진 상태다. 조직 관계에서 우리가 범한 주요한 과오는 **우리가 스스로의 수공업성으로 러시아 혁명가의 권위를 실추시켰다**는 점이다. 이론 문제에서 힘없이 갈팡질팡 헤매고 대중의 자생성을 빌미로 자신의 협소한 시야로 인한 흐리멍덩함을 정당화하는 자, 인민의 호민관보다는 노동조합의 서기에 가까우며 적에게도 존경심을 불러일으킬 수 있는 정도의 폭넓고 대담한 계획을 제시할 능력도 없는 자, 정치경찰과의 투쟁이라는 직업적 기술에 서툴고 일천한 자 — 미안하오만 — 이런 자는 혁명가가 아니라 한낱 보잘것없는 수공업자다.

단 한 사람의 실천가도 나의 이 신랄한 표현에 화내지 말기를. 준비 부족이 문제의 핵심인 한, 나는 그 문제를 누구보다 먼저 나에게 적용시키고 있기 때문이다. 나는 매우 광범위하고 포괄적인 임무를 내세웠던 한 서클[66]에서 활동한 바 있다. 그때 그 서클의 구성원인 우리 모두는 저 유명한 격언을 변형시켜 "우리에게 혁명가 조직을 달라. 그러면 우리는 러시아를 뒤엎고 말 것이다!"라고 말할 수 있었던 역사적 시기에 우리가 수공업자에 머무르고 있다는 의식 때문에 말할 수 없는 고통을 겪어야 했다. 내가 그때 겪었던 그 낯 뜨거운 모멸감이 그 이후 어쩔 수 없이 종종 떠오를 때마다, 우리의 임무는 혁명가가 수공업자로 전락하는 것을 옹호하는 것이 아니라 수공업자를 혁명가로 격상시키는 것임을 이해하지 못하고 "혁명가의 이름을 욕되게 하는" 설교나 늘어놓는 저 사이비 사회민주주의자들에 대한 쓰디쓴 감정은 더욱 커져 왔다.

4. 조직 활동의 범위

우리는 위에서 B-v로부터 "뻬쩨르부르크뿐만이 아니라 러시아 전역에서 감지되고 있는 것처럼 행동에 적합한 혁명 세력이 부족하다."라는 말을 들었다. 그리고 이 사실을 논박하려 들 사람은 없을 것이다. 하지만 문제는 이 사실을 어떻게 설명하느냐이다. B-v는 이렇게 쓰고 있다.

> 우리는 이러한 현상의 역사적 원인을 규명하는 데 몰입하지는 않겠다. 다만, 계속되는 정치적 반동으로 타락하였으며 이미 완수되었거나 이행되고 있는 경제적 변화들로 인해 갈기

> 갈기 찢긴 사회는 그 내부로부터 **혁명 활동에 적합한 사람을 극히 적은 수만** 만들어 낸다는 점, 노동자계급이 노동자 혁명가들을 배출함으로써 부분적으로 비합법 조직의 성원을 충당하지만 그런 혁명가의 수는 시대의 요구에 미치지 않는다는 점만 말하겠다. 더구나 공장에서 11½시간을 보내는 노동자는 자신의 처지로 인해 우선적으로 선동가의 기능을 수행할 수는 있지만, 선전과 조직, 비합법 문건의 복사와 공급, 성명서 발표 등의 기능은 그 무게로 인해 어쩔 수 없이 몇 안 되는 극소수 지식인의 몫이 되고 있다.(『노동자의 대의』 제6호 38~39쪽.)

우리는 많은 점에서 B-v의 이 견해에 동의하지 않는다. 특히 우리가 강조해 놓은 부분에 동의하지 않는다. 특히 그 문구는 B-v가 우리의 수공업성에 넌더리가 나 있으면서도(조금이라도 생각해 본 적이 있는 실천가라면 누구나 그런 것처럼), "경제주의"에 가위눌려서 참을 수 없는 상황에서 빠져나올 출구를 찾지 못하고 있음을 극명하게 보여 준다. 사실 사회는 "대의"에 적합한 극히 **많은** 사람을 만들어 내지만, 우리에게는 이들을 모두 활용할 만한 능력이 없다. 우리가 고찰하는 이 문제에서 우리 운동의 과도적 위기 상황은 다음의 말로 정식화할 수 있다. **사람이 없다. 그런데도 사람은 많다.** 사람은 많다. 왜냐하면 노동자계급도, 그리고 더 많은 다양한 사회계층도 해가 갈수록 더 많은 불만을 느끼며, 저항하고 싶어 하고, 절대주의에 맞선 투쟁을 강력히 지원할 태세를 보이고 있기 때문이다. 절대주의가 더 이상 용인 불가능함을 아직은 모든 사람이 인식하고 있는 것은 아니지만, 갈수록 광범위한 대중이 점점 더 첨예하게 이를 느끼고 있기 때문이다. 하지만 이와 동시에 사람이 없다. 왜냐하면 지도자가 없고 정치 지도자가 없기 때문이다. 각각의 사람에게, 아무리 사소한 역량을 지닌 사람에게도, 할 수 있는 일을 제공한다는 작업, 광범위한 동시에 통일적이고 정연한 작업을 일정에 올릴 수 있는 뛰어난 조직가들이 없기 때문이다. B-v도 인정하듯, "혁명 조직의 성장과 발전"은 노동자운동의 성장에 뒤처져 있을 뿐만 아니라 모든 층의 국민의 일반 민주주의 운동의 성장에도 뒤처져 있다. (하긴 B-v도 지금쯤은 그의 결론에 추가하여 이 점도 인정할 것이다.) 운동의 광범위한 자생적 기반에 비해 혁명 활동의 규모는 지나치게 협소하며, "고용주와 정부에 대한 경제투쟁"이라는 빈궁한 이론에 너무 짓눌려 있다. 그런데 지금은 정치 선동가는 물론이고 사회민주주의자 조직가도 "주민의 모든 계급 속으로 들어가"야만 하는 때이다.* 사회민주주의자들이 그 조직 활동의 수천 가지 세분화된 기능을 다양한 계급의 대표자들에게 분배할 수 있다는 점을 의심하는 실천가는 단 한 명도 없을 것이다. 전문화의 부족 — 이는 우리의 커다란 기술적 결함 가운데 하나여서, 이 점을 B-v는 그처럼 쓰라리게 그처럼 정당하게 한탄하고 있는 것이다. 공동의 대의 속에서 개개 "업무"가 세분화되면 될수록 그러한 업무를 수행할

* 예를 들어, 최근에 군대에서는 민주주의 정신이 확연히 살아나고 있다. 그것은 부분적으로는 노동자와 학생들이 "적들"에 맞서 벌인 가두 투쟁이 빈번해진 결과다. 그러므로 현재의 역량이 허락하는 한, 우리는 사병과 장교들 속에서의 선전과 선동 및 우리 당에 소속된 "군 조직" 건설에 가장 진지한 관심을 기울여야만 한다.

수 있는 사람들(대부분의 경우에 이들은 결코 직업적 혁명가가 될 수 없다.)을 더 많이 찾을 수 있으며, 경찰이 이 모든 "세부적 일꾼"을 일망타진하는 것은 더욱 어려워진다. 또한 어떤 사소한 건으로 한 사람을 체포함으로써 국고의 "보안" 비용 지출을 상쇄할 만한 "사건"을 만들어 내기도 점점 어려워진다. 우리에게 협조할 만반의 준비가 되어 있는 사람들의 수와 관련하여 보자면, 우리는 이미 앞 장에서 지난 5년 동안 이 측면에서 일어난 거대한 변화를 지적한 바 있다. 하지만 다른 한편으로 이 모든 세분화된 조각을 통일된 대오로 모으기 위해서는, 운동의 기능과 함께 운동 자체를 조각내는 일이 없도록 하기 위해서는, 사소한 기능을 수행하는 사람에게 자기 활동의 필요성과 중요성에 대한 믿음 — 이러한 믿음이 없이는 결코 활동할 수 없을 것이다.* — 을 심어 주기 위해서는, 이 모든 것을 위해서는, 바로

* 한 동지가 내게 들려준 말이 기억나는데, 사회민주주의당을 도우려 하고 또 이미 도운 적이 있는 공장 감독관 한 사람이 도대체 자신의 "정보"가 진짜 혁명 조직 중앙에까지 전달되는 건지, 또 자신의 도움이 어느 정도 필요한 건지, 자신의 작디작은 노력이 활용될 가능성이 있기나 한 건지 모르겠다고 쓰디쓰게 불평했다는 것이다. 물론 실천가라면 누구나 우리의 수공업성으로 인해 동맹자가 우리를 떠나갔던 이와 유사한 사례가 한둘이 아니라는 것을 알고 있다. 하지만 개별적으로는 "사소하지만" 전체로 모아 놓으면 매우 귀중한 이러한 노력들은 공장뿐만 아니라 우체국, 철도청, 세관, 귀족 사회, 사원 등 온갖 다른 부분, 심지어 경찰과 궁전에서조차 직원과 관리에 의해 우리에게 제공될 수 있으며 또 그렇게 되도록 할 것이다! 만일 이미 우리에게 진정한 당이 있었다면, 실제 혁명가의 전투조직이 있었다면, 우리는 그러한 모든 "동조자"를 다 드러내지 않았을 것이다. 또한 그들을 항상, 그리고 무조건 "비합법 활동"의 최고 중심부로 끌어들이려 서두르지도 않았을 것이다. 그와는 반대로 그들을 특별히 보호하고, 수많은 학생이 "단기" 혁명가보다는 "동조자"인 고관으로서 당에 더 유용한 도움을 줄 수 있다는 점을 기억하여, 그러한 기능에 적합하게 전문적으로 사람을 양성했을 것이다. 그러나 — 다시 한 번 반복하지만 — 오직 충분히 강고해진 조직, 그리하여 열성 활동가의 부족이란 것을 모르는 조직만이 이러한 전술을 적용할 수 있는 것이다.

시련으로 다져진 혁명가들의 굳건한 조직이 필요하다. 그러한 조직 아래에서 당의 힘에 대한 믿음이 더욱 굳건해지고 점점 더 확산될수록, 이 조직은 점점 더 비밀 조직이 되어갈 것이다. 사실, 전쟁에서는 아군뿐만 아니라 적에게도 그리고 모든 중립적인 진영에게도 아군의 힘에 대한 믿음을 불어넣는 것이 무엇보다 중요하다는 것은 유명한 얘기다. 우호적인 중립자가 때때로 사태를 결정지을 수도 있기 때문이다. 탄탄한 이론적 기반 위에서 있으며 사회민주주의 기관지를 보유하고 있는 그러한 조직 아래에서는, 운동에 유입된 많은 수의 "외부" 인자들이 운동을 궤도에서 이탈시키지 않을까 두려워할 필요가 전혀 없다. (그와는 반대로 바로 지금, 수공업성이 지배적인 이 시기에, 우리는 많은 사회민주주의자가 자신만이 사회민주주의자라고 생각하면서 *Credo*의 노선에 이끌리고 있음을 보고 있다.) 한마디로 전문화는 필연적으로 중앙 집중화를 전제하며, 다른 한편으로는 반드시 중앙 집중화를 필요로 한다.

그러나 전문화의 필요성 일체를 매우 훌륭하게 개괄한 B-v 자신도 인용된 논리의 둘째 부분에서는 — 우리 생각으로는 — 그것을 제대로 평가하지 않고 있다. 노동자 출신의 혁명가 수가 적다고 그는 말한다. 이는 맞는 말이다. 그러므로 우리는 "가까이 있는 관찰자의 귀중한 보고"가 사회민주주의당의 현재적 위기의 원인과 그에 따른 위기의 치유 수단에 대한 우리의 견해를 충분히 확인해 주고 있다는 사실을 다시 한 번 강조하는 바이다. 혁명가들이 대중의 자생적 고양에 전반적으로 뒤처져 있음은 물론이고, 심지어 노동자 혁명가들조차 노동자 대중의 자생적 고양에 뒤처져 있는 것이 현실이다. 그런데 이 사실이 가장 일목요연하게 확인해 주는 것은 다음과 같은 점, 즉 노동자에 대한 우리의 의무 문제를 토론할 때면 빈번히 우리에게 펼쳐 보이곤 하던 그 "교육학"이 "실천적" 관점에서 보더라도 엉터리일 뿐만 아니라 정치적으로도 반동적이라는 점이다. 이 사실이 입증하는 것은 우리의 제일차적 의무, 가장 절박한 의무는 노동자 혁명가를 당 활동이라는 지점에서 지식인 혁명가들과 똑같은 수준으로 단련시키도록 돕는 것이라는 점이다. (우리가 "당 활동이라는 지점에서"를 강조한 것은 다른 지점에서도 노동자가 그 같은 수준에 도달하는 것이 필요하긴 하지만, 그것은 그리 쉬운 일이 아니며 또 그렇게 절실한 것도 아니기 때문이다.) 그러므로 우리는 노동자를 혁명가의 수준으로 끌어올리는 데 주된 관심을 쏟아야지 "경제주의자들"이 바라는 것처럼 스스로가 어떻게든 "노동자 대중"의 수준으로 내려가거나 (이 점에서 경제주의적 "교육학"의 계단을 한 단계 올라선) 『자유』가 바라는 것처럼 "중간 노동자"의 수준으로 내려가는 데 관심을 쏟아서는 결코 안 된다. 나는 노동자를 위한 대중 서적들, 특히 후진 노동자를 위한 매우 대중적인 서적의 필요성을 부정할 생각은 전혀 없다(물론 쓸모없는 저질 작품만 아니라면). 그러나 나를 분노하게 만드는 것은 그 교육학을 항상 정치 문제, 조직 문제로 끌어들인다는 점이다. 정말 당신들, "중간 노동자"의 후원자이신 신사양반들은 노동자 정치나 노동자 조직을 논하기 전에 항상 노동자들 앞에 머리를 숙이고 싶어 하는데, 그것은 사실상 노동자를 모욕하는 것이다. 제발, 심각한 일을 말할 때는 꼿꼿이 서서 말하고, 교육학은 정치가나 조직가가 아니라 교육자에게나 갖다 바치시라! 과연 지식인 중에는 선진 지식인, "중간층", "대중"이 없단 말인가? 모두들 지식인을 위한 대중 서적의 필요성을 인정하지 않는다는 말이며, 또 그러한 책들이 쓰이지 않는다는 말인가? 그런데 대학생 조직이나 고등학생 조직에 관한 글을 쓰는 사람이 마치 무슨 발견이라도 한 듯이 "중간 학생"의 조직이 최우선적으로 필요하다고 곱씹어 설명하는 것을 한번 생각해 보라. 틀림없이 그런 글을 쓴 사람은 비웃음을 당할 것이며, 이는 당연한 이치다. 그런 저자에게 사람들은 말할 것이다. "자, 당신에게 조직 사상 나부랭이가 있다면 이리 줘 보시오. 거기서 우리 중 누가 '중간'이고 누가 위고 아래인지 우리 스스로 가려 보리다. 그런데 만일 당신에게 자신의 조직 사상이 없다면 '대중'과 '중간'에 관해 당신이 계속 애쓴 것은 다 헛일임이 드러날 것이오." "정치"와 "조직"에 관한 문제 자체가 벌써 너무나 어려운 것이기 때문에 그 문제들은 매우 신중하게 논하는 것 외에 다른 방법이 없음을 아시라. 노동자(대학생, 고등학생도 마찬가지)가 이런 문제를 우리와 함께 논할 수 있을 정도로 그들을 준비시키는 것은 가능하며, 또 그렇게 해야 한다. 하지만 당신들이 이미 이 문제를 거론하기 시작했으니, "중간층"이나 "대중"들에게로 뒷걸음하거나 임기응변으로 상황을 모면하려 하지 말고 진실하게 답변하시라.*

* 「조직」, 『자유』 제1호 66쪽. "노동자 군단은 러시아 노동의 일꾼이 제기하는 모든 요구를 장중한 발걸음으로 다질 것이다." 어김없이 노동은 대문자로군! 그런데 바로 이 글을 쓴 사람이 이렇게 소리친다. "나는 결코 지식인에게 적대적이지 않다. 하지

노동자 혁명가가 자신의 일을 해낼 수 있을 만큼 충분히 준비되기 위해서는 그 역시 직업적 혁명가가 되어야 한다. 따라서 B-v가 노동자는 공장에서 11½ 시간을 보내므로 (선동 외의) 다른 혁명적 기능들은 "그 무게로 인해 어쩔 수 없이 몇 안 되는 극소수 지식인의 몫이 되고 있다."라고 한 말은 틀렸다. 일이 그렇게 된 것은 결코 "어쩔 수 없이"가 아니라 우리의 후진성 때문이다. 그것은 우리가 발군의 능력을 지닌 노동자를 직업적 선동가, 조직가, 선전가, 배포자 등등으로 변모할 수 있도록 도와야 할 임무를 인식하지 못하고 있기 때문이다. 이런 점에서 우리는 특별히 신경을 써서 키우고 길러야 할 것을 보전할 줄 모른 채 자신의 역량을 그야말로 부끄럽게 소진하고 있다. 독일인의 예를 보라. 그들의 역량은 우리보다 백배나 크다. 하지만 그들은 정말 능력 있는 선동가 등등이 "중간 정도의 사람"으로 판별되는 일은 그리 흔치 않다는 것을 매우 잘 이해하고 있다. 따라서 그들은 바로 지금도 능력 있는 모든 노동자에게 역량을 한껏 계발하고 제대로 적용시킬 수 있는 조건을 만들어 주려 노력하고 있다. 그들은 한 노동자를 직업적 선동가로 만들고, 그가 자신의 활동을 하나의 공장에서 모든 작업장으로, 하나의 지역에서 전국으로 확대시키면서 활동의 장을 넓히도록 일깨운다. 그 노동자는 자신의 전문 분야에서 요령을 터득하고 경험을

만……"(바로 이 "하지만"이 문제다. 셰드린은 이 단어를 다음과 같이 옮겨 썼다. 귀가 이마보다 더 높이 자라랴!) …… "하지만 어떤 사람이 다가와 매우 멋있고 유창한 말을 늘어놓으면서 그 말을 그 자체의 미와 품위로 받아들여 달라고 요구할 때, 나는 언제나 머리끝까지 화가 치민다."(62쪽.) 정말 이런 말을 들으면 나도 "언제나 머리끝까지 화가 치민다."

쌓으며 시야와 지식의 폭을 넓힌다. 그는 다른 지방과 다른 당의 뛰어난 정치 지도자들을 바로 옆에서 관찰하면서, 자신도 그같이 높은 수준에 올라설 수 있도록, 그리고 노동자 사회에 대한 지식과 신선한 사회주의적 신념을 직업적 숙련과 함께 아우를 수 있도록 노력한다. 직업적 숙련이 없다면 프롤레타리아트는 매우 잘 훈련된 적들의 대오와 강고한 투쟁을 벌일 수 없다. 이렇게 해서, 아니 오직 이렇게 해야만, 노동자 대중 속에서 베벨이나 아우어 같은 사람들이 배출되는 것이다. 그러나 정치적으로 자유로운 국가에서는 상당 정도 저절로 진행되는 일도 러시아에서는 우리의 조직이 체계적으로 수행해야만 한다. 어느 정도 재능이 있는 "장래성 있는" 노동자 출신 선동가라면 공장에서 11시간씩 일을 해서는 안 된다. 당이 그의 생계를 보장할 수 있도록, 그가 적기에 비합법 활동으로 이전할 수 있도록, 또 활동 장소를 변경할 수 있도록 배려해야 한다. 그렇지 않으면 그가 더 많은 경험을 연마하고 시야를 넓힐 방법이 없으며, 헌병과의 투쟁에서 최소한 몇 년씩 버텨 내는 것이 불가능하기 때문이다. 노동자 대중의 자생적 고양의 폭이 넓어지고 깊어질수록, 그들 중에서 출중한 선동가뿐만 아니라 뛰어난 조직가, 선전가, 그리고 좋은 의미의 "실천가들"이 더 많이 나오게 된다. (우리의 지식인들 중에 이런 사람들은 극히 적다. 우리의 지식인들은 대개 러시아식으로 천하태평하고 게으른 사람들이다.) 전문적으로 준비되어 오래도록 노동자 혁명가의 길을 걸어온 사람들의 분견대(게다가 당연히도 "어떤 종류의 무기라도 다 될 수 있는" 혁명가들)가 생긴다면, 그때는 세계의 어느 정치경찰도 이들을 어찌할 수 없을 것이다. 혁명에 지극히 헌신적인 이들 분견대는 가장 광범위한 노동자 대중의 헌신적인 신뢰를 얻을 것이기 때문이다. 그리고 이는 바로 우리의 몫인바, 우리는 노동자들을 "지식인"과 나란히, 공통된 직업적 혁명가 훈련의 길로 "떠미는" 일을 거의 하지 않고 있으며, 노동자 대중이 "쉽게 접근할 수 있는 일", "중간 노동자" 등등의 바보 같은 말들로 그들을 뒤로 잡아당기는 일만 하고 있는 실정이다.

다른 여러 점에서와 마찬가지로 이 점에서 보더라도 (비록 대부분의 "경제주의자들"과 초보 실천가들은 의식하지 못하겠지만) 조직 활동의 범위가 협소한 것은 이론 및 정치적 임무의 협소함과 명백히 불가분의 관계가 있다. 자생성에 굴종한 결과, 대중이 "쉽게 접근할 수 있는 일"로부터 한 걸음이라도 떨어지는 것을 두려워하고 대중의 직접적인 당면 요구를 그저 따르는 것 이상으로 더 높이 올라가는 것을 두려워하는 경향이 생겨났다. 신사 양반들, 겁내지 마시게! 조직과 관련하여 우리는 너무 높이 올라갈 수 있을까를 생각하는 것조차 황당할 정도로 너무 낮은 곳에 있다는 사실을 기억하시게.

5. "음모적" 조직과 "민주주의"

우리 중에는 "생활의 소리"에 너무 민감해서 이 글에서 피력하는 견해를 견지하는 사람들을 "민주주의"를 이해하지 못한다고, "'인민의 의지' 파"[5]와 같다고 비난하면서, 바로 그 "생활의 소리"를 무엇보다 더 두려워하는 사람들이 매우 많다. 이들의 비난을 살펴볼 필요가 있는데, 『노동자의 대의』도 그러한 비난에 동조하는 것은 물론이다.

빼쩨르부르크의 "경제주의자들"이 『노동자 신문』 역시 "'인민의 의지' 파"와 같다고 비난했다(그 신문을 『노동자의 사상』과 비교한다면 이해가 될 만도 하다.)는 사실은 널리 알려진 일이다. 그래서 『불꽃』이 창간된 직후 한 동지가 우리에게 어떤 도시의 사회민주주의자들이 『불꽃』을 "인민의 의지" 기관지로 부른다고 알려 왔을 때도 우리는 전혀 놀라지 않았다. 말할 것도 없이 우리에게는 이 비난이 칭찬일 뿐이었다. "경제주의자들"에게 '인민의 의지' 파라고 비난받지 않은 어떤 올곧은 사회민주주의자가 있었던가?

이러한 비난은 두 가지 오해에서 비롯된 것이다. 첫째, 사람들은 짜르 체제에 단호히 선전포고를 하는 전투적 중앙 집중 조직에 관한 사상이라면 어떤 것이든 모두 "'인민의 의지' 파"라고 부를 만큼 혁명운동의 역사를 잘 모르고 있다. 하지만 70년대의 혁명가 조직이었으며 우리 모두의 전범이 되어 마땅한 이 탁월한 조직을 만든 것은 결코 '인민의 의지' 파가 아니라 흑토재분배파와 '인민의 의지' 파로 분열된 '토지와 자유'[67]다. 그러므로 전투적 혁명 조직에서 '인민의 의지' 파의 특징을 찾아내는 것은 역사적으로나 논리적으로 불합리한 일이다. 왜냐하면 심각한 투쟁을 정말 실제적으로 생각하는 혁명 노선이라면 그 어떤 것이나 그 같은 조직 없이는 존재할 수 없기 때문이다. '인민의 의지' 파가 불만에 가득 찬 모든 사람을 조직에 포섭하고 전제주의에 대한 단호한 투쟁을 조직 노선으로 삼으려 노력했다는 점은 오류가 아니다. 그와 반대로 그것은 그들의 지대한 역사적 공헌이다. 그들에게 오류가 있다면, 그들이 본질적으로 혁명 이론이 결코 될 수 없는 이론에 의지했다는 점, 그래서 발전하고 있는 자본주의사회 내부의 계급투쟁과 자신들의 운동을 탄탄히 연결할 힘도 능력도 없었다는 점이다. 따라서 대중적, 자생적 노동자운동이 생겨나면 '토지와 자유' 같은 훌륭한 조직, 어디에도 비견되지 않을 만큼 훌륭한 혁명가 조직을 창건할 의무가 면제될 것이라는 생각은 맑스주의를 전혀 이해하지 못한 결과(혹은 그것을 "스뜨루베주의"의 정신으로 이해한 결과)로만 생겨날 수 있었던 것이다. 사실은 정반대로 그러한 운동이야말로 우리에게 이 의무를 부여한다. 프롤레타리아트의 자생적 투쟁은 강력한 혁명가 조직의 지도를 받지 않는 한 진정한 "계급투쟁"이 되지 못하기 때문이다.

둘째, 많은 사람 — 끄리첸스끼(『노동자의 대의』 제10호 18쪽)도 그 속에 포함될 것이 분명하다. — 은 정치투쟁을 "음모"로 바라보는 견해에 대해 사회민주주의자들이 항상 제기해 온 반론을 잘못 이해하고 있다. 우리는 정치투쟁이 음모의 수준으로 협소해지는 것을 막으려 했고, 물론 앞으로도 항상 그럴 것이다.* 하지만 이것이 강고한 혁명 조직의 필요성을 부정한다는 의미는 물론 아니다. 따라서 각주에 언급한 소책자에는 — 예를 들자면 —, 정치투쟁을 음모로 둔갑시키는 데 대한 반론과 함께 "절대주의에 대한 단호한 공격"을 위해 "봉기"와 온갖 "다른 공

* 『러시아 사회민주주의자들의 임무』[51] 21쪽에 있는 라브로프에 대한 반박문을 참조하라.

격 수단"을 다 "이용할" 수 있을 만큼 강고한 조직의 상이 (사회민주주의의 이상으로서) 묘사되어 있다.* 전제주의 국가에서 이처럼 강고한 혁명 조직은 그 형태상 "음모적" 조직이라 불릴 수도 있는데, 그 이유는 프랑스어 단어 "conspiration"이 러시아어 "음모"와 같은 것이며 이런 조직에는 최대한의 비밀 엄수가 필수적이기 때문이다. 비밀 엄수는 이 조직의 절대적인 필수 조건이어서 다른 모든 조건(조직원 수, 그들의 선별, 여러 기능 등등)이 이에 적합한 것이어야 할 정도다. 그러므로 우리 사회민주주의자가 음모적 조직을 만들려 한다는 비난을 두려워하는 것은 순진해도 너무 순진한 것이다. "'인민의 의지' 파"라는 비난과 마찬가지로 이런 비난은 "경제주의"의 모든 적에게는 칭찬과 같다.

다음과 같이 우리를 반박하는 사람이 있을 것이다. "모든 비밀 활동의 끈을 자기 수중에 집중하고 있는 그처럼 강력하고 엄격한 비밀 조직, 중앙 집중이 필수적인 조직은 너무 쉽게 시기상조격인 공격을 감행할 수 있으며, 정치적 불만이 증대하고 노동자계급 및 기타 계급 속에 동요와 분노가 강해짐에 따라 가

---

* 『러시아 사회민주주의자들의 임무』 23쪽. 말이 나온 김에 한마디 더. 스스로 무슨 말을 하고 있는지 이해하지 못하거나 아니면 "바람 따라" 시각을 바꾸고 있는 『노동자의 대의』의 모습을 보여 주는 부분이 여기 또 하나 있다. 『노동자의 대의』 제1호에는 다음의 문구가 굵은 활자로 강조되어 있다. "**그 소책자의 핵심은 『노동자의 대의』의 편집 강령과 전체적으로 일치한다.**"(142쪽.) 정말 그런가? 『러시아 사회민주주의자들의 임무』에 표현된 관점이 대중운동은 전제주의의 전복을 일차적인 임무로 제기해서는 안 된다는 관점과 일치하는가? "고용주와 정부에 대한 경제투쟁" 이론과 일치하는가? 단계론과 일치하는가? "일치"라는 말을 이렇게 독창적으로 이해하는 기관지에 대해 원칙의 확고부동함을 말할 수 있을지는 독자들이 판단해 주기 바란다.

능하고 또 필요하게 될 운동의 격화를 그렇게 되기도 전에 경솔하게 촉발할 수 있다." 이에 대해 우리는 이렇게 답하는 바이다. 추상적으로 말하자면 전투조직이 패배 — 다른 조건 하에서라면 결코 필연적이지 않은 — 로 끝날 수도 있는 경솔한 전쟁을 벌일 수도 있다는 사실을 물론 부정해서는 안 된다. 그러나 이 문제는 추상적으로 사고하는 것에 그칠 수 없다. 어떤 전투든 모두 추상적인 패배의 가능성을 내포하고 있으며, 전투를 조직적으로 준비하는 것 외에는 이 가능성을 줄일 수 있는 다른 수단이 없기 때문이다. 만일 우리가 오늘날 러시아의 조건이라는 구체적인 기반 위에서 이 문제를 제기한다면, 운동에 안정성을 부여하고 경솔한 공격의 가능성을 예방하기 위해서라도 강고한 혁명가 조직이 절대적으로 필요하다는 긍정적인 결론을 내려야 할 것이다. 그런데 그러한 조직이 없고 혁명운동이 빠르게 자생적으로 성장하고 있는 바로 지금, 벌써 상반되는 두 극단(이 두 극단은 당연하게도 "서로 유사하다.")이 눈에 띈다. 하나는 전혀 근거 없는 "경제주의"와 온건 노선의 선전이며, 다른 하나는 "강화되고 발전되고 있지만 아직 종점이라기보다는 시작에 가까운 운동에 인위적으로 종말의 징후를 불러일으키려" (V. Z., 『여명』 제2~3호 353쪽) 노력하는, "경제주의"만큼이나 근거 없는 "자극적 테러"다. 나아가 『노동자의 대의』의 예는 이 양 극단에 굴복하고 있는 사회민주주의자들이 이미 있음을 보여주는 것이다. 이러한 현상은 놀라운 것이 아니다. 다른 원인은 차치하고라도, 혁명가라면 "고용주와 정부에 대한 경제투쟁"에 결코 만족하지 않으며 그래서 이곳저곳에서 상반되는 극단이 항상 발생하기 마련이기 때문이다. 오직 중앙 집중화된 전투조직, 사회민주주의 정치 노선에 확고한, 말하자면 모든 혁명적 본능과 열망을 충족시켜 주는 그러한 조직만이 무모한 공격의 위험으로부터 운동을 막아 내고 성공을 약속하는 공격을 준비할 능력이 있다.

조직에 대한 이러한 관점이 "민주주의 원칙"에 위배된다고 우리를 반대하는 사람들이 또 있을 것이다. 앞의 비난이 러시아적 특징을 보이는 것이라면, 이는 국외에서 특징적인 비난이다. 따라서 국외의 조직(국외러시아사회민주주의자동맹[9])만이 다른 지침들과 함께 다음과 같은 지침을 편집국에 내릴 수 있었던 것이다.

> 조직 원칙. 사회민주주의당의 성공적인 발전과 통합을 위해서는 그 당 조직의 광범위한 민주주의 원칙을 강조하고 이를 발전시키며 쟁취하기 위해 싸워야 하며, 이는 우리 당 대오에서 발견되고 있는 반민주주의적 경향으로 인해 특히 필요한 일이다.(『두 대회』 18쪽.)

『노동자의 대의』가 『불꽃』의 "반민주주의적 경향"에 도대체 어떻게 맞서 싸우고 있는지는 다음 장에서 보게 될 것이다. 지금은 "경제주의자들"이 제기하고 있는 이 "원칙"을 좀 더 가까이서 자세히 살펴보자. 아마도 "광범위한 민주주의 원칙"이 다음의 두 가지 필수 조건을 내포하고 있다는 데는 모두가 동의할 것이다. 첫째는 완전한 공개성이고, 둘째는 모든 직위의 선출제다. 공개성 없이 민주주의를 운위하는 것은 우스운 일일 것이다. 더욱이 공개라는 것은 조직원들에게만 한정되는 것이 아니다. 우리는 독일의 사회주의당을 민주주의적 조직이라 부른다. 그 당에서는 당대회의 회의에 이르기까지의 모든 일이 공개적으로 진행되기 때문이다. 하지만 조직원 외의 모든 사람에게 폐쇄적인, 비밀에 싸인 그러한 조직이라면 어느 누구도 이를 민주주의적 조직이라 하지 않는다. 여기서 절로 나오는 질문은 "광범위한 민주주의 원칙"의 주요한 조건이 비밀 조직으로서는 실현 불가능한 것일 때 이 조건을 내세우는 것이 무슨 의미가 있느냐는 것이다. "광범위한 원칙"이라는 것은 소리만 큰 빈 수레 같은 문구다. 아니, 그 정도로는 부족하다. 이 문구는 조직 관계에서 현시점의 절박한 임무가 무엇인지를 전혀 이해하지 못하고 있음을 입증하고 있다. "광범위한" 혁명가에게 비밀 엄수의 능력이 부족한 현실이 우리를 풍미하고 있으며 또 그것이 얼마나 심각한 정도인지는 모두들 알고 있다. "엄격하게 조직원을 선발해야 한다."(『노동자의 대의』 제6호 42쪽)라고 매우 정당하게 요구하고 있는 B-v가 얼마나 쓰라리게 이를 한탄하는지를 우리는 보았다. 그런데 여기, 자신의 "생활 감각"을 자랑하는 사람들이 등장하고 있다. 그들은 이런 상황에서 엄격한 비밀과 엄격한 조직원 선발은 불필요하다고 강조하지만, 그러나 "광범위한 민주주의 원칙"은 강조하고 있다! 이런 것을 보고 손바닥으로 하늘을 가린다고 한다.

민주주의의 둘째 원칙, 즉 선출제와 관련해서도 상황이 나은 것은 아니다. 정치적 자유가 있는 국가에서 이 조건은 당연한 것이다. "당 강령의 원칙들을 인정하고 자신의 능력에 따라 당을 지원하는 사람이라면 누구나 당원으로 간주된다." 이는 독일사회민주주의당의 조직 규약 제1조다. 극장의 관객들 앞에 무대가 열려 있듯 모든 정치 무대가 만인 앞에 열려 있으므로, 어떤 것이 인정이고 어떤 것이 거부인지, 어떤 것이 지원이고 어떤 것이 반대인지를 모든 사람이 신문과 집회를 통해 알게 된다. 어떤 정치 활동가가 무슨 일에서 시작하여 어떻게 성장해 왔으며, 어려운 시절에 어떻게 능력을 발휘하였고, 어떤 자질이 뛰어난지도 모두가 잘 알고 있다. 이런 까닭에 자연히 모든 당원이 상황을 잘 알고 있으므로, 그 활동가를 어떤 당직에 선출할 수도 있으며 또 선출하지 않을 수도 있다. 정치 무대에서 당원이 내딛는 일보 일보가 총체적으로 감독(문자 그대로의 의미로)됨으로써 자동적으로 돌아가는 메커니즘이 창출되는데, 이 메커니즘 속에서는 생물학에서 "적자생존"이라 불리는 일이 이루어진다. 각각의 활동가는 완전한 공개성, 선출제, 총체적 감독 등의 "자연선택"을 통해 결국 "자기 자리"를 찾게 되고, 자신의 역량과 재능에 가장 맞는 일에 전념하며, 자신의 과오로 빚어진 모든 결과를 겪으면서 이를 통해 오류를 인식하고 거기서 벗어날 줄 아는 능력을 만인이 보는 앞에서 입증하게 되는 것이다.

이러한 그림을 우리의 전제주의라는 틀에 한번 끼워 넣어 보라! 러시아에서 "당 강령의 원칙들을 인정하고 자신의 능력에 따라 당을 지원하는" 모든 사람이 비밀 혁명가의 일보 일보를 통제하게 된다는 것을 생각할 수 있는가? 혁명가가 활동을 위해 이 "모든 사람" 열이면 아홉에게 자신이 어떤 사람인지를 숨겨야만 하는 상황에서, 이 모든 사람이 이런저런 혁명가를 선출한다는 생각을 할 수 있는가? 『노동자의 대의』가 그렇게 호언장담한 그 말들의 진정한 의미를 조금이라도 깊이 한번 생각해 보라. 그러면 헌병의 침탈이 지배하고 있는 전제주의의 암흑 속에서 당 조직의 "광범위한 민주주의"라는 것은 쓸모없고 유해한 장난감에 불과하다는 사실을 알게 될 것이다. 그것이 쓸모없는 장난감인 이유는 실제로 그 어떤 혁명 조직도 광범위한 민주주의를 한 번도 실행해 본 적이 없으며 또 결코 실행할 수도 없기 때문이다. 아무리 원한다고 해도 마찬가지다. 그것이 유해한 장난감인 이유는 실제로 "광범위한 민주주의 원칙"을 적용하려 시도할 경우에는 경찰의 광범위한 침탈만 용이해질 뿐이며, 도처에 만연한 수공업성이 영구화되고, 실천가들이 직업적 혁명가로 성장해야 하는 중대하고도 절박한 임무를 벗어던지고 선거제도에 관한 세세한 "서류상의" 규약을 작성해야 한다는 생각이나 하게 되기 때문이다. 이 "민주주의 게임"이 어디에선가, 특히 여러 소규모 그룹들에서 발전할 수 있었던 것은 오직 국외에서뿐인데, 국외에는 자신이 진정 해야 할 생생한 일을 찾을 기회가 없는 사람들이 심심찮게 모여 있기 때문이다.

혁명 과업에서 민주주의와 같은 때깔 좋은 "원칙"을 내세우는 『노동자의 대의』가 즐겨 쓰는 수법의 전모가 얼마나 볼썽사나운지를 독자들께 보여 주기 위해 나는 다시 한 증인의 말을 인용하겠다. 이번 증인은 쎄레브랴꼬프이다. 그는 런던에서 발행되는 잡지 『전야』의 편집장이며, 『노동자의 대의』에는 무한

한 찬사를 바치고 쁠레하노프와 "쁠레하노프파"에게는 커다란 증오를 퍼붓는 사람이다. 국외러시아사회민주주의자동맹의 분열을 다룬 기사에서 『전야』는 단호하게 『노동자의 대의』의 편에 서서 쁠레하노프에게 형편없는 말을 한 다발 쏟아부었다.[68] 그런 까닭에 이 문제와 관련된 그의 말이 우리에게는 더욱 귀중하다. 『전야』 제7호(1899년 7월)의 「노동자자기해방그룹의 호소문에 관하여」라는 기사에서 쎄레브랴꼬프는 "심각한 혁명운동에서 나타나는 자아도취, 최고 지도권, 이른바 아레오파고스[69]"에 관해 문제를 제기하는 것은 "무례한 태도"라고 지적하며, 그 중에서도 특히 이렇게 쓰고 있다.

> 미슈낀, 로가초프, 젤랴보프, 미하일로프, 뻬롭스까야, 휘그너 등은 한 번도 자기 자신을 지도자라고 생각한 적이 없다. 또 아무도 그들을 선출하거나 임명하지 않았다. 그러나 선전의 시기와 정부에 대한 투쟁의 시기에 그들은 가장 어려운 활동을 담당했으며, 가장 위험한 곳으로 향했고, 그들의 활동이 가장 큰 결실을 맺었으므로, 사실상 그들은 지도자의 위치에 있었던 셈이다. 따라서 최고 지도권은 그들이 원해서 얻은 것이 아니라 그들의 지혜, 정력, 헌신성에 대한 주위 동료들의 신뢰의 결과였다. 독단적으로 운동을 통솔하는 아레오파고스 같은 것을 두려워한다면(두려워하지 않는다면 이에 관한 글을 쓸 이유도 없다.), 그것은 이미 너무 순진한 일이다. 도대체 누가 그런 사람의 말을 듣겠는가?

우리는 독자들께 묻는다. "아레오파고스"와 "반민주주의적 경향"이 어떤 차이가 있는가? 『노동자의 대의』의 "때깔 좋은" 조직 원칙도 순진하고 무례하기는 마찬가지다. 순진하다고 한 것은 "아레오파고스"든 아니면 "반민주주의적 경향"의 사람들이든 "그들의 지혜, 정력, 헌신성에 대한 주위 동료들의 신뢰"가 없다면 아무도 그들의 말에 그저 복종하지는 않을 것이기 때문이다. 또 무례하다고 한 것은 그 조직 원칙이 몇몇 사람들의 허영심이나 우리 운동의 실제 상황에 대한 사람들의 무지, 또 사람들의 준비 부족 및 혁명운동사에 대한 무지에 교묘히 편승하고 있는 데마고기와 같은 언동이라는 점에서 그렇다는 것이다. 우리 운동의 활동가들에게 유일하게 심각한 조직 원칙이 있다면 그것은 엄격한 비밀 엄수, 엄격한 조직원 선발, 직업적 혁명가 준비이다. 이 같은 것들이 실제로 갖춰진다면 "민주주의"보다 더 큰 어떤 것이 보장된다. 혁명가 상호간의 완전한 동지적 신뢰가 그것이다. 이는 우리에게 절대적으로 필요하다. 왜냐하면 우리 러시아에서는 이것을 민주주의적인 총체적 감독으로 대체하는 일이 있을 수 없기 때문이다. 또한 "민주주의적" 감독이 실제로 불가능하다고 해서 혁명 조직의 조직원들이 통제되지 않는다고 생각하는 것은 더 큰 잘못이다. 그들은 민주주의(서로를 완벽하게 신뢰하는 동지들의 긴밀한 중핵 내부의 민주주의)의 장난감 같은 형식을 생각할 여유가 없다. 하지만 그들은 스스로의 책임을 통감하고 있다. 더욱이 그들은, 진정한 혁명가들의 조직은 어떤 수단 앞에서도 부적격한 조직원을 막는 일을 멈추지 않는다는 것을 경험으로 알고 있다. 게다가 우리에게는 장구한 역사가 있으며 러시아 (또한 국제적인) 혁명가 사회의 충분히 성숙된 공론이 있다. 이로 인해, 동지적 관계의 의무에서 조금이라도 물러설 경우에는 가차 없이 엄혹한 처벌이 뒤따른다. (사실 장난감 같은 민주주의가 아니라 진정한 "민주주의"는 동지적 관계라는 이 개념 속에 그 전체의 한 부분으로서 포함되는 것 아니겠는가!) 이 모든 점을 고려한다면, "반민주주의적 경향"에 관한 이런 말들과 결의안에서 풍겨 나오는 국외에서 벌이고 있는 장군 놀이의 썩은 냄새가 어떤 것인지를 알게 될 것이다!

또 하나 지적해야 할 점은 이 같은 말들이 나오게 된 또 다른 원천인 순진함이 민주주의란 무엇인가에 대한 개념의 혼란을 먹고 자란다는 점이다. 영국의 노동조합에 관한 웹 부부의 책[54]에는 「원시적 민주주의」라는 흥미로운 장이 있다. 그들은 이 책에서, 조합 초창기에 영국의 노동자들이 조합 운영에서 모든 사람이 각 부분별로 모든 일을 할 수 있도록 하는 것을 민주주의의 필수적인 징표로 여겼던 것을 말하고 있다. 모든 문제가 조합원 전원의 투표로 결정되었음은 물론이고, 직무 역시 전 조합원이 돌아가면서 맡았을 정도였다. 노동자들이 이 같은 민주주의 개념의 부조리를 깨닫고, 한편으로는 대표제와 다른 한편으로는 노동조합 상근자의 필요성을 이해하게 된 것은 오랜 역사적 경험을 겪은 뒤였다. 납입되는 회비와 수령되는 보조금의 비율 관계는 민주주의적 투표만으로는 해결할 수 없으며 보험 전문가의 의견이 함께 필요한 문제라는 점을 노동자들이 이해하게 된 것은 조합의 기금이 몇 번의 재정 파탄에 직면한 후였다. 다음으로, 의회 제도와 인민 입법에 관한 카우츠키의 책[70]을 한번 보라. 맑스주의 이론가인 그의 결론이 "자생적으로" 단결한 노동자들이 수년의 실천에서 깨달은 교훈과 일치한다는 사실을 알게 될 것이다. 카우츠키는 리팅하우젠이 민주주의를 원시적으로 이해하고 있는 것에 단호히 반대하여, 민주주의의 이름으로 "인민의 신문은 인민의 손으로 직접 만들어야 한다."라고 요구하는 사람들을 비웃으며, 프롤레타리아트의 계급투쟁을 사회민주주의적으로 지도하기 위해서는 **직업적** 언론인, 의원 등등이 필요함을 증명하고 있다. 그는 인민의 직접 입법이 현대 사회에서는 매우 제한적으로 적용된다는 사실을 이해하지 못하고 "파급효과를 노려" 그것을 높이 격찬하고 있는 "무정부주의자와 글쟁이들의 사회주의"를 공격하고 있다.

우리 운동에서 실천 활동을 해 본 적이 있는 사람은 운동에 참여하고 있는 청년 및 노동자 대중들 사이에 민주주의에 대한 "원시적인" 관점이 얼마나 널리 퍼져 있는지 알고 있다. 이런 관점이 규약이며 저작들 속에도 침투해 있다는 것은 놀라운 일이 아니다. 베른슈타인 경향의 "경제주의자들"은 자신들의 규약에 이렇게 써 놓았다. "제10항. 조합 조직 전체의 이해관계와 관련되는 모든 일은 조합원 전원의 투표에 의해 다수결로 결정한다." 테러주의 경향의 "경제주의자들"은 이들의 말에 맞장구치며 같은 말을 반복한다. "위원회의 결정을 모든 서클이 검토하며 그런 연후에야 그 결정은 효력이 있다."(『자유』 제1호 67쪽.) 조직 **전체**를 선거의 원칙에 입각하여 건설해야 한다는 요구에 **더하여** 전체 투표를 폭넓게 적용해야 한다는 요구가 제기되고 있는 점을 주목하라! 물론 우리는 민주주의적인 조직의 이론과 실천을 실제로 접할 기회가 거의 없었던 실천가들을 이 일로 비난할 생각이 전혀 없다. 하지만 지도적 역할을 맡을 권리를 주장하고 있는 『노동자의 대의』가 이러한 상황에서 광범위한 민주주의 원칙에 관한 결의안에만 그치고 있다면, 어떻게 이를 단순한 "파급효과 노리기"라고 부르지 않을 수 있겠는가?

6. 지역 활동과 전 러시아적 활동

조직의 비민주주의성과 음모적 특성이라는 견지에서 이 글이 피력하는 계획을 반대하는 것이 전혀 근거가 없다면 또 다른 문제가 남는데, 이는 매우 자주 제기되는 문제라서 상세히 검토할 가치가 있다. 그것은 지역 활동과 전국 활동의 상호 관계에 관한 문제이다. 중앙 집중적 조직이 형성되면 구심이 지역 활동에서 전국 활동으로 옮겨 가는 것이 아니냐, 그렇게 되면 노동자 대중과 우리의 탄탄한 관계와 지역 선동의 안전성 일반이 약화되어 결국 운동에 해를 끼치는 것이 아니냐는 우려의 소리가 나오고 있다. 이에 대해 우리는, 최근 몇 년 동안 우리 운동이 어려운 이유는 바로 지역 활동가들이 과도하게 지역 활동에만 매몰되어 있기 때문이라고, 따라서 전국 활동으로 구심을 어느 정도 옮기는 것이 절대적으로 필요하며 그러한 구심 이동은 지역 선동의 안전성과 결합의 강도를 강화시킬 뿐 약화시키지는 않는다고 답할 것이다. 중앙기관지와 지역기관지의 문제를 한번 보자. 우리에게 신문 작업은 훨씬 광범위하고 확장된 혁명 과업 일반을 설명해 줄 수 있는 하나의 예에 불과할 뿐이지 그 이상은 아니라는 점을 잊지 말 것을 독자들께 부탁드린다.

대중운동의 초창기(1896~1898년)에 지역 활동가들은 전 러시아적 기관지인 『노동자 신문』을 만들려고 시도한 바 있다. 그 다음 시기(1898~1900년)에 운동은 엄청나게 전진한다. 하지만 지도자들의 관심은 지역신문에 완전히 매몰되어 있다. 이 모든 지역신문들을 전부 헤아려 보면, 한 달에 대충 한 호씩 신문이 나오는 셈이 된다.* 과연 이것이 우리의 수공업성을 적나라하게 보여 주는 것이 아니고 무엇인가? 이것이 우리의 혁명 조직이 운동의 자생적 고양에 뒤처져 있음을 명백하게 보여 주는 것이 아니고 무엇인가? 만일 이만큼의 신문을 분산된 지역 그룹들이 아니라 하나의 단일한 조직이 발행했다면, 우리는 엄청난 역량을 아낄 수 있었을 것임은 물론이고 우리의 활동도 무한히 큰 안정성과 계승성을 확보했을 것이다. 지역신문에만 거의 매달려 열심히 활동하고 있는 바로 그 실천가들(유감스럽게도 거의 대부분의 경우에는 지금도 상황은 마찬가지다)과 이 문제에서 놀라울 정도로 돈키호테 기질을 발휘하고 있는 저 사회 평론가들은 이와 같은 간단한 이치를 너무 자주 간과하고 있다. 실천가들은 보통, 전 러시아적 신문 창간에 주력하는 것은 지역 활동가들로선 "버거운"** 일이라는 생각과 신문이 전혀 없

---

* 「빠리 대회 보고서」[71] 14쪽을 보라. "이때(1897년)부터 1900년 봄까지 여러 지역에서 30호의 다양한 신문들이 간행되었다. …… 평균적으로 한 달에 한 호 이상이 나온 것이다."

** 이러한 버거움은 단지 느낌일 뿐이다. 실제로는 전 러시아적 사업을 담당할 일정 기능을 적극적으로 맡을 기회가 없는 지역 서클은 하나도 없다. "할 수 없다고 말하지 말

는 것보다는 지역신문이라도 있는 것이 낫다는 생각으로 위안을 삼는다. 물론 지역신문이라도 있으면 낫다는 말은 매우 지당하다. 우리도 또한 지역신문이 일반적으로 큰 의의와 효용을 가지고 있다는 것을 어느 실천가 못지않게 인정하고 있다. 하지만 문제는 그것이 아니다. 문제는 러시아 전역에서 2년 반 동안 발행된 30여 호의 지역신문이 확연히 보여 주고 있는 산개성과 수공업성을 과연 벗어날 수 없는 것인가 하는 점이다. 지역신문의 일반적 효용성에 대해, 논란의 여지도 없는 너무나 공통된 말을 하는 것에 그치지 말라. 2년 반 동안의 경험으로 폭로된 그 신문들의 부정적인 측면을 공개적으로 인정하는 용기 또한 가져야 한다. 경험이 증명하는 바와 같이, 우리의 조건에서 지역신문들은 대부분의 경우에 원칙적으로 흔들리고 정치적으로 의미를 상실하고 있으며, 혁명 세력의 소모라는 점에서 지나치게 값비싸며, 기술적 측면(말할 것도 없이, 내가 염두에 두고 있는 것은 인쇄의 기술이 아니고 발행의 빈도와 정기성이다.)에서 전혀 만족스럽지 못하다. 더욱이 위의 결함들은 모두 우연한 것이 아니라 산개성의 필연적 결과물이며, 그러한 산개성은 한편으로는 지역신문들이 이 시기를 지배하고 있음을 설명해 주며, 다른 한편으로는 그러한 지배 덕분에 지탱되는 것이기도 하다. 개개의 지역 조직으로서는 자신의 신문을 정치적 기관지 수준으로 끌어올리고 그 원칙의 확고부동함을 보장한다는 것이 그야말로 역부족이다. 또한 우리의 정치생활 일체를 조명할 만한 충

고, 하고 싶지 않다고 말하라."

분한 자료를 모으고 활용한다는 것도 역부족이다. 그런데 자유국가에서 수많은 지역신문의 필요성을 옹호하는 데 쓰이는 논거, 즉 지역 노동자들이 신문을 인쇄할 경우에 비용이 저렴하다는 점과 지역 주민을 위한 정보가 풍부하고 신속하다는 점은 우리에게는 — 경험이 입증하듯 — 지역신문을 반대하는 논거가 되어 돌아온다. 혁명적 역량의 소모라는 의미에서 지역신문들은 터무니없이 값비싼 대가를 치르는 것이다. 또한 아무리 조그만 비합법 신문일지라도 그것을 내기 위해서는 대규모 비밀 장치가 필수적인데, 수공업자의 작업장에서는 그러한 장치를 마련할 수조차 없으므로 공장제 대공업의 도움이 필요하다. 이런 이유에서 지역신문들은 매우 드문드문 간행된다. 이 비밀 장치의 원시성은 곧바로 경찰이 대규모 침탈을 위해 한두 호의 발간과 배포를 이용하는 결과로 귀결된다. (실천가라면 누구나 이런 예를 한 다발씩 알고 있다.) 대량 침탈은 모든 것을 완전히 쓸어버리기 때문에 처음부터 다시 시작하지 않으면 안 된다. 좋은 비밀 장치가 있으려면 혁명가들을 직업적으로 훌륭하게 준비시키는 것이 필요하며, 일관된 방식으로 분업이 이루어져야 한다. 이 두 가지 조건은 개개의 지역 조직이 그 시점에서 아무리 강력하다 할지라도 지역 조직의 능력을 훨씬 넘어서는 일이다. 우리 운동 전체의 공동의 이해관계(원칙적으로 확고부동하게 노동자들을 사회주의적이고 정치적으로 교양하는 것)를 차치하고라도 특수한 지역적 이해관계도 지역적이지 않은 신문이 더 잘 지원할 수 있다. 이는 언뜻 보기에만 역설적으로 여겨질 뿐, 실제로 우리가 지적한 2년 반 동안의 경험은 이를 반박할 여지가 없도록 증명해 준다. 30호의 신문들을 발간한 지역 역량들 모두가 하나의 신문을 만드는 작업에 투여되었다면, 그 신문은 100호까지는 아니더라도 60호는 쉽게 나왔을 것이며, 순전히 지역적 특성을 지닌 운동의 모든 특수한 일까지도 자연히 더욱 충분히 반영했을 것이다. 물론 이러한 정도의 조직에 도달하기가 쉽지는 않지만 우리는 그 필요성을 인식해야 하며, 각각의 지역 서클은 외부로부터의 자극을 기다리거나 망상에 불과한 — 우리의 혁명적 경험에 근거해 볼 때 — 지역신문의 접근 용이성이나 친밀성 따위의 유혹에 빠지지 말고, 전 러시아적 신문을 탄탄히 조직하는 문제를 고심하고 이를 위한 작업에 적극적으로 임해야 한다.

실천 활동에 또한 악영향을 미치고 있는 사람들로는 자신들이 실천가들과 특별히 친밀하다고 생각하는 정치 평론가들이 있는데, 이들은 이 헛된 망상을 간파하지 못하고 놀랍도록 공허한 싸구려 논리, 즉 지역신문도 필요하고 구역 단위의 신문도 필요하고, 전 러시아적 신문도 필요하다는 논리로 발을 빼고 있다. 물론 일반적으로 말하자면 이 모든 신문이 필요하다. 그러나 구체적인 조직 문제에 착수할 때는 자신이 처한 조건과 시기도 생각해야 하는 것이다. 『자유』(제1호 68쪽)는 「신문 문제를 집중 조망하면서」에서 이렇게 쓰고 있다. "우리가 볼 때, 노동자들이 모여 있는 조금이라도 의미 있는 지역이라면 그 어디라도 자체의 노동자 신문이 있어야 한다. 다른 어떤 곳에서 들여오는 신문이 아니라 바로 자기 자신들의 신문이 있어야 한다." 이 평론가가 자기 말의 의미를 생각하려 들지 않는다면, 독자 여러분이라도 그를 대신하여 생각해 보라. "노동자들이 모여 있는 조금이라도 의미 있는 지역"은 러시아에 수백 군데는 아니라도 수십 군데는 되지 않는가! 그런데 실제로 모든 지역 조직이 전부 자체의 신문을 발행하는 데에 전념한다면 우리의 수공업성은 얼마나 더 오래 답습되겠는가! 이러한 산개성은 지역 활동가가 진정한 혁명가로 성장하지도 못하고 활동을 시작하자마자 헌병들에게 일망타진되는 것 — 그것도 "정말 별다른" 수고도 없이 — 을 얼마나 용이하게 만들겠는가! 기사의 필자는 계속해서 이렇게 말한다. 전 러시아적 신문의 독자는 "자기 도시가 아닌 다른 도시들에서 일어나는 공장 생활의 단면들"이나 공장주의 갖은 책략에는 관심을 보이지 않을 것이다. 하지만 "아룔 시에서 일어나는 사건들은 아룔 주민이라면 결코 질리지 않고 읽을 수 있다. 신문에서 '두들겨 패고 있는 것이' 누구인지, 또 '깎아내리고 있는 것이' 누구인지를 매번 알고 있기 때문에 들뜨는 것이다."(69쪽.) 물론 아룔 주민은 들뜰 것이다. 하지만 우리의 이 정치 평론가의 생각 역시 너무 "들떠 있다." 자잘한 일에 매달리는 것을 이렇게 옹호하는 것은 정도가 지나치지 않은가? 이 점을 그는 좀 더 생각해 봐야 할 것이다. 우리는 누구 못지않게 공장 폭로의 필요성과 중요성을 인정하고 있다. 그러나 우리는 뻬쩨르부르크 시민들이 그 시의 신문인 『노동자의 사상』의 뻬쩨르부르크 통신문을 읽는 것을 이제는 지겨워할 정도에까지 이르렀음을 명심해야 한다. 지역에서의 공장 폭로를 위한 것으로는 유인물이 언제나 있어 왔으며, 그것은 앞으로도 언제나 있을 것이다. 하지만 우리는 신문의 유형으로 끌어올려야 하지 그것을 공장 유인물의 수준으로 격하시켜서는 안 된다. "신문"을 위해 우리에게 필요한 것은 공장 생활의 "단면들"이 아니라 그 굵직굵직하고 전형적인 결함 사례들의 폭로이며, 그러한 폭로는 아주 두드러진 예들을 통해 이루어지고, 바로 이 때문에 모든 노동자와 운동의 모든 지도자의 관심을 끌 수 있는 것이며, 또한 그들의 지식을 살찌우고 그들의 시야를 틔우며 새로운 구역, 새로운 직업의 노동자층을 각성시키는 초석을 놓을 수 있다.

"그 다음으로, 지역신문에서는 공장 경영진이나 다른 정부 당국들의 온갖 책략을 그 자리에서 따끈따끈한 기사로 낼 수 있다. 그런데 멀리 있는 공동의 신문에까지 정보가 들어갈 무렵이면, 지역에서는 무슨 일이 일어났는지를 벌써 잊어버리고 만다. '언제 그런 일이 있었지? 그걸 어떻게 기억해!'"(같은 쪽.) 정말이지 그걸 어떻게 기억해! 바로 이 사람으로부터 우리가 들어 알고 있는 것처럼, 2년 반 동안 30호의 신문들이 여섯 개 시에서 발간되었다. 한 도시에서 평균적으로 반년에 한 호가 나온 것 아닌가! 우리의 이 경솔한 정치 평론가께서 지역 활동의 생산성이 세 배나 높다고 가정한다고 해도(평균적인 도시의 경우에는 말도 안 되는 얘기인데, 왜냐하면 수공업의 범주 안에서는 생산성을 현저히 향상시킨다는 것이 불가능하기 때문이다.), 그래도 두 달에 한 호씩 겨우 나올 수 있다. 그러니까 "따끈따끈한 기사"와는 아무런 관련도 없다. 그러나 열 개의 지역 조직이 통합하면, 각자의 대표를 공동 신문 제작에 관계된 직무에 파견하기만 하면 충분하다. 그러면 자잘한 사건들이 아니라 정말 전형적이면서 두드러진 횡포들을 이 주일에 한 번씩 러시아 전역에서 "기사로 낼" 수 있는 것이다. 우리의 조직 상황을 아는 사람이라면 아무도 이 점을 의심치 않을 것이다. 적을 범죄 현장에서 바로 붙잡는 문제로 보자면 — 번지르르한 말로만이 아니라 심각하게 생각한다면 — , 비합법 신문으로서는 아무것도 생각할 수가 없다. 그것은 비밀리에 뿌려지는 전단만이 할 수 있는 일이다. 그렇게 포착할 수 있는 시간 한계란 대부분 하루 이틀을 넘지 않기 때문이다. (예를 들어, 흔한 단기 파업이나 공장 내 충돌과 시위 등을 생각해 보라.)

우리의 필자는 보리스 끄리쳅스끼가 빛낸 바 있는 줄기찬 일관성으로 특수에서 일반으로 상승하면서 계속해서 말한다. "노동자가 생활하는 곳은 공장뿐만이 아니다. 도시도 포함된다." 그러면서 그는 시의회, 시립 병원, 공립학교 등의 문제를 지적하고, 노동자 신문은 도시의 일반적 문제들을 침묵하며 보아 넘겨서는 안 될 것이라고 주장한다. 이러한 주장은 그 자체로는 매우 훌륭하지만 아무 내용도 없는 추상성을 그대로 보여 주고 있는데, 사람들은 너무나 빈번히 지역신문에 관해서 그러한 추상적인 논리 전개에 갇혀 있다. 첫째, "노동자들이 모여 있는 조금이라도 의미 있는 지역이라면 그 어디라도" 『자유』가 원하는 것처럼 그 지역에 관한 세세한 지면이 있는 신문들이 실제로 등장한다면, 이는 우리 러시아의 조건에서는 어김없이 조잡한 간행물이 되어 버릴 것이고, 짜르 전제주의를 향한 전 러시아적인 혁명 공세의 중요성에 관한 의식을 약화시키고, 뿌리 뽑히지 않고 여전히 끈질기게 숨어 있었거나 짓눌린 채 있었던 저 경향

— 있지도 않은 의회는 너무 많이 거론하면서, 현존하는 시의회에 관해서는 거의 언급하는 법이 없는 혁명가들에 대한 유명한 말[72]로 악명을 떨친 바 있는 — 의 싹을 북돋아 주는 결과를 낳을 것이다. 우리가 "어김없이"라는 표현을 쓴 것은 『자유』가 고의적으로 이를 원한 것이 아니라 그 반대의 현상을 원하고 있음을 이 말을 통해 강조하기 위해서다. 하지만 의도가 좋았다고 해서 충분한 것은 아니다. 여러 도시의 상황을 우리의 전체 활동에 적합한 전망 속에서 조망하기 위해 **첫째로** 필요한 것은 이 전망이 충분히 연구되어 논리 하나에 의거하는 것이 아니라 수많은 예로 뒷받침되어 튼튼히 정립되는 것이다. 또 그런 전망이 **전통**이라는 안정성을 획득하는 것이다. 이런 일은 아직은 우리에게 요원하다. 그런데 광범위한 지역신문을 생각하고 그것을 논할 수 있는 상황이 되기 전에 **첫째로** 해내야 할 일이 바로 이 것이다.

둘째, 여러 도시의 상황을 실제로 훌륭하고 흥미 있게 기록하려면 책을 통해서만 파악할 것이 아니라 충분히 잘 알아야만 한다. 그런데 **러시아를 통틀어** 이러한 지식이 있는 사회민주주의자는 거의 없다. 여러 도시와 국가의 상황을 신문(대중용 소책자가 아니라)에서 다루려면, 숙련된 사람들이 수집하고 다듬은 다방면의 생생한 자료를 지니고 있어야 한다. 그런데 그런 자료를 수집하고 또 다듬기 위해서는, 모든 사람이 온갖 일을 다 하며 전체 투표라는 게임에 빠져 있는 원시적인 서클의 "원시적 민주주의"로는 부족하다. 이를 위해서는 사회주의자 작가단, 전문 기자단, 곳곳마다 연락망을 확보해 두고 온갖 "국가 기밀"(러시아 관료들은 이런 기밀을 알고 있다고 으스대는 걸 좋아해서 이를 쉽게 발설한다.) 속으로 침투하며 갖가지 "막후 사건"에 접근할 능력이 있는 사회민주주의자 통신원단, 도처에 자리 잡고 무엇이든 다 알아내는 "직무에 배치된" 사람들 등등이 있어야 한다. 경제적, 정치적, 사회적, 민족적 등 온갖 억압에 맞선 투쟁의 당인 우리는 이 같은 전지전능한 군단을 찾아내어 모으고 훈련시키고 동원하여 행군시킬 수 있으며, 또 그렇게 해야 한다. 그러나 사실 이것은 아직은 해야 할 일일 뿐이다! 거의 대부분의 지역에서 우리는 이러한 일을 조금도 해내지 못했을 뿐더러, 심지어 이 일을 해야 할 필요성에 대한 의식조차 전혀 없다. 사회민주주의 신문에서 우리의 외교, 군사, 종교, 도시, 재정 등등의 크고 작은 문제들을 폭로하는 생생하고 재미있는 글, 기사, 통신문 등을 한번 찾아보라. 거의 아무것도 발견하지 못하거나 발견하더라도 정말 적은 양일 것이다.* 이런 까닭에 "어떤 사람이 다가와" "노동자가 모여 있는 조금이라도 의미 있는 지역이라면 그 어디라도" 공장, 도시, 국가 등의 횡포를 폭로하는 신문이 필요하다고 "매우 멋있고 유창한 말을 늘어놓으면 나는

* 이런 까닭에 아주 뛰어난 지역신문의 예조차도 우리의 관점을 입증해 줄 뿐이다. 예를 들자면, 『남부 노동자』는 원칙의 확고부동함이라는 면에서는 손색이 없이 빼어난 신문이다. 하지만 이 신문이 지역 운동에 기여하고자 했던 바는 광범위한 침탈과 간헐적인 간행으로 인해 달성되지 못했다. 현 시기의 당에 무엇보다 절박한 운동의 근본 문제의 원칙적 정립과 전면적인 정치 선동은 지역신문의 역량을 넘어선 것이었다. 그에 반해 이 신문이 제공했던 좋은 기사들, 즉 광산 노동자 대회에 관한 기사와 실업 문제를 다룬 기사 등은 지역적 소재의 틀을 넘어선 것이며, 남부 지방 하나만이 아니라 러시아 전체를 위해 필요했다. 우리 사회민주주의 신문을 통틀어도 그런 기사가 실린 적은 없었다.

화가 머리끝까지 치미는" 것이다!

지역신문이 중앙신문보다 우위에 있다는 것은 빈곤의 상징이기도 하고 풍요의 상징이기도 하다. 운동이 대규모 생산을 위한 역량을 키우지 못하고 여전히 수공업성에 매여 지지부진한 상태에서 "공장 생활의 자질구레한 일들" 속으로 빠져들 때, 그것은 빈곤의 징표이다. 운동이 전면적 폭로와 전면적 선동의 임무를 이제 충분히 강화시켰고 따라서 중앙신문 외에 수많은 지역신문들이 필요하게 될 때, 그것은 풍요의 징표이다. 현재 러시아에서 지역신문이 지배적인 이 현상이 무엇을 증명하고 있는지는 각자가 알아서 판단할 일이다. 오해의 여지가 없도록 나는 나 자신의 결론을 정확하게 정식화하는 데 그치겠다. 지금까지 러시아에서 대부분의 지역 조직들은 거의 배타적으로 지역신문만을 생각하고 그것을 위한 작업에만 열중하고 있다. 이는 비정상적이다. 정반대의 상황, 즉 대부분의 지역 조직들이 전 러시아적 기관지를 주요하게 생각하고 그것을 위한 작업에 주로 열중하는 상황이 되어야 한다. 그렇게 되지 않는 한, 지면상의 전면적 선동으로 운동을 실제로 지원할 수 있는 신문을 우리는 단 하나도 만들 수 없을 것이다. 반면, 이 일을 이루어 낸다면 필요한 중앙신문과 필요한 지역신문들 사이의 정상적인 관계가 자연스럽게 정립될 것이다.

* * *

언뜻 보기에는, 구심을 지역 활동에서 전국 활동으로 옮기는 것이 필요하다는 결론은 전문적인 경제투쟁의 영역에는 적용될 수 없는 것일 수도 있다. 여기서 노동자의 직접적인 적은 개별 기업가나 그들의 그룹인데, 이들은 정치투쟁에서 우리의 직접적인 적인 러시아 정부 조직, 즉 아주 사소한 일들까지 단일한 명령으로 지도하는 엄격한 중앙 집중적 조직이자 순수한 군사 조직인 그런 조직과 비교할 때, 거의 조직으로 묶여 있지 않은 것처럼 보인다.

그러나 실은 그렇지 않다. 경제투쟁은 — 우리는 이미 여러 번 이를 지적한 바 있다. — 직종과 관계된 투쟁이다. 따라서 이 투쟁을 위해서는 노동자들의 작업장별 단결뿐 아니라 직종과 관련된 노동자들의 단결도 필요하다. 또한 기업가들이 더욱 신속하게 별의별 연합체 및 신디케이트를 만들어 단결해 나갈수록, 이러한 노동조합의 단결은 더욱 절실히 필요해질 것이다. 우리의 산개성과 수공업성이 노동자의 단결을 가로막고 있으니, 이 단결을 위해서는 전국의 노동조합을 지도할 수 있는 단일한 전 러시아적 혁명가 조직이 필요하다. 앞서 우리는 이러한 목적을 위해 바람직한 조직 유형을 이미 말한 바 있는데, 이제 여기서는 신문 문제와 관련하여 몇 가지만 더 언급하겠다.

각각의 사회민주주의 신문에는 반드시 노동조합 투쟁(경제투쟁)을 다루는 지면이 있어야 한다는 점에 이의를 제기하는 사람은 거의 없을 것이다. 그런데 노동조합운동의 성장은 노동조합 신문에 관해서도 생각하게끔 만든다. 그러나 러시아에서는 드물게 보이는 몇몇 예외를 제외하고는 아직 노동조합 관련 신문을 논할 수조차 없어 보인다. 아무리 둘러봐도 당장 먹을

빵도 없는 상황에서 이는 하나의 사치인 것이다. 비합법 활동 조건에 적합하고 지금 필요한 형태의 노동조합 신문이 될 수 있는 것은 **노동조합의 소책자들**이어야 할 것이다. 소책자들은 해당 공장의 노동조건, 러시아 각 지방에서의 노동조건의 차이, 해당 직종 노동자의 주요 요구 사항, 그와 관련된 법률의 미비점, 어떤 공장 노동자들의 발군의 경제투쟁 사례, 이들 노동조합 조직의 맹아적 상태와 현재 상태와 이들의 결핍점 등의 문제를 다룬 **합법** 자료들*과 비합법 자료들을 수집하고 체계적으로 분류해야 한다. 그러한 소책자들이 있다면, 첫째, 우리 사회민주주의

---

* 이 측면에서 합법 자료가 특히 중요하다. 더욱이 우리는 그러한 자료들을 체계적으로 수집하여 활용하는 능력이라는 면에서 특히 뒤떨어져 있다. 한 가지의 합법 자료를 가지고 노동조합의 소책자를 만드는 것은 어떻게든 가능하지만, 한 가지의 비합법 자료를 가지고 그것을 만드는 것은 불가능하다고 해도 과언이 아닐 것이다. 『노동자의 사상』이 발간한 것[73]과 같은 문제들에 관해 노동자들에게서 비합법 자료들을 수집한다면, 우리는 혁명가의 역량을 헛되이 소진시키면서도(이런 일은 혁명가 대신 합법 활동가라도 쉽게 할 수 있을 것이므로) 결국 쓸 만한 자료는 얻지도 못할 것이다. 왜냐하면 대공장의 어떤 한 부서에 대해서만 잘 파악하고 있으며 거의 언제나 자기 작업의 일반적 규칙이나 조건이 아니라 그 경제적 결과들을 알고 있는 노동자들로서는 공장의 직원들, 감독관, 의사 등등이 갖고 있는 지식이나 전문 산업 간행물, 후생 관련 간행물, 지방자치 관련 간행물들 및 자잘한 신문 통신문 등을 통해 대중에게 퍼져 있는 지식을 획득하는 것이 불가능하기 때문이다.

그러고 보니 내가 겪은 "첫 실험"이 생각나는데, 나는 그 뒤로는 한 번도 그런 일을 되풀이하지 않았다. 나는 우연히 알게 된 한 노동자에게 그가 일했던 대규모 공장의 체계 전반에 관한 온갖 것을 "집요하게" 묻는 일에 매달려 수주일을 보냈다. 사실 굉장히 힘들긴 했지만 어쨌든 나는 모든 것을 기록했다(겨우 한 공장에 관해서). 하지만 그 대신에 그 노동자는 자신의 과제를 끝내면서 땀을 훔쳐가며 — 종종 그랬다. — 미소를 지으며 이렇게 말하는 것이었다. "특별 잔업을 하는 게 당신의 질문에 대답하는 것보다는 쉬울 겁니다!"

우리가 더 정력적으로 혁명 투쟁을 수행할수록, 정부는 "노동조합" 활동의 일부분을 더 많이 합법화시키지 않을 수 없을 것이다. 그렇게 되면 우리의 부담은 어느 정도 줄 것이다.

신문은 해당 업종 노동자들만이 특별히 관심을 갖는 직종과 관련된 세세한 문제들 다수를 더 이상 다루지 않아도 될 것이다. 둘째, 소책자들은 노동조합 투쟁의 경험이 만든 결과들을 기록하고, 수집되는 자료들을 보존하며 — 지금은 수많은 전단과 단편적 통신문이 문자 그대로 사라지고 있다. — 종합할 수 있을 것이다. 셋째, 소책자들은 선동가에게 일종의 지침 역할을 할 수 있을 것이다. 왜냐하면 노동조건은 상대적으로 완만히 변해가며, 해당 공장 노동자들의 주요 요구 사항은 너무 변하지 않기 때문이다. (1885년의 모스크바 지역 섬유 노동자들의 요구[74]와 1896년 뻬쩨르부르크 섬유 노동자들의 요구 사항[38]을 비교해 보라.) 이 요구 사항과 필요로 하는 점을 종합하면, 낙후된 지방이나 후진 노동자층에게 경제 선동을 행하기 위한 훌륭한 교과서 역할을 해마다 할 수 있을 것이기 때문이다. 어떤 지구에서 일어난 성공적인 파업 사례나 어떤 지방의 좀 더 나은 생활수준 및 노동조건에 관한 자료들은 지역 노동자들이 새로운 투쟁을 계속해 갈 수 있도록 고무한다. 넷째, 노동조합 투쟁을 총괄할 출발점을 찾고 그런 방식으로 러시아 노동조합운동과 사회주의의 관계를 강화시킴으로써 사회민주주의당은 우리의 노동조합 활동이 총체적 사회민주주의 활동에서 너무 작지도 않고 너무 크지도 않은 몫을 차지하도록 배려할 것이다. 지역 조직이 다른 도시의 조직들과 아무런 관계없이 떨어져 있을 경우에는, 이 점에서 적절한 균형을 지킨다는 것이 무척 어려우며 때로는 거의 불가능하기도 하다. (『노동자의 사상』의 예를 보면, 이럴 경우 노동조합주의의 방향에서 얼마나 터무니없는 과장이 있을 수 있는지를 알 수 있다.) 하지만 맑스주의 관점을 확고하게 견지하고 정치투쟁 일체를 지도하며 직업적 선동가단을 확보하고 있는 전 러시아적 혁명가 조직이라면 적절한 균형을 확립하는 문제의 어려움을 결코 겪지 않을 것이다.

제5장

전 러시아적 정치 신문 "계획"

B. 끄리쳅스끼는 우리가 "이론을 실천으로부터 분리시킴으로써 생기 없는 교조로 만들어 버렸다."(『노동자의 대의』 제10호 30쪽)라고 비난하면서, 다음과 같이 쓰고 있다. "이런 측면에서 『불꽃』이 범한 가장 큰 실책은 전체 당 조직 '계획'이다." (「무엇으로부터 시작할 것인가?」를 이르는 말이다.) 마르띠노프도 그에게 맞장구치면서 이렇게 공언한다. "완전무결하고 빛나는 사상의 선전에 비해 지루한 일상 투쟁의 단계적 진전이 갖는 의미를 축소하는 『불꽃』의 경향은…… 제4호에 게재한 「무엇으로부터 시작할 것인가?」에서 제안한 당 조직 계획으로 대미를 장식했다."(같은 책 61쪽.) 마침내 아주 최근에는 이 "계획"(따옴표는 이 단어를 비꼬는 태도를 표현한 것이다.)에 격분한 사람들 편에 L. 나제주진도 합류했으니, 그는 우리가 지금 막 입수한 『혁명 전야』라는 소책자(우리가 이미 알고 있는 "혁명적 사회주의자 그룹" 자유가 간행한 것)에서 "지금, 전 러시아적

신문으로부터 실처럼 뻗어 나오는 조직에 관해 말하는 것은 탁상공론격인 사고와 활동을 번식시키는"(126쪽) 것이며 "먹물근성"의 발현이라고 말한다.

우리의 테러주의자가 "지루한 일상 투쟁의 단계적 진전"을 옹호하는 자들과 연대했다는 것, 이는 정치와 조직에 관한 앞의 장들에서 우리가 그 친밀성의 뿌리를 추적한 연후에는 이미 놀라운 일일 수 없다. 하지만 지금 우리는 나제주진이, 오직 그 혼자만이, 자기 마음에 들지 않는 글의 사상적 흐름을 탐구하고 본질적으로 이에 대응하려 노력했다는 사실을 지적해야만 한다. 반면에 『노동자의 대의』는 핵심적인 것은 단 한마디도 언급하지 않고 극히 무례한 데마고그와 같은 언동을 쏟아붓는 것으로 문제를 혼란시키려고만 했다. 따라서 아무리 불쾌하더라도 이 아우게이아스 왕의 마구간을 청소하는 데 우선 시간을 할애해야만 한다.[75]

1. 「무엇으로부터 시작할 것인가?」라는 글 때문에 분개한 사람은 누구인가?[76]

『노동자의 대의』가 우리에게 퍼부은 한 다발의 표현과 외침을 인용해 보자. "당 조직을 창건할 수 있는 것은 신문이 아니다. 실은 그 반대다." …… "당 위에 군림하고, 당의 통제 밖에 있으며, 독자적인 임무 대행자들의 망을 가지고 당으로부터 독립해 있는 신문" …… "『불꽃』은 어떻게 자신이 속해 있는 당에 실제적으로 존재하는 사회민주주의 조직을 망각할 수 있는가?"

……"굳건한 원칙과 그에 상응하는 계획을 갖고 있는 사람들이 당 계획의 수행을 강제하는 당의 실질 투쟁의 최고 조정자들이다." ……"그 계획은 살아 있는 조직, 우리의 생사를 건 조직들을 그림자의 왕국으로 몰아넣고 있다. 그것은 임무 대행자들의 환상적인 망에 생명을 불어넣었으면 한다." ……"만일『불꽃』의 계획이 실행에 옮겨진다면, 지금 자리를 잡아 가고 있는 우리 러시아사회민주주의노동자당의 발자취는 일소되고 말 것이다." ……"선전 기관지가 실천적 혁명 투쟁 전체의 전제주의적 입법자, 통제 불능의 입법자가 될 것이다." ……"우리 당은 당이 권위주의적인 편집국에 완전히 종속되는 것에 어떻게 대응해야 하는가", 기타 등등.

이 인용문들의 내용과 어조에서 독자 여러분이 느낄 수 있듯이『노동자의 대의』는 분개하고 있다. 하지만『노동자의 대의』가 분개한 것은 자기 자신을 위해서가 아니라 우리 당 조직들과 위원회들을 위해서이니, 마치『불꽃』이 그것들을 그림자의 왕국으로 몰아넣고 그 발자취를 일소해 버렸으면 한다는 듯 말이다. 이 얼마나 끔찍한 일인지 한번 생각해 보라! 그런데 이상한 점이 하나 있다.「무엇으로부터 시작할 것인가?」가 나온 것은 1901년 5월이었는데,『노동자의 대의』의 글들은 1901년 9월에 나왔다. 그리고 지금은 벌써 1902년 1월 중순이다. 이 5개월 동안(9월까지, 그리고 9월 이후) 단 하나의 위원회나 단 하나의 당 조직도 이 계획에 반대하는 형식적인 항의조차 하지 않았다. 이 계획이 위원회와 당 조직들을 그림자의 왕국으로 몰아넣었으면 하는데도 말이다! 오히려 이 기간 동안『불꽃』, 여러 지역 간행물, 지역적이지 않은 간행물 등에는 러시아 각지에서 보내 온 수십 수백 건의 소식이 실렸다. 그림자의 왕국으로 몰려날 뻔했던 사람들은 이를 깨닫지 못하고 또 분개하지도 않았는데, 제삼자가 분개하는 이런 일이 어떻게 일어났단 말인가?

이러한 일이 벌어진 것은 여러 위원회들과 다른 조직들이 "민주주의" 게임이 아니라 현실적인 과업으로 바빴기 때문이다. 위원회들은 「무엇으로부터 시작할 것인가?」를 읽고 나서 그 글이 "모든 분파가 조직 건설에 착수할 수 있도록 하기 위한 일정한 계획을 정초하려는" 시도임을 알았다. 그들은 조직 건설의 필요성과 그 건설 계획의 올바름을 확신하지 않는 한 이 "모든 분파" 가운데 어느 하나도 "건설에 착수할" 생각을 하지 않을 것임을 너무나 잘 알고 있었기 때문에, 『불꽃』에서 다음과 같이 말한 사람들의 불손함에 대해서도 "분개할" 생각을 당연히 하지 않았던 것이다. "이 문제가 시급하고도 중요하므로 우리는 이 계획의 윤곽을 동지들 앞에 감히 제안하는 바이다. 이 계획은 지금 발간을 준비 중인 소책자에서 상세히 개진될 것이다."라고 말한 사람들의 불손함에 대해서 그랬다는 말이다. 이 문제에 성실하게 임한다면, 다음과 같은 사실, 즉 만일 동지들이 그 계획을 받아들인다면 그들은 "종속"되어서가 아니라 우리의 공동 과업을 위해서 그 계획이 필요함을 확신하기 때문에 그것을 실천하게 될 것이며 만일 그들이 계획을 받아들이지 않는다면 "윤곽"(얼마나 거만한 단어인가?)은 그저 윤곽으로 남을 뿐이라는 사실을 과연 이해하지 못할 수가 있단 말인가? 동지들에게 계획을 "헐뜯으며" 거부하라고 권할 뿐만 아니라, 윤곽을 작성한 사람들이 "입법" 능력이 있는 "최고 조정자들"이 될 수 있다는 사실, 즉 그들이 계획의 윤곽을 제안할 능력이 있다는 사실 하나만으로, 혁명 과업의 경험이 일천한 사람들로 하여금 그들을 공격하도록 부추기는 식으로 계획의 윤곽에 대항해 싸우기까지 한다면, 이것이 과연 데마고기가 아니고 무엇인가? 지역 활동가들을 더 폭넓은 관점, 임무, 계획 등의 수준에 이를 수 있도록 끌어올리려 시도한다고 이를 반대한다면, 그것도 이 관점이 옳지 않다는 견지에서뿐만이 아니라 "끌어올리고" "싶어 한다"라는 것에 "분개"해서도 반대한다면, 과연 우리 당이 발전하고 전진할 수 있겠는가? 사실, 나제주진 역시 우리의 계획을 "헐뜯었"지만, 그는 정치적 관점의 원시성이나 순진함만으로는 설명될 수 없는 그런 데마고그의 차원으로까지 타락하지는 않았다. 그는 "당 위에 군림하는 감독권"에 대한 비판을 애초부터 단호히 거부했다. 그렇기 때문에 나제주진에게는 계획에 대한 그의 비판의 핵심을 잡아 답변할 수 있고 또 그렇게 해야 하지만, 『노동자의 대의』에게는 오직 경멸로 답할 수 있을 뿐이다.

그러나 "전제주의 정치"니 "종속"이니 외칠 정도로 스스로를 비하하고 있는 필자들을 경멸한다고 해서, 그들이 독자들에게 선사하고 있는 혼란을 풀어 줄 의무가 우리에게서 사라지는 것은 아니다. 따라서 여기에서 우리는 "광범위한 민주주의"에 관해 횡행하는 이 문구들의 모습이 어떤 것인지를 모든 사람에게 일목요연하게 보여 줄 수 있을 것이다. 그들은 우리가 위원회를 망각하고 있다느니, 위원회를 그림자의 왕국으로 몰아넣으려 한다느니 등등의 말로 우리를 비난한다. 우리가 보안 조건 때문에 위원회와 우리의 실제적 관계에 관해서 독자들에게 아무런 사실적인 설명을 할 수 없다면, 어떻게 이 비난에 답해야 하겠는가? 신랄하고 자극적인 한 다발의 비난을 퍼부어 대는 사람들이 우리의 선두에 서 있는 것은 그들이 혁명가의 의무, 즉 지금 가지고 있거나 맺으려 하거나 맺고 있는 관계들을 철저히 숨겨야 하는 의무를 무시하고 있기 때문이며, 그들이 그만큼 뻔뻔스럽기 때문이다. 분명 우리가 이런 사람들과 "민주주의"의 무대에서 경쟁하는 일은 영원히 없을 것이다. 당의 모든 과업을 알지 못하는 독자들이 있다면, 그런 독자들에게 우리의 의무를 다할 수 있는 유일한 방법은 현재 존재하거나 진행 중에 있는 일이 아니라 과거에 있었던, 또 과거를 말하듯 말해도 되는 아주 작은 부분들을 이야기해 주는 것이다.

분트[53]는 우리가 "참칭자"*라는 암시를 흘리고, 국외의 "동맹"은 당의 발자취를 일소하려 시도한다며 우리를 비난한다. 원하는 대로 하시게나, 신사 양반들. 우리가 네 가지 과거지사를 공개한다면 당신들은 매우 흡족해 할 것이다.[77]

첫째** 사실. 우리 당의 형성에 직접적으로 참여했고 창당대회에 대표를 파견하기도 했던 투쟁동맹의 한 조직의 조직원들이 『불꽃』 그룹의 조직원 일부와 전체 운동의 요구를 충족시킬 노동자 특별 도서관을 건립하기로 합의한다. 노동자 도서관 건립은 성공하지 못한다. 그리하여 그것을 위해 집필된 소책자들

* 『불꽃』 제8호. 민족 문제에 관한 우리의 기사에 대한 러시아폴란드유대인총동맹 중앙위원회의 답변.

** 우리는 일부러 일어났던 순서와 관계없이 사실들을 배치하는 바이다.

인 『러시아 사회민주주의자들의 임무』[51]와 『새 공장법』은 우회로와 제삼자를 거쳐 국외로 보내지고 그곳에서 출판된다.

둘째 사실. 분트 중앙위원회 위원들이 『불꽃』 그룹의 조직원 한 사람에게 "문헌 연구실" — 그때 분트가 표현했던 바대로 하자면 — 을 조직하자고 제안한다. 더욱이 그들은 만일 이 일이 성공하지 못하면 우리 운동이 크게 퇴보할 수도 있다고 지적한다. 그 협상의 결과가 『러시아 노동자의 대의』라는 소책자다.*

셋째 사실. 분트 중앙위원회는 어떤 지방 도시를 통해 『불꽃』 조직원 한 사람에게 복간되는 『노동자 신문』의 편집부를 책임져 달라고 제안하고, 당연히 동의를 받는다. 이 제안은 그 후 변경된다. 편집부가 새롭게 구성되므로 기고자가 되어 달라는 제안을 받는다. 물론 그 동지는 이 또한 동의한다. 다음과 같은 기사들이 도착한다. (우리는 이를 보관해 놓을 수 있었다.) 베른슈타인주의에 대해, 그리고 합법 저술 및 『노동자의 사상』의 변절에 대해 직접적으로 항의하고 있는 「우리의 강령」, 「우리의 당면 임무」("모든 지역 그룹과 긴밀히 연결되어 있고 규칙적으로 발행되는 당 기관지의 조직", 만연해 있는 "수공업성"의 결함에 대해 말한 글), 「긴급한 문제」(공동의 기관지 조직 작업에 앞서 지역 그룹들의 활동을 우선적으로 발전시켜야 한다는 반박을 분석하고, "혁명 조직"의 일차적 중요성과 "조직, 규율, 보안

---

* 말이 나온 김에 한마디 더 하자. 이 소책자의 저자는 동맹의 출판물의 편집을 노동해방그룹이 담당하고 있다고 가정하여, 이 소책자가 자신의 이전 책자들처럼 동맹에 전달되었다고 발표해 달라는 부탁을 내게 한다. (몇 가지 조건들 때문에 그는 그 당시, 그러니까 1899년 2월에 편집부의 교체 사실을 알 수 없었다.) 이 소책자는 연맹[78]에서 곧 재출간할 것이다.

기술을 완벽한 수준으로 올려놓을" 필요성을 주장한 글). 『노동자 신문』 복간 제안은 실현되지 못하고, 이 기사들은 출간되지 않는다.

넷째 사실. 우리 당의 제2차 정기 당대회 조직위원회의 한 성원이 『불꽃』 그룹의 조직원에게 대회의 일정을 알리고, 복간되는 『노동자 신문』의 편집 책임을 이 그룹에 맡긴다. 후에 조직위원회도, 분트 중앙위원회도 이 성원의 사전 — 말하자면 — 작업을 재가한다. 『불꽃』 그룹은 대회 장소와 일시를 통고받는다. 하지만 『불꽃』은 (몇 가지 이유 때문에, 대회가 과연 열릴 것인지, 그래서 이 대회에 대표를 파견해야 할지를 확신하지 못하여) 대회에 보내는 서면 보고서를 작성한다. 이 보고서에는 우리가 현재 겪고 있는 것과 같은 완전한 혼란의 시기에는 중앙위원회의 선출 하나만으로는 조직 문제를 해결하지 못한다는 생각, 보안이 확연히 결여된 상태에서는 침탈의 가능성이 그 무엇보다 높으며 새로이 신속하고 완전한 침탈이 있을 경우에는 위대한 당 창건 사상이 훼손될 위험이 있다는 생각, 이런 까닭에 모든 위원회와 다른 모든 조직에게 혁신적인 공동의 기관지를 지원할 것을 요청하는 것부터 시작해야 한다는 생각, 공동의 기관지가 모든 위원회를 **사실적인** 관계로 **실제로** 묶어 줄 것이며 전체 운동의 지도부를 **실제로** 준비할 것이며, 이렇게 위원회에 의해 창출된 그룹이 성장하고 강화되기만 하면 각 위원회들과 당은 이 그룹을 쉽게 중앙위원회로 전환시킬 수 있다는 생각 등이 기술되어 있다. 그러나 일련의 침탈로 대회는 성사되지 못하고, 보안 문제를 다룬 보고서는 몇몇 동지들과 한 위원회의 전

권 위원들만 읽은 후에 사장된다.

이제 독자들께서는 분트 측의 참칭에 대한 암시나, 우리가 위원회들을 그림자의 왕국으로 몰아넣고 당 조직을 한 신문의 사상을 유포하는 조직으로 "대체하려" 한다는 『노동자의 대의』의 논거가 보이는 태도의 성격을 스스로 판단하기 바란다. 우리는 여러 위원회들의 수차례에 걸친 요청에 따라, 일정한 공동 작업의 계획을 승인해야 할 필요성을 바로 그 위원회들에 보고해 왔다. 바로 당 조직을 위해, 이번에도 역시 당의 (사실상의) 재건을 주도하고 있던 당내 영향력 있는 지위를 차지하고 있었던 사람들의 요청에 따라, 우리는 『노동자의 사상』에 보낸 글과 당대회 보고서에서 이 계획을 개진했던 것이다. 따라서 우리는 당의 중앙기관지를 공식적으로 부활시키기 위해 당 조직과 우리가 함께 기울인 두 차례에 걸친 시도가 실패로 끝난 후에야, 세 번째 시도에서 동지들이 어떤 의심스러운 가정이 아니라 경험의 일정한 결과물들을 가질 수 있도록 하기 위한 우리의 직접적 의무는 비공식적 기관지를 제기하는 것이라고 생각하게 되었다. 현재 이 경험의 몇몇 결과들은 이미 모든 사람의 눈앞에 펼쳐져 있다. 따라서 모든 동지는 우리가 자신의 의무를 올바르게 이해했는지 판단할 수 있을 것이며, 우리가 어떤 예를 통해서는 "전국적" 문제에서 자신들이 보인 일관성 없음을 증명하고 다른 예를 통해서는 무원칙한 동요는 허용될 수 없음을 증명했다는 사실에 화가 나서 최근의 과거사를 잘 모르는 사람들을 미혹하려 애쓰는 사람들에 대해 어떤 생각을 해야 할지 판단할 수 있을 것이다.

2. 신문이 집단적 조직가일 수 있는가?

「무엇으로부터 시작할 것인가?」라는 글의 모든 핵심은 바로, 이 문제를 제기하고 그렇다는 답을 내렸다는 점이다. 우리가 아는 한, 이 문제를 본질적으로 분석하고 그렇지 않다는 점을 입증하려고 시도한 유일한 사람이 나제주진이다. 그의 논거 전체를 여기 옮겨 보겠다.

> …… 우리는 『불꽃』(제4호)이 전 러시아적 신문의 필요성이라는 문제를 제기해 주어 무척 기쁘다. 하지만 우리는 이 문제 제기가 「무엇으로부터 시작할 것인가?」라는 제목으로 진행되는 데는 결코 동의할 수 없다. 이는 의심할 바 없이 매우 중요한 여러 가지 일 중 하나지만, 그러한 신문이나 다종다양한 대중용 유인물들과 산더미처럼 쌓인 성명서 등으로는 혁명적 시기를 위한 전투조직의 초석을 다질 수 없다. 각 지역에 강력한 정치 조직을 건설하는 일에 착수하는 것이 필요하다. 우리에게는 그러한 조직이 없다. 우리가 주로 지적인 노동자들 사이에서 활동했던 반면, 대중들 거의 대부분은 경제투쟁만을 수행해 왔다. 만일 각 지역에 강력한 정치 조직들이 양성되지 않는다면 아무리 탁월하게 조직된 전 러시아적 신문이라도 무슨 의미가 있겠는가? 타지 않는 가시나무 떨기, 스스로 타들어 가도 다 타지 못하고 아무것도 태울 수 없는 가시나무 떨기가 그것이 아니겠는가! 『불꽃』은 그런 일을 중심으로, 그런 일을 위한 활동에 사람들이 모이고 조직될 것이라고 생각한다. 그러나 더 구체적

인 일들을 중심으로 모이고 조직되는 것이 사람들에게는 훨씬 다가가기 가까울 것이다! 지역신문들을 광범위하게 발간하는 것, 시위를 대비해 노동자의 힘을 비축하는 것, 실업자들을 대상으로 지역 조직이 상시적으로 활동하는 것(그들에게 집요하게 전단을 돌리고, 그들을 집회나 정부에 대한 반격에 나오도록 촉구하는 등등) 등이 이러한 일에 해당될 수 있으며, 그렇게 되도록 해야 한다. 각 지역에서의 생생한 정치 활동을 시작해야 하며, 이러한 실질적인 기반 위에서 통합이 필요하게 될 때 그것은 인위적인 서류상의 통합이 아니게 될 것이다. 이처럼 지역 활동들을 전 러시아적 과업으로 통합하는 일을 하나의 신문이 해낼 수는 없는 것 아닌가!(『혁명 전야』 54쪽.)

우리는 달변인 이 장광설에서 필자가 우리의 계획을 잘못 평가하고 있는 지점, 『불꽃』에 대립되는 그의 그릇된 관점 전반을 가장 선명하게 보여 주는 부분들을 강조해 놓았다. 각 지역에 강력한 정치 조직들이 양성되지 않는다면 아무리 탁월한 전 러시아적 신문이라도 아무런 의미가 없다는 말은 전적으로 지당하신 말씀이다. 그러나 전 러시아적 신문 외에는 강력한 정치 조직들을 양성할 다른 수단이 없다는 것이 사태의 핵심이다. 윗글의 필자는 『불꽃』이 "계획"의 서술로 넘어가기 전에 가장 핵심적으로 선언한 것을 보지 못했다. 모든 세력을 통합하여 명색만이 아니라 실제로 운동을 지도할 능력이 있는 혁명 조직, 말하자면 "결정적인 전투에 적합한 군사력을 배가시키고 강화하기 위하여 모든 폭동과 항의를 활용하면서 그러한 폭동과 항의들을 언제라도 지원할 준비를 항상 갖추고 있는 조직을 건설하자고 촉구하는 것"이 필요하다는 것이 그것이다. 『불꽃』은 그 말에 이어, 하지만 2~3월을 겪은 지금은 모두 이러한 점에 원칙적으로는 찬성할 것이라고 썼다. 그러나 우리에게 필요한 것은 이 문제를 원칙적으로 해결하는 것이 아니라 실천적으로 해결하는 것이다. 다양한 세력들 모두가 지금 바로 건설에 착수할 수 있도록 일정한 건설 계획을 즉각 제출할 필요가 있는 것이다. 그런데 실천적인 결정으로부터 우리를 또다시 뒤로, 즉 원칙적으로 올바르고 논쟁의 여지없이 원대한, 그러나 활동하는 광범위한 대중에게는 그야말로 부족하고 이해할 수 없는 진리인 "강력한 정치 조직들을 양성하자"라는 말로 잡아당기는 사람들이 있다니! 존경하는 필자 양반, 문제의 핵심은 그 점이 아니오. 바로 어떻게 그것을 양성하고 완성해야 하느냐, 그것이 문제란 말이오!

"우리가 주로 지적인 노동자들 사이에서 활동했던 반면, 대중들 거의 대부분은 경제투쟁만을 수행해 왔다."라는 말은 잘못된 것이다. 이런 형식의 주장은 지적인 노동자와 "대중"을 근본적으로 대립시키는 오류로 빗나가기 십상이지만, 『자유』로서는 이러한 대립이 아무렇지도 않다. 최근 몇 년 동안 러시아에서 지적인 노동자들 역시 "거의 대부분은 경제투쟁만을 수행해 왔다." 이것이 하나의 측면이다. 다른 측면은 우리가 지적인 노동자 및 지식인 출신의 정치투쟁 지도자들이 양성되도록 돕지 않는 한, 대중은 결코 정치투쟁을 수행하는 방법을 배우지 못할 것이라는 점이다. 그런데 그러한 지도자들이 양성되는 것은 우리의 정치생활의 모든 측면, 다양한 계기로 벌어지는 다양한 계급의 갖가지 항의와 투쟁의 시도를 일상적이며 체계적으로 평가하는 것을 통해서만 가능하다. 따라서 "정치 조직의 양성"을 논하는 동시에 정치 신문을 "서류상의" 일이라며 "각 지역에서의 생생한 정치 활동"에 대립시키는 것은 웃기는 일이다! 사실 『불꽃』은 실업자 운동, 농민 폭동, 지방의원들의 불만, "미쳐 날뛰는 짜르의 주구들에 대한 주민의 분노" 등등을 지지하기 위한 "전투적 준비 태세"를 조직하려는 "계획"의 하위 범주로 신문 "계획"을 생각하고 있는 것이기도 하다. 이 점을 거의 대다수의 지역 조직은 생각조차 하지 않고 있다는 것, 여기서 지적하고 있는 "생생한 정치 활동"의 전망 가운데 많은 것을 단 하나의 조직도 실제로 한 번도 구현한 적이 없다는 것, 시의회의 지식인들 사이에 증가하고 있는 불만과 저항에 주의를 기울이려 시도한 것이 나제주진("하느님, 이 신문은 시 의원들의 신문이 아니란 말입니까?" 『전야』 129쪽)에게도, "경제주의자들"(『불꽃』 제12호 편지)에게도, 그리고 수많은 실천가에게도 곤혹스런 느낌을 불러일으키고 있다는 것 따위는 운동을 알고 있는 사람이라면 정말 누구나가 다 상세히 알고 있다. 이러한 상황에서 "시작할" 수 있는 것이라고는 사람들이 이 모든 점을 생각하도록 각성시키고, 적극적인 투쟁과 민심의 동요가 터져 나오는 실낱같은 빛이라도 모조리 끌어모아 종합할 수 있도록 그들을 각성시키는 것뿐이다. 사회민주주의적 임무가 폄하되는 우리 시대에 "생생한 정치 활동"은 오로지 생생한 정치 선동으로부터 시작되는 것이니, 그것은 정기적으로 배포되고 자주 발간되는 전 러시아적 신문 없이는 불가능한 일이다.

『불꽃』의 "계획"이 "먹물 근성"의 발현이라고 생각하는 사람들은 그 계획의 핵심 자체를 전혀 이해하지 못한 것이며, 지금 시기에 가장 적합한 수단으로 제기되는 것을 목적으로 받아들인 것이다. 이런 사람들은 우리가 제출한 계획을 일목요연하게 보여 준 두 가지 비교에 관해서 생각해 보려고 노력한 적도 없다. 『불꽃』은 다음과 같이 말했다. 전 러시아적 정치 신문의 발간은 하나의 주요한 줄이 되어야 하며, 그 줄로 우리는 이 조직(즉 갖가지 저항과 폭발을 언제라도 지원할 준비가 되어 있는 혁명 조직)을 흔들림 없이 발전시키고, 심화시키고, 확대시킬 수 있을 것이라고 말했다. 한번 말씀해 보시라. 석공이 그 예를 찾을 수 없는 대규모 건설을 위해 여러 지점에 포석을 깔 때, 각각의 돌은 물론이고 앞에 놓인 돌과 뒤에 놓을 돌을 연결하여 포괄적이고 최종적인 선을 그릴 돌조각들까지도 제자리를 찾아 서도록 하고 또한 전체 작업의 최종 목표를 지시하는 올바른 포석 지점을 찾을 수 있게 도와주는 줄을 긋는 것은 "서류상의" 일이 아니란 말인가? 그런데 우리가 바로 우리 당의 생에서 이런 시기를 겪고 있는 것은 아닌가? 우리에게는 돌도 있고 석공도 있지만, 모든 사람이 볼 수 있고 종사할 수 있는 줄, 바로 그것이 없다. 우리가 그 줄을 그음으로써 통제하려 한다고 마음대로 소리치게 내버려 두자. 신사 양반들, 우리가 통제를 원했다면 몇몇 동지들이 우리에게 권했듯이 『불꽃』 제1호 대신에 『노동자 신문』 제3호를 냈을 것이다. 그리고 앞서 언급한 사건들이 있은 후에 우리에게는 그렇게 할 충분한 권리가 있었다. 그러나 우리는 그렇게 하지 않았다. 우리는 온갖 사이비 사회민주주의자들과 비타협적인 투쟁을 수행하기 위한 자유로운 손을 갖고 싶었다. 우리는 우리의 줄이 올바르게 그어진다면 그 줄이 공식적인 신문이 그은 것이기 때문이 아니라 올바르기 때문에 존중되기를 원했다.

"지역 활동을 중앙 기관들로 통합시키는 문제는 악순환에 빠져 있다. 통합을 위해서는 여러 요소가 동질성을 가지고 있어야 하지만, 이 동질성 자체는 어떤 통일자만이 창출할 수 있을 뿐인데, 이러한 통일자로 될 수 있는 것은 지금은 동질성을 조금도 갖고 있지 않은 강력한 지역 조직들의 성과물이다." 이것이 나제주진이 우리에게 가르치는 바다. 이는 강력한 정치 조직을 양성해야 한다는 것만큼이나 존경할 만하고 논쟁의 여지가 없는 진실이다. 또한 그만큼 무익한 진실이다. 정치생활 전체가 끝없는 고리로 연결된 끝없는 사슬이기 때문에, 문제라는 문제는 모두 "악순환에 빠져 있다." 정치가의 모든 기술의 핵심은 현 시기에 무엇보다 중요한 한 고리, 손에서 미끄러져 나가지 않을 수 있는 고리, 틀어쥔 사람이 사슬 전체를 거머쥘 수 있는 가능성을 가장 많이 보장해 주는 바로 그러한 고리를 찾아내고 그것을 굳게 틀어쥘 줄 아는 능력이다.* 만일 우리에게 줄이 없어도 필요한 바로 그 지점에 돌을 놓을 수 있을 만큼 장단이 잘 맞게 된 노련한 석공 한 부대가 있다면(추상적으로 말하자면,

---

* 끄리첸스끼 동지, 마르띠노프 동지! "전제주의", "통제 불능의 권위주의", "최고 조정자" 등등이 이렇게 격분할 만큼 발현하고 있는 것에 주목하시오. 용서하시게. 사슬 전체를 틀어쥐고 싶어 하는 걸!! 곧 항변의 글을 쓰시게나. 여기 『노동자의 대의』 제12호에 실을 두 개의 사설을 위해 당신들에게 마련된 주제가 있으니까!

전혀 불가능한 일도 아니다.), 우리는 다른 고리에 매달릴 수도 있을 것이다. 하지만 장단이 잘 맞는 노련한 석공이 우리에게는 아직 없다는 것, 어느 곳을 봐도 돌들이 함부로 쓸데없이 놓여 있다는 것, 돌들이 전체적인 줄을 따라 놓여 있는 것이 아니라 마치 돌이 아니고 모래라도 되는 양 적들이 훅 불어 버릴 수 있을 정도로 띄엄띄엄 흩어져 있다는 것이 비극의 핵심이다.

또 하나의 비교. "신문은 집단적인 선전가, 집단적인 선동가일 뿐만 아니라 집단적인 조직가이기도 하다. 이 마지막 측면에서 볼 때, 신문은 세워지는 건물을 둘러싸고 세워 놓는 비계에 비교될 수 있으니, 그 비계에 의해 건물의 윤곽이 드러나고, 각각의 건축가들 사이의 소통이 용이해지며, 작업이 분배되며, 조직적 노력에 의해 달성된 공동의 성과를 쉽게 평가할 수 있게 된다."* 이것이 어떻게 탁상공론가가 자기 역할을 과대평가하는 것과 비슷하단 말인가? 비계는 주거를 위해서는 전혀 불필요한 것이다. 그래서 비계는 나쁜 목재로 만들어지고 단기간만 세워지며, 건물이 대강이라도 완공되기만 하면 불쏘시개로 아궁이에 던져진다. 혁명 조직의 건설에 관해 말하자면, 경험이 입증하는 바는 때로는 비계 없이도 조직을 건설할 수 있다는 것이다. — 70년대를 한번 생각해 보라. 그러나 지금 우리는 우리에게 필요한 건물을 비계 없이 올린다는 것을 상상할 수도 없다.

* 마르띠노프는 『노동자의 대의』(제10호 62쪽)에서 이 인용문의 첫 문장은 인용하면서 바로 뒤의 문장은 빠뜨렸다. 이렇게 함으로써 그는 자신이 문제의 핵심을 건드리고 싶지 않다는 것을 강조하거나 아니면 그 핵심을 이해할 능력이 없다는 것을 강조하기라도 하는 듯하다.

나제주진은 이에 동의하지 않고 다음과 같이 말한다. "『불꽃』은 그런 일을 중심으로 그런 일을 위한 활동에 사람들이 모이고 조직될 것이라고 생각한다. 그러나 더 구체적인 일들을 중심으로 모이고 조직되는 것이 사람들에게는 훨씬 다가가기 가까울 것이다!" 물론 그럴 것이다. "더 구체적인 일들을 중심으로 하는 것이 훨씬 가까울 것이다……." 러시아 속담에 이런 말이 있다. "우물에 침 뱉지 말라. — 그 물로 갈증을 풀게 될지 모른다." 하지만 침 뱉은 우물물도 마다 않고 마시는 사람들이 있다. 우리의 위대한 합법적 "맑스주의 비판자들"과 비합법적 『노동자의 사상』 추종자들이 더 구체적인 일이라는 미명 아래 어떤 추악한 일인들 뜻을 맞추지 못하겠는가! "더 구체적인 일들을 중심으로 훨씬 가깝게"라는 관습적인 논거로 정당화되어 온 우리의 소심함과 협소함과 창발성 결여로 인해 우리의 운동이 얼마나 짓눌려 왔던가! 더욱이 "탁상공론가"인 사람들을 특히 혹독하게 단죄하고, 아무것이나 다 "경제주의"라고 부르는 약점이 있다며 『불꽃』을 비난하며(자신의 재치를 과시하면서), 자신은 정통주의자와 비판자라는 이 이분법을 초월해 훨씬 높은 곳에 서 있다고 생각하는 나제주진은 — 자신이 특히 "생활"에 민감하다고 여기면서도 — 자기 스스로도 분노하고 있는 협소함을 자신의 논거로 지지해 주고 있다는 사실, 자신이 침으로 범벅이 된 우물물을 죄다 마시고 있다는 사실을 깨닫지 못하고 있다! 분노에 찬 사람이 키도 없이 돛도 달지 않고 70년대의 혁명가들처럼 "자생적으로" 내달리며 "자극적 테러", "농민의 테러", "경종 울리기" 등등의 꽁무니를 좇아간다면, 협소함에 대한 가장 진실한 격분으로도, 협소함에 굴종하고 있는 사람들을 끌어올리려는 가장 뜨거운 바람으로도 아직은 불충분하다. 나제주진이 생각할 때, 모이고 조직되는 중심으로서 "훨씬 가까울" 것이라고 하는 그 "더 구체적인" 일이라는 것들을 한번 보라. 1) 지역신문들, 2) 시위 준비, 3) 실업자들을 대상으로 하는 활동 등이 그것이다. 언뜻 보기에도 이 모든 일은 뭐라도 말하기 위해, 정말 우연히, 되는 대로 주워 모은 것들임이 확연하다. 왜냐하면 이런 일들을 아무리 들여다봐도 "모으고 조직하기에" 특별히 적합한 어떤 것을 그 속에서 발견하는 것은 황당하기 때문이다. 사실, 나제주진 스스로도 두 쪽 뒤에서 다음과 같이 말하고 있다. "다음과 같은 사실을 솔직히 인정해야 할 때가 왔다. 각 지역에서는 극히 빈곤한 활동이 전개되고 있다는 것 말이다. 각 위원회들은 그들이 해낼 수 있는 일의 십분의 일도 하지 못하고 있다……. 현재 우리에게 있는 통합의 중심 조직들은 서로 감투나 나눠 갖고 있는 허구적 기구이며, 혁명적 관료주의에 물들어 있다. 이런 현상은 강력한 지역 조직들이 성장하기 전까지는 계속될 것이다." 몇몇 과장된 표현이 있긴 하지만, 이 말 속에 많은 쓰디쓴 진실이 들어 있는 건 틀림없다. 나제주진은 지역 조직의 테두리에 칩거하고 있는 활동가들의 준비 부족 상태에서는 필연적일 수밖에 없는 활동가들의 협소한 시야와 그들 활동의 협소한 규모가 각 지역에서의 빈곤한 활동과 연관되어 있다는 것을 정말 모른단 말인가? 『자유』에 실린 조직에 관한 기사의 필자가 그랬던 것처럼, 그도 광범위한 지역신문들로 활동을 옮겨 간 것(1898년부터)과 나란히 "경제주의"와 "수공업성"이 특히 강화되었다는 사실을 정말 잊었단 말인가? 설령 "광범위한 지역신문들"을 만족할 만한 수준으로 발간하는 것이 가능하다 할지라도(우리는 앞서 몇몇 특수한 경우를 제외하고는 그런 것이 불가능함을 보여 준 바 있다.), 그 경우에도 지역신문들이 전제주의에 대한 **공동의** 공격과 **통일된** 투쟁의 지도를 위해 혁명가들의 모든 역량을 "모으고 조직할" 수는 없을 것이다. 여기서 우리는 신문의 "모으는" 기능, 즉 조직가로서의 의의만을 다루고 있음을 잊지 말라. 그렇다면 우리는 나제주진이 제기한 역설적 문제를 산개성을 옹호하는 그 자신에게 되돌려 이렇게 제기할 수 있다. "어쨌거나 우리는 20만 명의 혁명적 조직가들을 유산으로 물려받지 않았던가?" 더 나아가 "시위 준비"는 『불꽃』의 계획과 **대립될** 수 없다. 왜냐하면 이 계획이 바로 가장 광범위한 시위를 **여러 목표들 가운데 하나로** 전제하고 있기 때문이다. 문제의 핵심은 그렇게 할 수 있는 실천적 수단을 채택하는 것이다. 이 지점에서 나제주진은 또다시 혼란에 빠져 있다. "모이고 조직된" 군대만이 시위(지금까지 거의 대부분의 경우에는 완전히 자생적으로 일어나곤 했던)를 "준비할" 수 있는 것인데, 우리에게는 모으고 조직할 **능력이** 그야말로 **없다는** 사실을 그는 간과한 것이다. "실업자들을 대상으로 하는 활동." 또다시 똑같은 혼란이다. 왜냐하면 이것 역시 군대를 동원하기 위한 계획이 아니라 동원된 군대의 전투행위 가운데 하나이기 때문이다. 나제주진이 우리의 산개성과 "20만 명의 역량"의 부족함이 낳은 해악을 어느 정도까지 과소평가하고 있는지는 아래의 사실에서 알 수 있다. 수많은 사람(나제주진을 포함하여)

이 실업자 관련 자료가 빈약하고 농촌 생활의 가장 진부한 현상들에 관한 통신문들은 우발적인 것들이라며 『불꽃』을 질책했다. 이 질책은 정당한 것이다. 하지만 『불꽃』은 이 점에서 "죄 없는 죄인"이다. 우리는 농촌에도 걸치는 "줄을 그으려" 노력하고 있지만, 농촌에는 석공이 그 어디에도 없다. 따라서 진부한 사실일망정 그런 것을 알려 주는 사람 누구라도 우리는 격려해야 할 필요가 있다. 농촌의 협력자 수를 배가시켜, 결국은 정말 두드러진 사실들을 우리 모두가 골라낼 수 있도록 가르칠 것이라는 희망을 가지고서 말이다. 그러나 우리를 가르칠 자료는 너무 적어서, 러시아 전역과 관련하여 그런 자료를 종합하지 않는다면 배울 수 있는 것이 전혀 없는 실정이다. 물론 나제주진처럼 선동가적 자질과 부랑아의 삶에 대한 지식이라도 있는 사람이라면 실업자들을 대상으로 한 선동으로 운동에 큰 기여를 할 수 있을 것이다. 하지만 그런 사람이 새로운 일을 아직 만들어 낼 줄 모르는 대중 속의 많은 사람들에게 하나의 모범이 되고 교훈이 될 수 있도록 자기 활동 하나하나를 러시아의 모든 동지에게 알려 주려 부심하지 않는다면, 자신의 재능을 땅속에 묻어 두는 것이 될 것이다.

지금은 모든 사람이 결연하게 통합의 중요성과 "모으고 조직하는 일"의 필요성을 말한다. 그러나 대부분의 경우, 무엇으로부터 시작하고 어떻게 이러한 통합을 이루어 내야 하는지에 관한 뚜렷한 개념이라고는 전혀 없는 상태다. 만일 우리가 한 도시의 개별적인 — 그러니까 각 지구의 — 서클들을 "통합한다면", 이를 위한 공동의 기관들, 말하자면 동맹이라는 공동의 명칭 하나만이 아니라 지역별로 안배되고 전체 시 활동의 전문성을 고려한 실제적인 공동 작업, 자료 · 경험 · 역량 등의 교환, 직무의 분배 등이 필요하다는 점에 아마도 모두 동의할 것이다. 견고한 비밀 기구를 한 지구의 "자원들"(물론 인적 · 물적 자원들)로 유지한다면 수지가 맞지 않는 일(상업적 표현을 사용해도 된다면)이며 그러한 좁은 무대에서는 전문가들의 재능을 충분히 발전시킬 수 없다는 점에는 어떤 사람이라도 동의할 것이다. 그러나 여러 도시가 통합된 경우에도 똑같은 말을 적용할 수 있다. 왜냐하면 우리 사회민주주의당 운동의 역사상 개별 지역 같은 무대 역시 너무나 좁은 공간이었고 지금도 역시 그렇기 때문이다. 우리는 앞서 정치 선동과 조직 작업의 예를 들면서 이 점을 상세하게 입증한 바 있다. 우리가 필수적으로 해야 할 일, 무엇보다 먼저 해야 할 일은 이 무대를 확장하고 정기적인 공동의 활동을 기반으로 하여 도시들 사이의 실제적인 관계를 창출하는 것이다. 왜냐하면 사람들은 산개성에 짓눌려 있어서, "굴속에 갇힌 듯 들어앉아서"(『불꽃』에 보낸 한 편지의 필자가 쓴 표현을 빌리자면)[79] 개명 천지에 무슨 일이 일어나고 있는지, 누구에게서 배울 것인지, 어떻게 경험을 쌓을 것인지, 폭넓은 활동을 하고자 하는 욕구를 어떻게 충족시킬지를 모르고 있기 때문이다. 그러므로 나는 다종다양한 형태의 활동이 낳은 결과를 총괄하고, 그렇게 함으로써 모든 길은 로마로 통하듯 사람들이 혁명에 이르는 수없이 많은 모든 길을 따라 지치지 않고 앞으로 나갈 수 있도록 자극하는, 유일하고 정기적인 전 러시아적 계획인 공동의 신문을 기반으로 하여야만 이러한 실제적인 관계

창출을 시작할 수 있다고 계속해서 주장하는 바이다. 말로만 통합을 원하는 것이 아니라면, 각각의 지역 서클들은 공동의 사업을 위한 적극적인 활동에 자기 역량의 가령 1/4를 바로 지금부터 할당하도록 해야 한다. 그러면 신문은 곧 그런 지역 서클들에게 이 사업의 일반적 윤곽, 규모, 성격을 제시할 것이며,* 전 러시아적 활동 전체에서 어떤 공백이 가장 강하게 느껴지는지, 선동이 행해지지 않는 곳은 어디인지, 관계가 약한 곳은 어디인지, 또 거대한 전체 기구 가운데 해당 서클이 수선해야 할 바퀴는 어떤 것인지 또는 바퀴를 교환해야 하는 것은 아닌지 등등을 지적해 줄 것이다. 아직 활동을 못해 보고 할 일을 찾기만 하고 있는 서클이 있다면, 이제 그런 서클은 "산업"의 발전 상태 및 해당 산업의 생산수단의 전반적 상태를 알지 못하는 조그만 개별 작업장의 수공업자로서가 아니라 전제주의에 대한 혁명적 공격 일체를 반영하는 광범위한 계획의 참여자로서 활동을 시작할 수 있을 것이다. 각각의 바퀴의 완성도가 높으면 높을수록, 공동의 과업에 묶여 일하는 개체의 수가 많으면 많을수록, 우리의 망은 더욱 조밀해지고, 피할 수 없는 침탈이 전체 대오에 야기하는 혼란은 더욱 적어질 것이다.

신문을 배포하는 하나의 기능만으로도(그 신문이 신문이라는 이름에 값한다면, 즉 정기적으로, 그것도 무게 있는 잡지들

* 하나의 단서. 이런 서클들이 이 신문의 경향에 공감하고, 문필 활동에서뿐만 아니라 온갖 혁명적 협력 일반에서 신문의 협력자가 되는 것이 대의를 위해 유익하다고 생각한다면. 『노동자의 대의』를 위한 각주. 민주주의 게임이 아니라 대의를 높이 평가하는 혁명가들, "공감"과 적극적이고도 활기찬 참여를 분리시키지 않는 혁명가들 사이에서는 이 단서가 자명한 것이다.

처럼 한 달에 한 번씩 나오는 것이 아니라 한 달에 네 번 정도 나온다면) 실제적인 관계를 만들어 내기 시작한다. 지금은 혁명 과업에 필요한 것들에 관한 각 도시들의 의사소통이 무척 드물고, 어찌 되었든 항상 예외적이다. 하지만 신문이 있다면, 이러한 의사소통이 하나의 규칙이 되어 신문의 배포뿐만 아니라 (그보다 훨씬 중요하게는) 경험 · 자료 · 역량 · 자원 등의 교환을 보장할 것이다. 조직 활동의 규모는 금방 몇 배로 확대되고, 한 지역의 성공은 사람들이 더 높은 수준의 개선을 향해 나아가도록 부단히 고무하고, 저 멀리 떨어진 지역에서 활동 중인 동지가 이미 획득한 경험을 활용하려는 욕구를 북돋아 줄 것이다. 지역 활동은 지금보다 훨씬 풍부해지고 다양한 방면으로 나아가게 될 것이다. 러시아 전역에서 수집되는 정치 폭로 및 경제 폭로는 모든 직종의 노동자, 모든 발전 단계의 노동자에게 지적 자양분을 제공하고 참으로 다양한 문제들, 그것도 합법 신문의 암시, 사람들의 이야기, "뻔뻔스러운" 정부 발표 등을 통해 물 위에 떠오른 문제들에 대한 강독과 토론을 위한 기회와 자료를 제공할 것이다. 폭발적 사건과 시위 하나하나가 러시아 전역에서 모든 측면에 걸쳐 검토되고 평가될 것이며, 이로 인해 다른 사람들보다 뒤떨어지지 않으려는 욕구, 다른 사람들보다 더 잘 해내려는 (우리 사회주의자들이 "경쟁"이나 겨루기를 모두 다 일반적으로 배격하는 것은 결코 아니다!) 욕구, 처음에는 어찌어찌하여 자생적으로 이루어진 일을 의식적으로 준비하려는 욕구, 공격 계획을 변경하기 위해 해당 지역이나 해당 시기의 유리한 조건을 이용하려는 욕구가 생겨날 것이다. 이와 동시에,

지역 활동이 이처럼 활기를 띠면 지역신문의 한 호 한 호가 나오거나 시위가 있을 때마다 모든 사람을 총동원하고 모든 역량이 필사적으로 "초죽음이 되도록" 긴장하는 일은 없어질 것이다. 한편으로는 경찰이 어떤 지역에서 "뿌리"를 찾아야 할지 모르기 때문에 "뿌리"까지 도달하는 것이 훨씬 어려워질 것이며, 다른 한편으로는 사람들은 정기적인 공동 활동을 통해 해당 시기의 공격력을 전체 군대의 어떤 부대의 주어진 상황에 맞게 편성하는 법을 배우게 될 것이다. (지금은 십중팔구 공격이 자생적으로 이루어지기 때문에 어느 누구도 그러한 편성에 대해 생각하지 못하고 있다.) 또한 문건들뿐만 아니라 혁명 역량도 다른 지역으로부터 더 쉽게 "이동"할 수 있을 것이다.

지금은 이런 역량이 대부분의 경우에는 협소한 지역 활동 속에서 신음하고 있지만, 위와 같이 되면 어느 정도 능력이 있는 선동가나 조직가를 나라의 이쪽 끝에서 저쪽 끝으로 보낼 수 있는 계기와 가능성이 항상적으로 생길 것이다. 당의 경비로 당 사업상의 짧은 여행을 하는 것을 비롯하여 당이 전적으로 생계를 부양하는 상황, 직업적 혁명가가 되고 진정한 정치 지도자로 성장할 수 있는 상황에 사람들은 익숙해질 것이다.

모든 또는 상당수의 지역 위원회, 지역 그룹, 서클이 적극적으로 공동의 대의에 복무하도록 하는 일을 우리가 실제로 해낼 수 있다면, 우리는 머지않아 러시아 전역에 정기적으로 수만 부씩 배포되는 주간 신문을 발간할 수 있게 될 것이다. 이 신문은 계급투쟁과 국민적 분노의 불꽃 하나하나를 큰 불로 일구어 내는 거대한 풀무의 작은 부분이 될 것이다. 아직 그 자체로는 소박하기만 하고 작은 규모이지만 정기적이고 공동의 — 그 말의 완전한 의미에서 — 과업인 이 일을 중심으로, 시련을 겪은 전사들의 상비군이 체계적으로 선발되고 훈련될 것이다. 이러한 공동의 조직 건설 현장의 발판과 비계 위로, 우리의 혁명가들 가운데서는 젤랴보프 같은 사회민주주의당 당원들이, 우리의 노동자들 가운데서는 러시아의 베벨 같은 이들이 올라서서 나아갈 것이다. 이들은 동원된 군대의 선두에 서서, 러시아의 치욕과 저주를 징벌하는 길로 전체 인민이 떨쳐 일어나게 할 것이다.

우리가 꿈꾸어야 할 것이 바로 이런 일 아닌가!

* * *

"꿈꾸어야 한다!" 이 말을 쓰고 나니 흠칫하다. "통합 대회"에 내가 앉아 있고 맞은편에 『노동자의 대의』의 편집진들과 동료들이 앉아 있는 모습이 떠오르는 것이다. 마르띠노프 동지가 일어나 위협적으로 내게 말한다. "당신에게 질문 하나 해도 될까요? 당 위원회의 사전 조회 없이 독립적인 편집국이 꿈꿀 권리가 있습니까?" 이어서 끄리첸스끼 동지가 일어나서 (이미 오래전에 빨레하노프 동지를 심화시켰던 마르띠노프 동지를 철학적으로 심화시키면서) 더더욱 위협적으로 덧붙인다. "나는 좀 더 나아가서, 맑스주의자가 도대체 꿈꿀 권리가 있느냐고 묻겠습니다. 맑스에 따르면 인류는 언제나 자신이 해결할 수 있는 과제들을 제기한다는 것, 전술은 당과 함께 성장하는 임무의 성장 과정이라는 것을 잊지 않고 있다면 말입니다."

이 준열한 질문들을 떠올리기만 해도 나는 등골이 서늘해져서 어디 숨을 곳을 찾고만 싶은 기분이다. 삐싸레프의 등 뒤로 숨어 보자.

삐싸레프는 꿈과 현실 사이의 괴리라는 문제를 두고 다음과 같이 썼다. "같은 괴리라 해도 천차만별이다. 나의 꿈은 사건의 자연스러운 진행을 앞지를 수도 있다. 또는 완전히 빗나가서 사건의 그 어떤 자연스러운 진행도 이를 수 없는 곳으로 갈 수도 있다. 첫째 경우에 꿈은 아무런 해도 입히지 않는다. 오히려 그것은 일하는 사람의 정력을 지탱시키고 증대시킬 것이다. 그러한 꿈에는 노동력을 왜곡하거나 마비시킬 요소가 전혀 없다. 심지어 완전히 그 반대이다. 만일 사람이 이런 식으로 꿈꿀 수 있는 능력을 완전히 박탈당하고 있다면, 종종 앞서 나가 자신의 손으로 이제 막 빚어지고 있는 창조물 자체를 완결된 통일적 상태로 정신적으로 인식할 수 없다면, 그렇게 된다면 예술 · 과학 · 실천적 생활 등의 영역에서 광범위하고도 힘든 일을 인간이 계획하고 끝까지 추진할 수 있도록 만드는 각성제가 어떤 것이 있을지, 나는 도저히 상상할 수 없다. …… 꿈과 현실 사이의 괴리는 꿈꾸고 있는 사람이 자신의 꿈을 진지하게 믿는다면, 삶을 주의 깊게 들여다보고 자신이 관찰한 바를 자신의 공중누각과 비교해 본다면 그러니까 자신의 공상을 실현하기 위해 성실히 활동한다면, 아무런 해악도 끼치지 않는다. 꿈과 삶 사이에 조금이라도 만나는 지점에 있다면 모든 것이 순조로울 것이다."[80]

불행하게도 우리 운동에는 이러한 종류의 꿈꾸기가 너무 적다. 이 점에 누구보다 더 많은 책임이 있는 사람들은 자신의 좀

스러움과 "구체적인 일"에 대한 자신의 "친밀함"을 자랑하는 합법적 비판의 대표자들과 비합법적 "꽁무니주의"의 대표자들이다.

3. 우리에게는 어떠한 유형의 조직이 필요한가?

이제까지 서술한 것으로부터 독자들은 우리의 "계획으로서의 전술"의 핵심이 즉각적인 돌격 촉구를 거부하는 것, "적의 요새를 제대로 포위할 것"을 요구하는 것, 또는 상비군을 모으고 조직하고 동원하는 데 모든 노력을 경주할 것을 요구하는 것임을 알게 된다. 『노동자의 대의』가 "경제주의"에서 돌격을 외치는 방향으로 도약한 것(1901년 4월에 배포된 『노동자의 대의』의 「전단」 제6호)을 우리가 비웃자, 당연하게도 『노동자의 대의』는 우리가 "공론주의"이고 혁명적 의무를 이해하지 못하고 조심스러움을 촉구한다는 따위 비난으로 우리를 공격했다. 물론 아무런 원칙도 없고 심오하기 짝이 없는 "과정으로서의 전술"로 요리조리 빠져나가고 있는 사람들의 입에서 나온 이러한 비난에 우리는 조금도 놀라지 않았다. 안정적인 강령과 전술의 원칙을 철저히 경멸하는 나제주진이 이러한 비난을 반복한 점에도 마찬가지로 우리는 놀라지 않았다.

역사는 반복되지 않는다고 한다. 그러나 나제주진은 트까초프를 열심히 흉내 내어 "혁명적 순수 계몽주의"를 힐난하며 "인민의 경종을 울릴 것"과 "혁명 전야의 특수한 관점"을 외쳐대면서 있는 힘을 다해 역사가 반복되게 하려고 애쓰고 있다.

그는 역사적 사건의 원본이 비극이면 그 복사본은 소극笑劇일 뿐이라는 유명한 경구를 잊고 있음이 분명하다.[81] 트까초프의 설교에 의해 준비되었던, "공포용"이자 실제로 공포를 불러일으켰던 테러를 매개로 실행되었던 권력 장악을 위한 시도는 장대한 것이었지만, 소小트까초프의 "자극적" 테러는 그저 우스꽝스런 것이다. 특히 중간층의 조직화라는 사상이 그것에 덧붙여질 때 더욱 그러하다.

나제주진은 말한다. "『불꽃』이 먹물 근성이라는 자신의 틀을 깨고 나온다면, 이런 것들(『불꽃』 제7호에 실린 노동자의 편지와 같은 현상들)이 이제 곧 '돌격'이 시작될 징후라는 사실, 따라서 지금(sic[원문 그대로]!) 전 러시아적 신문으로부터 실처럼 뻗어 나오는 조직에 관해 말하는 것은 탁상공론격인 사고와 활동을 번식시키는 것이라는 사실을 깨닫게 될 것이다." 이 얼마나 상상도 할 수 없는 혼란인지 한번 보라. 한편으로는 지역신문들과 같은 "더 구체적인 일"을 중심으로 "훨씬 가깝게" 모일 것이라는 견해와 나란히 "중간층의 조직화"와 자극적 테러를 놓고, 다른 한편으로는 전 러시아적 조직에 관해 "지금" 논하는 것은 탁상공론격인 사고를 번식시키는 것이라고, 그러니까 좀 더 직설적이고 간단히 말하자면 "지금"은 이미 늦었다고 하다니! 그렇다면 존경하는 나제주진 씨, "지역신문들을 광범위하게 발행하는 것" ― 그것은 늦은 게 아닌지요? 이것과 『불꽃』의 다음과 같은 관점과 전술, 즉 자극적 테러는 쓸데없는 짓거리이며 이른바 중간층의 조직과 광범위한 지역신문 발간에 관해 논하는 것은 "경제주의"에 문을 활짝 열어 놓는 것을 의미한다는 것을 비교해 보라. 단일한 전 러시아적 혁명가 조직을 논해야 한다. 그리고 그것은 종이 위에서의 돌격이 아닌 진정한 공격이 시작될 때까지는 늦은 것이 아니다. 나제주진은 계속해서 말한다.

> 물론, 조직에 관한 한 우리 상황은 극히 어둡다. 우리 전투력의 주요 부분이 의용병과 반란군이라고 말하는 『불꽃』은 지극히 옳다. …… 당신들이 우리 역량의 상태를 냉정히 판단하고 있는 것은 좋다. 그러나 **군중이 결코 우리 편이 아니며**, 따라서 **그들은** 언제 군사행동이 개시되어야 하는지를 **우리에게 묻지 않고** '폭동을 일으킬' 것이라는 점은 여기서 왜 잊고 있는가. …… 군중 스스로가 자생적 파괴력을 앞세워 진격하게 될 때, 전부 우리가 모으기는 했으나 매우 체계적인 조직을 도입하는 **결실을 맺지** 못했던 '상비군'을 그들이 깔아뭉개고 일소할 **수도 있는** 것이다.(강조는 내가 한 것.)

놀라운 논리로군! "군중이 우리 편이 아니"라는 **바로 그 이유 때문에**, 지금 "돌격"을 외친다는 것은 어리석고도 무례한 일이란다. 돌격은 상비군의 공격이지 군중의 자생적 폭발이 아니기 때문이란다. 군중이 상비군을 깔아뭉개고 일소할 **수도 있다는** 바로 그 이유 때문에, 우리는 "상비군에 매우 체계적인 조직을 도입하는" 활동을 통해 자생적 고양을 반드시 "따라잡아야" 한단다. 왜냐하면 우리가 그러한 조직성을 도입하는 데 "결실을 맺으면 맺을수록", 상비군이 군중에 의해 깔아뭉개지는 것이 아니라 군중의 선두에 서게 될 것이 더욱 확실해지기 때문이란다. 나제주진이 혼란에 빠진 것은 체계적으로 조직되는 이 군대가 군중으로부터 유리된 어떤 일에 복무하는 것인 양 생각하기 때문인데, 사실 이 군대는 전면적이고 포괄적인 정치 선동, 즉 군중의 자생적 파괴력과 혁명가 조직의 의식적 파괴력을 접근시키고 하나로 융합시키는 활동에 철저히 복무한다. 사실, 당신들, 신사 양반들은 두통거리를 다른 사람에게 떠넘기려 하고 있다. 왜냐하면 자유그룹이야말로 테러를 강령에 도입함으로써 테러주의자의 조직을 요구하고 있기 때문이다. 그러한 조직은 유감스럽게도 아직은 우리 편이 아니며, 유감스럽게도 언제, 그리고 어떻게 군사행동을 개시해야 하는지를 우리에게 묻지 않거나 묻는 일이 드문 군중과 우리의 군대가 가까워지는 것을 실제로 차단할 것이기 때문이다.

나제주진은 계속 『불꽃』을 위협한다. "우리는 청천벽력 같이 우리를 덮친 오늘날의 사태들을 못 보고 넘겼던 것처럼 혁명 자체를 못 보고 넘기게 될 것이다." 이 문구는, 앞서 인용한 구절과 관련해 볼 때, 『자유』가 만들어 낸 특수한 "혁명 전야의 관점"* 이 얼마나 불합리한가를 한눈에 보여 준다. 직설적으로 말하자면, 이 특수한 "관점"이란 "지금"은 토론하고 준비하기에는 이미 늦었다는 것으로 귀결된다. 만일 그렇다면 "먹물 근성"의 철천지원수여, 무엇 때문에 132쪽에 달하여 "이론** 과 전술

* 『혁명 전야』 62쪽.

** 그런데 나제주진은 자신의 책 『이론 문제 비평』에서 "혁명 전야의 관점"에 입각한 저 흥미로운 다음 구절을 제외하고는 이론 문제에 관해서는 거의 아무 말도 하지 않았다. "현 시기에 베른슈타인주의는 전반적으로 그 날카로움을 상실하고 있다. 그것 또한, 스뜨루베 씨는 이미 한물갔다는 점을 아다모비치 씨가 입증할 것인가 아니면 그와

문제에 관하여" 글을 썼단 말인가? 당신들은 "그들을 때려눕혀라!"라는 간략한 호소를 담은 13만 2천 장의 전단을 발행하는 것이 "혁명 전야의 관점"에 더 잘 어울린다는 것을 생각지 못하는가?

『불꽃』이 하고 있는 것과 같은 전 국민적 정치 선동을 강령, **전술, 조직 활동** 등의 중심으로 삼고 있는 사람이야말로 혁명을 못 보고 넘길 위험이 가장 적다. 러시아 전역에 걸쳐 전 러시아적 신문으로부터 뻗어 나오는 조직의 실을 엮어 가는 데 전념하고 있는 사람들은 봄의 사태[57]를 못 보고 넘기지 않았을 뿐만 아니라 그와는 반대로 그 사태들을 예견할 수 있는 가능성을 우리에게 심어 주었다. 이들은 『불꽃』 제13호와 14호에 게재된 일련의 시위[82]도 못 보고 넘기지 않았다. 이와 반대로 이들은 군중의 자생적 고양을 지원하는 것이 자신들의 의무임을 생생히 인식하면서, 그와 동시에 신문을 통해 러시아의 모든 동지가 이 시위들에 관해 알고 그 경험을 활용할 수 있도록 도우며 그 시위들에 참가하였다. 이들은 살아 있는 한 혁명을 못 보고 넘기지 않을 것이며, 혁명은 우리에게 숙련되게 선동할 능력, 모든 항의를(사회민주주의적인 방식으로) 지원할 줄 아는 능력, 자

는 반대로 스뜨루베 씨가 아다모비치 씨를 논박하며 퇴진에 동의하지 않을 것인가 하는 문제와 마찬가지로, 어찌되든 아무 상관이 없다. 왜냐하면 혁명의 '순간'이 다가왔기 때문이다."(110쪽.) 이론에 관한 나제주진의 끝없는 무사태평을 이보다 더 극명하게 보여 주기도 어려울 것이다. 우리는 "혁명 전야"를 선언하였다. **따라서** 정통주의자들이 비판가들을 완전히 격퇴할 수 있을 것인가 아닌가 또한 "어찌되든 아무 상관이 없다"!! 더욱이 우리의 현자께서, 혁명의 시기에야말로 비판가들의 **실천적인** 입지에 맞서 결연한 투쟁을 벌이기 위해 그들과의 이론투쟁의 성과물이 우리에게 필요하다는 것도 눈치 채지 못하다니!

생적 운동을 적들의 함정과 벗들의 오류로부터 보호하면서 방향을 잡아 갈줄 아는 능력을 무엇보다 우선적으로, 그리고 최대한 요구할 것이다!

이렇게 해서 우리는, 공동의 신문을 위한 공동 활동을 매개로 전 러시아적 신문을 중심으로 한 조직 계획을 우리가 주장하지 않을 수 없는 마지막 이유에 도달하게 되었다. 그러한 조직만이 사회민주주의 전투조직에 필수적인 **유연성**, 즉 그야말로 다양하고 빠르게 변화하는 투쟁 조건에 즉각적으로 적응할 줄 아는 능력, "한편으로는 적이 하나의 지점에 모든 역량을 집중하고 있을 때 자신의 역량을 압도하는 적과의 공개 전투를 피하고, 다른 한편으로는 적들이 민첩하지 못함을 이용하여 그들이 거의 예상치 못하는 시간과 장소에서 적들을 공격할 줄 아는 능력"*을 보장할 것이다. 한순간의 폭발과 가두 투쟁만을, 또는 "지루한 일상 투쟁의 단계적 진전"만을 기대하면서 당 조직을 건설한다면, 이는 중차대한 오류이다. 우리는 항상 우리의 일상적인 활동을 수행하고 모든 사태에 대비해야 한다. 폭발의 시기가 소강 시기로 바뀌는 것을 사전에 예측하는 것은 거의 불가능

* 「무엇으로부터 시작할 것인가?」, 『불꽃』 제4호. 나제주진은 다음과 같이 쓰고 있다. "혁명 전야의 관점에 입각해 있지 않은 혁명적 문화 활동가는 활동의 장기성에 조금도 곤혹스러워 하지 않는다."(62쪽.) 이에 관해 한마디 하겠다. 우리가 **지극히 장기적인** 활동을 항상 고려하면서 그와 동시에 이 **활동 과정 자체**가 우리 당이 제 위치를 지키고 온갖 예외적인 상황과 사건의 급박한 진행 속에서도 자신의 의무를 수행할 수 있는 준비 태세를 갖추도록 보장하는 그러한 정치 전술과 조직 계획을 마련하지 못한다면, 우리는 한낱 보잘것없는 정치적 모험주의자에 지나지 않을 것이다. 겨우 어제부터 사회민주주의자임을 자처하기 시작한 나제주진만이 사회민주주의당의 목적은 전 인류의 생활 조건을 뿌리째 변혁시키는 것이라는 점을, 따라서 사회민주주의자는 활동의 장기성이라는 문제로 "곤혹스러워" 해서는 안 된다는 점을 잊을 수 있을 뿐이다.

하며, 만일 그것이 가능한 경우에도 조직을 개혁하는 데 이러한 예측을 이용해서는 안 된다. 왜냐하면 전제주의 국가에서는 이러한 변화가 놀라울 정도로 급작스럽게 일어나기 때문이며, 때로는 짜르의 야니차르[83]가 한 번의 야밤 습격을 단행하는 것으로도 일어나기 때문이다. 게다가 혁명 그 자체를 (나제주진 등이 다분히 그렇게 생각하고 있듯이) 일회적인 행동의 형태로 생각해서는 결코 안 된다. 그것은 어느 정도의 강력한 소강상태와 어느 정도의 강력한 폭발이 여러 번 빠르게 교차하는 형태로 일어난다. 그러므로 우리 당 조직 활동의 주요 내용과 이 활동의 초점은 강력한 폭발의 시기와 완전한 소강의 시기에 모두 다 필요한 것이며, 또 가능한 그런 것이 되어야 한다. 즉 러시아 전역에 걸쳐 생활의 모든 측면을 조명해 주는, 가장 광범위한 대중을 향한 통일된 정치 선동 활동이 되어야 하는 것이다. 그런데 매우 자주 발간되는 전 러시아적 신문 없이는 오늘날의 러시아에서 그러한 활동을 생각할 수 없다. 이 신문을 중심으로 저절로 형성되는 조직, 신문의 협력자들(광의의 의미에서 신문에 관여하는 모든 사람)의 조직이 이른바 모든 일, 즉 최악의 혁명적 "탄압"의 시기에 당의 명예, 권위, 계승성을 지켜 나가는 것에서부터 전 국민적인 무장봉기를 준비하고 그 시기를 정하고 봉기를 수행하는 일에 이르기까지의 모든 일을 할 준비를 갖출 것이다.

사실, 러시아에서 매우 자주 일어나는 일 — 하나 혹은 몇몇 지역에서 완전한 침탈이 이루어지는 것 — 을 생각해 보라. 모든 지역 조직에 하나의 정기적인 공동 사업이 없을 경우, 그러한 침탈은 종종 수개월 동안의 활동 중단 사태를 야기한다. 이와 반대로 모든 지역 조직에 공동의 사업이 있다면, 아무리 강력한 침탈이 있더라도 두세 명의 정력적인 사람들이 몇 주일 활동하는 것으로도, 지금 매우 빠르게 생겨나고 있는 — 잘 알다시피 — 새로운 청년 서클들을 전체의 중앙과 충분히 연결시켜 줄 수가 있다. 또한 침탈로 인해 어려움을 겪게 되는 이 공동 사업을 모든 사람이 보게 되는 경우에는, 새로운 서클들이 더욱 빨리 생겨나 이 사업과 연결될 수 있을 것이다.

다른 한편으로, 인민 봉기를 생각해 보라. 현재 모든 사람은 우리가 봉기를 생각해야 하고 그것을 준비해야 한다는 데 동의할 것이다. 하지만 어떻게 준비해야 하는가? 봉기 준비를 위해 중앙위원회가 모든 지역에 임무 대행자*를 임명할 수는 없지 않은가! 우리에게 중앙위원회가 있다 해도, 오늘날 러시아 조건에서는 그와 같은 임명으로는 그야말로 아무것도 달성할 수 없을 것이다. 그와는 반대로, 공동의 신문을 발간하고 배포하는 활동을 통해 저절로 형성되는 임무 대행자 망은 봉기를 호소하는 슬로건을 "앉아서 기다리는" 일을 하는 것이 아니라, 봉기가 일어날 경우에 가장 높은 성공 가능성을 보장하는 바로 그런 규칙

* 이런, 맙소사! 또다시 마르띠노프의 민주주의적 귀에 몹시 거슬리는 "임무 대행자"라는 무시무시한 말을 내뱉고 말았군! 왜 이 말이 70년대의 거장들을 화나게 한 것이 아니라 90년대의 수공업자들을 화나게 하는 건지, 이상한 일이 아닌가? 내가 이 말을 좋아하는 것은 모든 임무 대행자가 사고와 행동을 종속시켜야 하는 공동의 과업을 이 말이 분명하고 날카롭게 가리키고 있기 때문이다. 이것을 다른 말로 바꾸어야 한다면, 내가 선택할 수 있는 유일한 말은 "협력자"일 것이다. 그것이 어느 정도의 먹물 근성의 느낌과 모호한 느낌을 주지 않는다면 말이다. 어쨌건, 우리에게 필요한 것은 임무 대행자들의 군사 조직이다. 하지만 "서로서로 감투를 안겨 주는" 일을 좋아하는 수많은 마르띠노프들(특히 국외에 있는)이라면, "여권 담당 임무 대행자"라는 말 대신 "혁명가 여권 조달국장"이라고 할 수도 있을 것이다.

적인 활동을 할 것이다. 그러한 활동이야말로 실로 광범위한 노동자 대중과 전제주의에 불만을 가진 모든 계층의 관계를 강화시킬 것이므로, 이는 봉기를 위해서 매우 중요한 것이다. 또한 바로 그러한 활동을 통해 전반적인 정치 상황을 올바르게 평가할 능력, 따라서 봉기의 적기를 선택할 능력을 배양할 수 있다. 바로 그러한 활동을 통해, 모든 지역 조직은 러시아 전체를 뒤흔드는 똑같은 정치적 문제들, 사건들, 사태들에 동시에 반응할 수 있도록, 또 이러한 "사건들"에 가능한 한 정력적으로, 가능한 한 합목적적이고 통일된 형태로 대응할 수 있도록 양성될 수 있다. 사실 봉기란 본질적으로 정부에 대한 전체 인민의 가장 정력적이고 가장 통일적이며 가장 합목적적인 "응답"이다. 끝으로 그러한 활동이야말로 항상적인 동시에 가장 비밀스러운 관계, 당의 **실질적** 통일을 창출하는 관계를 만들도록 러시아 각지의 모든 혁명 조직을 양성할 수 있을 것이다. 그러한 관계가 없다면, 봉기 계획을 집단적으로 토론하고 엄격한 비밀 속에 유지되어야 할 봉기 전야에 필요한 준비 조치들을 채택하는 것은 불가능한 일이다.

한마디로 "전 러시아적 정치 신문 계획"은 교조주의와 먹물근성에 물든 탁상공론가의 산물(이 계획에 대해 별로 생각해 보지 않은 사람들에게 보이는 것처럼)이 아니며, 그와는 반대로 절박한 일상 활동을 한순간도 망각하지 않으면서 지금 바로 봉기를 준비하고 모든 측면에서 봉기를 시작할 수 있는 가장 실천적인 계획이다.

결 론

러시아사회민주주의당의 역사는 세 시기로 명확히 나뉜다.

첫째 시기는 대략 1884년부터 1894년에 이르는 10년 동안을 포괄한다. 이는 사회민주주의당의 이론과 강령이 생성되어 공고해지는 기간이었다. 러시아에서 이 새로운 경향의 추종자들은 손꼽아 헤아릴 정도였다. 사회민주주의당은 노동자운동 없이 존재하였고, 정당으로서는 태내의 발전 과정을 겪고 있었다.

둘째 시기는 1894년부터 1898년까지의 3~4년에 해당한다. 사회민주주의당이 하나의 사회운동으로서, 인민 대중의 고양으로서, 하나의 정당으로서 세상에 등장한다. 이는 유년기이자 사춘기였다. 지식인들이 예외 없이 인민주의에 맞선 투쟁에 몰두하고 노동자 속으로 들어가는 데 몰두하는 현상이 전염병처럼 급속히 퍼져 가고, 노동자들은 전반적으로 파업에 전념한다. 운동이 거대한 성과를 낳는다. 대부분의 지도자들은 "35세" 미만의 새파랗게 젊은 사람들이며, 미하일롭스끼 씨에게는 이 나이가 자연스러운 한계로 여겨졌다. 젊었기 때문에 이들은 실천 활동을 위한 준비가 부족한 채로 있었고, 놀랄 만큼 빠르게 무대에서 사라진다. 하지만 그들의 활동 반경은 대부분 무척 광범위했다. 그들 중 많은 이들이 '인민의 의지' 추종자로서 혁명적 사고를 시작했던 사람들이었다. 거의 모두 청년기의 초반을 테러의 영웅들을 열광적으로 숭배하며 보냈다. 이러한 영웅적 전통에 대한 매혹적인 인상을 거부하기 위해서는 투쟁이 필요했고, 어쨌거나 '인민의 의지' 신봉자로 남기를 원했던 사람들, 젊은 사회민주주의자들의 커다란 존경을 받고 있던 사람들과 단절하는 것이 필요했다. 그 투쟁은 학습하고 모든 경향의 비합법 저술을 읽고 합법적 인민주의의 문제를 열심히 연구하도록 강제했다. 이러한 투쟁 속에서 양성된 사회민주주의자들은 선명한 불빛으로 자신들을 밝혀 주는 맑스주의 이론과 전제주의 타도의 임무를 "한순간도" 잊지 않으면서 노동자운동으로 나아갔다. 1898년 봄의 당 창건은 이 시기 사회민주주의자들의 가장 극명한 과업이었으며, 동시에 최후의 과업이었다.

우리가 살펴본 바와 같이, 셋째 시기는 1897년에 준비되어 1898년에(1898년 이후?) 둘째 시기를 최종적으로 마감하며 등장한다. 이는 분열, 해체, 동요의 시기이다. 사춘기에는 으레 목소리가 변한다. 이처럼 이 시기의 러시아사회민주주의당도 목소리가 변하기 시작했으며 위선의 소리가 나오기 시작했다 — 한편으로는 스뜨루베, 쁘로꼬뽀비치, 불가꼬프, 베르자예프 등의 저작들을 통해, 다른 한편으로는 V. I - n, R. M., 끄리쳅스끼, 마르띠노프 등의 저작들을 통해. 하지만 뿔뿔이 흩어져 퇴보의 길을 간 것은 지도자들뿐이었다. 운동 자체는 계속해서 성장하여 엄청나게 전진하였다. 프롤레타리아트의 투쟁은 새로운 노동자층을 포섭하였으며 러시아 전역으로 확대되었다. 그와 동시에 그 투쟁은 학생과 다른 주민 계층들 사이에서 민주주의 정신이 되살아나는 데 간접적으로 영향을 미쳤다. 그러나 지도자들의 의식성은 고양되는 자생성의 힘과 규모 앞에 굴복하였다. 사회민주주의자들 가운데서는 이제 또 다른 맥이, 즉 "합법적" 맑스주의 문헌 하나로만 양성된 활동가의 맥이 지배적이 되었는데, 대중의 자생성이 그들에게 더 많은 의식성을 요구하면 할수록 합법적 서적은 더욱더 불충분한 것이 되었다. 지도자들은 이론적인 측면("비판의 자유")과 실천적인 측면("수공업성") 모두에서 뒤처졌을 뿐만 아니라, 온갖 허풍스런 논거들을 동원하여 자신의 후진성을 옹호하려 애썼다. *Credo* 강령이 실행되기 시작하였으니, 사회민주주의자들의 "수공업성"이 비사회민주주의적인 경향을 부활시키게 되자 더욱 그러했다.

여기서 독자들이 내가 『노동자의 대의』 같은 것을 지나치게 세세하게 다루었다고 나를 질책한다면, 나는 『노동자의 대의』가 이 셋째 시기의 "정신"을 그 무엇보다 극명히 반영했다는 점에서 "역사적" 의의를 획득했기 때문에 그렇게 했다고 답하겠다.* 일관성 있는 R. M.이 아니라 바로 변덕스러운 끄리쳅스끼

* 나는 다음과 같은 독일의 속담을 빌려 답할 수도 있다. "Den Sack schlägt man, den Esel meint man[당나귀가 미우면 자루를 친다]." 아니면 러시아 속담으로 "고양이를 때리면서 며느리 욕한다."가 있다. 『노동자의 대의』 하나만이 아니라 수많은 실천가와 이론가도 "비판"이라는 유행에 빠져, 자생성의 문제에서 혼란을 겪고, 우리의 정치적, 조직적 임무에 대한 사회민주주의적 이해에서 노동조합주의적 이해라는 옆길로 샜다.

와 마르띠노프 등이 분열, 동요, "비판" · "경제주의" · 테러주의 따위에 양보할 태세 등을 있는 그대로 표현할 수 있었다. "절대자"를 숭배하는 자가 보여 준 실천에 대한 장엄한 경멸이 이 시기의 특징이 아니라, 이른바 완전한 이론적 무사태평과 보잘것없는 실천주의의 결합이 이 시기의 특징이다. 이 시기의 영웅들은 "위대한 말들"을 직설적으로 부정하기보다는 그 말들을 비속화하는 데 전념했다. 과학적 사회주의는 더 이상 전일적인 혁명 이론이 아니라 각종의 새로운 독일 교과서에서 얻은 빈약한 내용물을 "자유롭게" 뒤섞어 놓은 잡탕이 되어 버렸다. "계급투쟁"이라는 슬로건은 더욱더 광범위하고 더욱더 정력적인 활동을 향해 전진하도록 자극하는 것이 아니라 "경제투쟁은 정치투쟁과 불가분하게 연관되어 있는 것"이므로 진정제로 작용하였다. 당의 이념은 전투적 혁명가 조직의 창설을 촉구하는 역할을 한 것이 아니라 "혁명적 관료주의"와 "민주주의"의 형식을 갖고 노는 어린애 장난 같은 것을 정당화해 왔다.

언제 셋째 시기가 종결되고 넷째 시기(어쨌든 벌써 많은 징후들이 이 시기를 예언하고 있다.)가 시작될지 우리는 알지 못한다. 우리는 역사의 영역으로부터 여기 현재의 영역으로, 부분적으로는 미래의 영역으로 옮겨 가고 있다. 하지만 우리는 넷째 시기가 전투적 맑스주의를 공고히 할 것임을, 러시아사회민주주의당이 강건해지고 성인이 되어 위기로부터 벗어날 것임을, 기회주의자들의 후위를 "대체하여" 가장 혁명적인 계급의 진정한 전위 부대가 나서게 될 것임을 굳게 믿고 있다.

이러한 "대체"를 촉구하는 의미에서, 그리고 앞서 서술한 것들을 총괄하며, "무엇을 할 것인가?"라는 물음에 대해 우리는 다음과 같은 짤막한 답변을 할 수 있을 것이다.

셋째 시기를 청산하라.

부록[84]

『불꽃』과 『노동자의 대의』의 통합 시도

우리에게 남은 일은 『불꽃』이 『노동자의 대의』에 대한 조직적 관계에서 채택하여 일관되게 수행해 온 전술에 대해 설명하는 것이다. 이 전술은 이미 『불꽃』 제1호에 실린 「국외러시아사회민주주의자동맹의 분열」이라는 글에 충분히 표현되어 있다. 처음부터 우리는 다음과 같은 관점, 즉 우리 당의 제1차 당대회에서 당의 국외 대표로 승인되었던 **진짜** 국외러시아사회민주주의자동맹이 두 개로 분열된 결과로 당의 대표권이라는 문제가 해결되지 않은 채 남아 있으며[9], **분열된** 동맹의 양측에서 각각 한 명씩 모두 두 명을 빠리 국제 대회에서 상설적인 국제사회주의사무국[85]의 러시아 대표로 선출한 것으로는 그 문제가 임시적으로 또한 조건부로 해결되었을 뿐이라는 관점을 지지하였다. 우리는 본질적으로 『노동자의 대의』가 **틀렸다**고 선언했으며, 원칙적인 측면에서 노동해방그룹[31]을 단호히 지지했다.

그러나 그와 동시에 분열의 세부적인 면은 파고들지 않기로 하고, 순수한 실천 활동 영역에서 동맹이 공헌한 바를 지적했다.*

이처럼 우리의 입장은 어느 정도까지는 관망이었다. 우리는 대다수 러시아 사회민주주의자들 사이에 지배적이었던 견해에 양보하였는데, 그 견해란 동맹이 수차례에 걸쳐 원칙적으로 노동해방그룹에 동의한다고 선언하였고 이론과 전술의 근본적인 문제들에서 독자적인 입장을 주장하지 않았기 때문에 "경제주의"의 가장 단호한 적들이라도 동맹과 제휴하여 활동할 수 있다는 것이었다. 우리가 취한 입장이 옳았음은 다음과 같은 사실에 의해 간접적으로 확인된 바 있다. 『불꽃』의 창간호가 발간된 것(1900년 12월)과 거의 동시에 동맹으로부터 세 사람이 떨어져 나와서 이른바 '발기인그룹'을 만들어 1) 『불꽃』 조직의 국외 지부 2) 혁명조직 '사회민주주의자' 3) 동맹 등에 대해 화해를 위한 협상 수행의 중재자가 되겠다고 제안했다. 앞의 두 조직은 즉각 동의했지만 세 번째 조직은 거부했다. 사실, 작년의 "통합" 대회[1]에서 한 연사가 이 사실을 언급했을 때 동맹 집행부의 한 위원은 그들이 거부한 것은 순전히 발기인그룹의 구성이 못마땅했기 때문일 뿐이라고 밝혔다. 하지만 이러한 해명을 여기에 소개해야 할 의무가 있는 입장에서, 나는 그것으로는 불충분하다고 생각한다. 왜냐하면 동맹은 두 조직이 협상에 동의했다는 것을 알았으므로 다른 중재자를 통해서나 아니면 직접 이 조직들과 접촉할 수 있었기 때문이다.

* 분열에 대한 이러한 평가는 문건들을 연구한 결과였을 뿐만 아니라 국외에 있었던 우리 조직의 몇몇 성원들이 수집한 정보들에 기초한 것이기도 했다.

1901년 봄, 『여명』(제1호, 4월)과 『불꽃』(제4호, 5월) 모두 『노동자의 대의』와의 직접적인 논쟁에 나섰다. 『불꽃』은 특히 『노동자의 대의』가 4월 특집호에서, 그러니까 이미 봄 사태[57]가 일어난 이후에, 테러와 "유혈" 사태에 몰두하는 것에 동요하는 태도를 드러내 보인 「역사적 전환」이라는 글을 공격했다. 이러한 논쟁에도 불구하고 동맹은 새로운 "조정자"그룹[87]의 중재 아래 화해 협상을 재개할 것에 동의했다. 6월, 앞서 거명한 세 조직의 대표자들로 구성된 예비 회의가 열려 세부적인 "원칙 협정"에 기초한 협약의 초안이 작성되었다. 동맹은 이 원칙 협정을 소책자 『두 대회』에 게재하였고, 연맹은 소책자 『'통합' 대회 문서』에 실은 바 있다.

이 원칙 협정(이는 6월 회의 결의라 불리는 경우가 더 많다.)의 내용을 보면, 우리가 기회주의 일반, 특별하게는 러시아 기회주의가 발현되는 온갖 형태를 가장 단호하게 거부하는 것을 통합의 필수 조건으로 내세웠음을 명백히 알 수 있다. 그 제1조는 다음과 같이 공표하고 있다. "우리는 프롤레타리아트의 계급투쟁에 기회주의를 도입하려는 온갖 시도 — 이른바 '경제주의', 베른슈타인주의, 밀레랑주의 등등으로 표현된 온갖 시도 — 를 거부한다." "사회민주주의 활동의 범주에는…… 혁명적 맑스주의의 모든 적에 대한 사상투쟁이 포함된다."(제4조 제3항.) "조직 및 선동 활동의 모든 분야에서 사회민주주의당은 러시아 프롤레타리아트의 당면 임무, 즉 전제주의의 타도를 한순간도 잊어서는 안 된다."(제5조 제1항.) "…… 자본에 대한 임금노동의 일상적 투쟁만을 기반으로 하는 것이 아닌 선동."(제

5조 제2항.) "순수한 경제투쟁과 부분적인 정치적 요구를 쟁취하기 위한 투쟁의 단계를…… 인정하지 않으며……."(제5조 3항.) "…… 운동의 낮은 형태의 협소성과…… 원시성을…… 원칙으로 격상시키는 경향을 비판하는 것이 운동에서 중요하다고 생각한다."(제5조 4항.) 완전히 제삼자라 할지라도 이 결의들을 어느 정도 꼼꼼히 읽어 보았다면, 정식화된 문구들 자체만 보아도 이 결의가 기회주의자들, "경제주의자들", 한순간이라도 전제주의 타도의 임무를 잊은 사람들, 단계론을 인정하고 협소성을 원칙으로 격상시킨 사람들 등에 반대하고 있음을 알 수 있을 것이다. 노동해방그룹[31], 『여명』, 『불꽃』 등이 『노동자의 대의』와 벌인 논쟁을 조금이라도 아는 사람이라면, 이 결의가 『노동자의 대의』가 빠져들었던 오류를 조목조목 배격하고 있음을 한순간도 의심하지 않을 것이다. 그렇기 때문에 "통합" 대회에서 동맹의 한 성원이 『노동자의 대의』 제10호의 기사들은 동맹의 새로운 "역사적 전환"에 의해 유발된 것이 아니라 결의의 지나친 "추상성" 때문에 쓰인 것*이라고 밝히자, 한 연사가 정당하게도 이를 한껏 비웃었던 것이다. 그는 이렇게 말했다. "결의는 추상적이지 않을뿐더러 믿을 수 없을 정도로 구체적이다. 그 결의가 '누구를 붙잡았는지'는 언뜻 보기만 해도 알 수 있을 정도다."

이 마지막 표현이 대회에서 특징적인 사건을 일으키는 계기가 되었다. 한편으로는 끄리첸스끼가 "붙잡았다"라는 말을 붙

* 이러한 주장은 『두 대회』 25쪽에서 반복되고 있다.

잡고 늘어지며, 그것이 우리 측의 악질적인("덫을 놓으려는") 의도를 드러낸 실언이라고 단정하고, 비장한 어조로 "도대체, 누구를, 여기서 누구를 붙잡았단 말인가?"라고 소리쳤다. 그러자 쁠레하노프가 빈정거리며 "정말, 그게 누구지?"라고 물었다. 끄리첸스끼는 이렇게 대답했다. "눈치 없는 쁠레하노프 동지를 내가 도와드리지. 내가 설명하겠소. 여기서 붙잡은 건 『노동자의 대의』 편집국이오. (모두 폭소를 터뜨린다.) 그렇지만 우리는 붙잡히도록 내버려두지 않았소!" (왼쪽에서 "당신들로선 그게 더 나쁜 거요!"라고 지적하는 소리가 들린다.) 다른 한편으로는 "투쟁"그룹(조정자 그룹)의 한 성원이 동맹이 결의안을 수정하려는 데 반대하고 우리의 연사를 변호하려 하면서, "붙잡았다"라는 표현은 논쟁의 열기 때문에 무심코 나온 말이 분명하다고 밝혔다.

내 입장을 말해 보자면, 그러한 "변호"가 그 표현을 사용한 연사에게 도움이 되지 않으리라 생각한다. 나는 "누구를 붙잡았다"라는 말이 농담이긴 하지만 그와 동시에 아주 신중히 생각한 끝에 한 말이라고 생각한다. 우리는 항상 『노동자의 대의』가 무원칙하게 흔들리고 동요하고 있다고 비판해 왔다. 따라서 당연히 『노동자의 대의』가 앞으로는 더 이상 동요하지 못하도록 붙잡으려 노력해야만 했던 것이다. 악질적인 의도는 여기서 문제의 핵심이 될 수도 없다. 왜냐하면 원칙의 흔들림이 문제였기 때문이다. 결국 우리는 끄리첸스끼 자신과 동맹 집행부의 다른 한 위원이 6월 결의에 서명할 정도로, 무척 동지적으로* 동맹을 "붙잡을" 수 있었다.

『노동자의 대의』 제10호의 글들(우리 동지들은 대회에 도착해서, 회의가 시작되기 몇 시간 전에야 겨우 그것을 보게 되었다.)은 여름과 가을 사이에 동맹 내부에서 새로운 전환이 일어났음을 명확히 보여 주었다. "경제주의자들"이 또다시 상층부를 차지했으며, 온갖 "아주 가벼운 바람"에도 순종적인 편집진은 "가장 이름을 떨친 베른슈타인주의자들"과 "비판의 자유"를 또 다시 옹호하고, "자생성"을 옹호하고, 우리의 정치적 영향력을 (영향력 자체를 더 복합적으로 만든다는 구실로) "축소하는 이론"을 마르띠노프의 입을 빌려 설교하기 시작했던 것이다. 그 어떤 정식으로도 기회주의자를 포착하기는 어렵다고 한 빠르부스의 적확한 표현이 다시 한 번 확인된 셈이다. 기회주의자는 어떤 정식이든 쉽게 서명하고 또 쉽게 버린다. 왜냐하면 기회주의의 본질이란 바로 어떤 일정하고 확실한 원칙이 없는 것이기 때문이다. 기회주의자들은 오늘은 기회주의를 도입하려는 온갖 시도를 배격하고, 온갖 협소함을 배격하며, "한순간도 전제

* 정확히 말하자면, 우리는 6월 결의의 서문에서 러시아사회민주주의당이 전체적으로 노동해방그룹의 원칙을 기반으로 삼고 있었으며 동맹이 공헌한 바는 특히 출판과 조직 활동이었다고 서술했다. 달리 말하자면, 우리는 우리가 끊임없이 "붙잡으려" 했던 동요를 완전히 근절시킨다는 조건하에 과거의 모든 일을 잊고 동맹 동지들의 활동이 갖는 유용성(과업을 위한)을 인정해 줄 만반의 준비를 갖추고 있음을 표현했던 것이다. 편견이 없는 사람이라면 누구나 6월 결의를 읽는 것만으로도 충분히 이 점을 이해할 것이다. 만일 동맹이 (제10호의 글들과 수정안에서) "경제주의"로 새롭게 전환함으로써 분열을 야기한 후 지금에 와서 그 공헌을 논한 이 말들을 두고 우리가 거짓말을 한다고 비난한다면(『두 대회』 30쪽), 그러한 비난은 당연히 조소를 불러일으킬 뿐이다.

주의 타도를 잊지 않으며, 자본에 대한 임금노동의 일상적 투쟁만을 기반으로 하는 것이 아닌 선동"을 수행하겠다고 당당하게 약속한다. 그러나 내일이면 그들은 표현법을 바꾸고 자생성 옹호니, 지루한 일상 투쟁의 단계적 진전이니, 가시적인 결과들을 약속하는 요구의 찬양이니 하는 형태로 낡은 일에 다시 매달린다. 제10호에서 동맹은 "회의 초안의 일반적 원칙들로부터 이단적으로 이탈한 그 어떤 것도 발견하지 못했으며 지금도 그러하다."(『두 대회』 26쪽)라고 계속 주장함으로써, 자신이 의견 차이의 핵심을 이해할 능력이 전혀 없거나 아니면 그럴 의사가 없다는 사실을 드러내고 있을 뿐이다.

『노동자의 대의』 제10호가 나온 이후 우리가 할 수 있는 노력은 하나밖에 없었다. 그것은 동맹이 과연 편집국과 연대하고 또 이 글들과 연대하고 있는지 여부를 확실히 하기 위한 전체적인 토론을 시작하는 일이었다. 동맹은 이 일 때문에 우리에게 특히 불만을 품고, 우리가 동맹 내에 불화를 조성하려 한다고, 또 남의 일에 끼어들고 있다고 우리를 비난한다. 이러한 비난은 전혀 근거 없는 것이다. 왜냐하면 아주 가벼운 바람에도 "방향을 바꾸는" 선거를 통해 선출된 편집국하에서는 모든 것이 그야말로 바람의 방향에 달려 있는데, 우리는 조직 통합을 위해 모인 성원들만으로 구성된 비공개 회의에서 그 방향을 결정했기 때문이다. 동맹의 이름으로 제출된 6월 결의 수정안은 협정을 기대하는 마지막 희망마저도 우리에게서 앗아 가 버렸다. 이 수정안은 "경제주의"로 새로이 전환했음과 동맹의 대다수가 『노동자의 대의』와 연대하고 있음을 문서상으로 증명해 준 것이다. 기회주의의 발현 범주에서 "이른바 경제주의"가 삭제되었고(이 두 단어의 의미가 불분명하다는 이유로 ─ 그런 것이 동기라면 널리 유포되어 있는 오류의 본질을 더 정확히 규정할 필요성만 더 분명해짐에도 불구하고), "밀레랑주의"도 삭제되었다(비록 끄리쳅스끼가 『노동자의 대의』 제2~3호 83~84쪽에서, 그리고 『전진』에서 더 직설적으로 그것을 옹호했을 망정*). 6월 결의가 사회민주주의당의 임무, 즉 "모든 형태의 정치적, 경제적, 사회적 억압에 맞선 프롤레타리아트 투쟁이 나타나는 온갖 발현을 지도한다."라는 임무를 분명히 적시하고, 그렇게 함으로써 이 모든 발현에 계획성과 통일성을 도입할 것을 요구했음에도 불구하고, 동맹은 "경제투쟁은 대중운동의 강력한 자극제이다."라는 전혀 쓸데없는 문구를 여기에 추가했다. (이 말들은 그 자체로는 논란의 여지가 없지만, 협소한 "경제주의"가 존재하는 한, 잘못된 해석의 단서를 제공하지 않을 수 없었다.) 그뿐 아니라, "한순간이라도"라는 말을 삭제하고 "경제투쟁은 적극적인 정치투쟁으로 대중을 끌어들이기 위해 가장 널리 적용될 수 있는 수단이다."라는 말을 추가함으로써, 6월 결의 속의 "정치"를 전적으로 축소하기까지 했다. 이러한 수정안이 제출된 이후 우리 측 모든 연사가 한 사람씩 연이어 발언을 거부하기 시작했다. 또다시 "경제주의"로 방향을 틀고 동요의 자유를 보장하는 사람들과 이후에 계속 협상을 해 봐야 아무 소용이 없다는 점을 깨달았던 것이다.

* 이를 계기로 『전진』 내에서는 현재의 편집부, 즉 카우츠키와 『여명』 사이의 논쟁이 시작되었다. 우리는 러시아의 독자들에게 이 논쟁을 소개하는 것을 잊지 않겠다.[88]

"동맹이 생겨날 협정의 영구성, 즉 『노동자의 대의』의 독자적인 면모와 자율성 유지를 위해 sine qua non [절대적으로 필요한] 조건으로 간주한 것, 바로 그것을 『불꽃』은 협정의 걸림돌로 여겼다."(『두 대회』 25쪽.) 이 말은 매우 부정확하다. 우리는 한 번도 『노동자의 대의』의 자율성을 침해한 적이 없다.* 면모의 독자성에 관해 말하자면, 그 말이 이론과 전술의 원칙적 문제들에서의 "면모의 독자성"을 의미하는 한, 우리는 실제로 『노동자의 대의』의 면모의 독자성을 절대적으로 배격하였다. 6월 결의는 바로 그러한 면모의 독자성을 절대적으로 배격하는 내용을 담고 있다. 왜냐하면 실천에서 "면모의 독자성"이라는 것은 언제나 — 거듭 말하지만 — 갖가지 동요를 의미하고, 우리에게 만연해 있는 당 관계에서 참을 수 없는 지경에 이른 분열이 그러한 동요에 의해 유지되는 것을 의미하기 때문이다. 『노동자의 대의』 제10호와 「수정안」은 바로 이런 면모의 독자성을 유지하려는 바람을 명백히 보여 준 것이며, 그러한 바람은 당연히, 그리고 필연적으로 분열과 전쟁 선포로 귀결되었다. 그러나 "독자적 면모"라는 말이 『노동자의 대의』가 일정한 문필 기능에 집중한다는 의미라면, 우리 모두는 『노동자의 대의』의 "독자적 면모"를 승인할 준비가 되어 있었다. 이러한 기능들을 올바르게 분화하자면 대략 다음과 같은 것들이 나온다. 1) 학술 잡지 2) 정치 신문 3) 대중적 문집과 대중적 소책자. 이러한 분화에 동의할 때에만, 6월 결의를 거스르는 오류들을 최종적으로 청산하기를

* 통합 조직의 합동 최고 평의회 설립과 관련한 편집 협의회를 자율성의 제한이라고 생각하지 않는다면. 그런데 6월에 『노동자의 대의』는 이에 동의한 바 있다.

『노동자의 대의』가 진심으로 원하고 있음이 증명될 것이다. 또한 이러한 분화만이 온갖 분열의 가능성을 제거하고, 협정의 영구성을 실제로 보장하고, 동시에 우리 운동의 새로운 고양과 새로운 성공의 기초가 될 수 있을 것이다.

혁명적 경향과 기회주의적 경향의 최종적인 분열은 어떤 "조직상의" 상황으로 인해 야기되는 것이 아니라, 기회주의의 독자적 면모를 공고히 하고 끄리쳅스끼와 마르띠노프 같은 자들의 논리로 머리를 혼란스럽게 만드는 기회주의자들의 바람으로 인해 야기되는 것이라는 점을 이제는 단 한 사람의 러시아 사회민주주의자도 의심할 수 없을 것이다.

부록

『무엇을 할 것인가?』에 대한 정정[89]

내가 『무엇을 할 것인가?』 141쪽[90]에서 언급한 발기인그룹이 나에게 국외 사회민주주의 조직의 화해 시도에 그 그룹이 참여한 것을 서술한 부분을 다음과 같이 정정해 달라고 부탁했다.

"이 그룹의 세 명의 성원 가운데 한 명만이 1900년 말에 동맹을 탈퇴했으며, 나머지 두 명은 동맹으로부터 『불꽃』의 국외 조직 및 '혁명조직사회민주주의자'와 회의를 하겠다는 동의를 얻는 것이 불가능하다고 확신한 1901년 이후에야 탈퇴하였는데, 그 회의는 발기인그룹이 제안한 것이었다. 동맹의 집행부는 이 제안을 처음부터 거부하였다. 그들이 제시한 거부의 동기는 중재자인 발기인그룹에 속하는 사람들의 '자격 미달'이었다. 그리하여 동맹은 『불꽃』의 국외 조직과 직접 접촉하겠다는 의사를 표시했다. 하지만 얼마 안 가서 동맹의 집행부가 발기인그룹에게 통보한 내용은 동맹 내부의 분열에 대해 언급한 글이 게재된 『불꽃』 창간호가 나온 이후에 동맹은 이 결정을 번복했으며 『불꽃』과 접촉할 생각이 없다는 것이었다. 이런 일이 있은 후, 동맹이 회의를 거부한 것은 순전히 발기인그룹의 최종 구성이 불만스러웠기 때문이라고 동맹의 집행부의 한 위원이 말한 것을 어떻게 설명해야 할까? 사실, 작년 6월에 동맹 집행부가 회의에 동의한 것 역시 분명치가 않다. 왜냐하면 『불꽃』 창간호의 기사가 여전히 영향력이 있었던 데다가, 6월 회의가 열리기 전에 나온 『여명』의 창간호와 『불꽃』 제4호에서 동맹에 대한 『불꽃』의 '부정적인' 태도가 더욱더 분명하게 드러났기 때문이다."

후주

[1] 1901년 봄과 여름에 걸쳐 국외에 있는 러시아 사회민주주의 조직들인 국외러시아사회민주주의자동맹(후주 [9] 참조), 분트국외위원회(후주 [53] 참조), 혁명조직 '사회민주주의자'(후주 [86] 참조), 『불꽃』 조직의 국외 지부인 『여명』 사이에 합의와 통합을 위한 협상이 열렸다. 1901년 6월에 주네브에서는 통합 대회 준비를 위한 이 조직들의 대표자 회의("6월" 회의 또는 "주네브" 회의)가 소집되었다. 이 회의에서는 국외 사회민주주의 조직들의 통합 필요성을 인정하고, 온갖 형태로 발현되고 있는 기회주의를 단죄하는 결의안이 마련되었다. 그러나 1901년 9월 21~22일(10월 4~5일) 쮜리히에서 열린 "통합" 대회에서 러시아사회민주주의자동맹과 그 기관지 『노동자의 대의』가 6월의 합의를 수정하자 『불꽃』과 『여명』을 중심으로 한 사회민주주의자들은 대회장을 떠났고, 이들은 레닌의 발의에 따라 1901년 10월에 국외러시아혁명적사회민주주의자연맹(후주 [78] 참조)으로 통합되었다.

[2] 라쌀레파와 아이제나하파는 1860년대와 1870년대 초 독일의 노동자운동에 존재했던 대립하던 두 당파다. 라쌀레파는 보통선거권, 국가가 지원하는 생산 노동자 연합 창설, 프로이센이 이끄는 독일 통일 등을 주장했다. 맑스와 엥겔스는 라쌀레주의의 이론, 전술, 조직 원칙을 기회주의적 경향이라며 비판했다. 아이제나하파는 1869년에 아이제나하에서 창립된 독일사회민주주의노동자당의 당원들을 말하며, 이들의 지도자는 베벨과 리프크네히트였다. 아이제나하파는 일관된 혁명적 정책을 수행하였고, 특히 독일 통일 문제에서 프롤레타리아트적인 길을 고수하며 프로이센 제일주의나 비스마르크주의에 조금이라도 양보하는 경향과 투쟁했다. 1875년에 독일제국이 탄생되자 두 당파는 고타에서 통합 대회를 열고 독일사회주의노동자당을 결성했다.

[3] 게드파와 가능성파는 프랑스 사회주의운동에서 대립하던 두 당파다. 게드와 라파르그의 추종자들인 게드파는 프롤레타리아트의 독자적인

혁명 정책을 옹호했다. 브루스와 말론을 대표로 하는 가능성파는 노동자의 투쟁을 "가능한" 선으로 제한할 것을 제안했다. 1901년에 사회주의자인 밀레랑이 부르주아 정부의 장관으로 입각한 후 게드를 중심으로 한 혁명적 계급투쟁의 지지자들은 프랑스사회주의당Parti socialiste de France으로 통합되었으며, 부르주아와의 협력을 신봉했던 사람들은 조레스를 수반으로 한 프랑스사회주의당Parti socialiste français을 창설했다. 1905년에 양당은 통합되었다.

[4] 페이비언파와 사회민주주의자들은 영국의 노동자운동 및 사회주의운동에서 대립하던 두 당파다. 페이비언파는 로마의 장군인 파비우스 막시무스의 이름을 본떠 1884년에 창설된 페이비언협회의 회원들을 말하며, 대개 부르주아 지식인의 대표자들이었던 이들은 프롤레타리아트 계급투쟁과 사회주의혁명의 가능성을 부정하고, 개량과 점진적인 사회 개혁을 통해 자본주의에서 사회주의로 이행할 수 있다고 주장했다. 1900년에 페이비언협회는 노동당에 입당했다. 그리고 여기서 레닌이 말하는 사회민주주의자들이란 1884년에 결성된 영국사회민주주의연합의 회원들이다. 영국 사회주의 운동의 좌익을 형성한 혁명적 사회민주주의자들과 맑스주의 지지자들은 개량주의자 및 무정부주의자들과 함께 이 연합으로 결집했다. 엥겔스는 이 연합이 교조주의와 종파주의를 보이며 대중적 노동자운동에서 떨어져 나와 있다고 비판한 바 있다. 1907년에 이 연합은 사회민주주의당으로 개칭하였으며, 1911년에는 독립노동자당의 좌파와 함께 영국사회주의당을 만들었고, 1920년에 대다수 당원은 영국공산당 창건에 참여했다.

[5] '인민의 의지'는 인민주의 조직인 '토지와 자유'(후주 [67] 참조)가 분열되어 1879년 8월에 생겨난 비밀 정치 조직이다. '인민의 의지'의 지도부는 젤랴보프, 미하일로프, 뻬롭스까야 등으로 구성되어 있었다. 이들의 강령에는 짜르 전제주의의 전복, 보통선거권의 기반 위에서 선출되는 "상설 인민 대표부" 구성, 민주주의적 자유의 선포, 인민에 대한 토지 이양과 노동자에 대한 공장 이양을 위한 조치 등이 포함되어 있었다. '인민의 의지'는 노동자의 참여 없이 개인적 테러와 음모를 통해 사회 개혁을 달성한다는 생각을 품고 있었다. 1881년 이후에 '인민의

의지'는 와해되었고, 조직을 재건하려한 몇 번의 시도는 실패로 끝났다. 그리고 여기서 레닌이 말하는 사회민주주의자들이란 러시아의 맑스주의자들, 즉 러시아사회민주주의노동자당의 혁명가들이다.

[6] 베른슈타인주의자란 19세기 말에 독일 사회민주주의와 국제 사회민주주의 내에 생겨나 맑스주의에 적대적인 경향을 보인 대표자들을 말한다. 1896년에서 1898년 사이에 베른슈타인은 "비판의 자유"의 깃발 아래 맑스주의의 철학적, 경제적, 정치적 기초를 재검토하여 "수정하자고"(이로부터 "수정주의"라는 명칭이 나왔다.) 주장하며, 사실상 맑스주의를 계급 모순의 절충과 계급 협력이라는 이론으로 대체하려 했다. 1898년, 1899년, 1901년의 독일사회민주주의당 당대회에서 베른슈타인주의는 비판받았지만, 당은 베른슈타인과 결별하지 않았고 그의 계승자들은 계속하여 수정주의 사상을 선전하게 되었다.

[7] 로마신화에 따르면, 지혜의 여신 미네르바는 다 자란 모습과 완전무장의 차림으로 유피테르의 머리에서 튀어나왔다고 한다.

[8] 『칼 맑스 프리드리히 엥겔스 저작 선집』 제2권, 박종철출판사, 285쪽.

[9] 국외러시아사회민주주의자동맹은 1894년에 주네브에서 노동해방그룹(후주 [31] 참조)의 제창으로 결성되었으며, 러시아사회민주주의노동자당 제1차 당대회(1898년 3월)는 동맹을 당의 국외 대표로 승인했다. 후에 "경제주의자들"이 동맹의 주도권을 쥐고 『노동자의 대의』의 발간에 착수하자, 이에 반대하던 노동해방그룹은 독자적으로 혁명조직 '사회민주주의자'(후주 [86] 참조)를 결성했다. 러시아사회민주주의노동자당 제2차 대회는 동맹의 대표들이 기회주의적인 입장을 견지했다는 이유로 동맹의 해산을 결정했다.

[10] 18세기 말 프랑스 부르주아혁명 당시의 부르주아지의 두 분파를 일컫는 말이다. 절대주의와 봉건주의를 단호히 철폐해야 한다고 주장했던 부르주아지 내의 혁명적 민주주의를 대변한 세력을 산악파(자꼬뱅파)라 불렀으며, 이와 달리 왕당파와 타협하는 길로 갔던 세력을 지롱드파라 불렀다.

[11] 1905년에 생긴 러시아의 반혁명적 자유주의-군주주의적 부르주아지의 주요한 당인 입헌민주주의당의 러시아어 약자이다. 이들은 입헌군

주제를 요구하고, 짜르 및 지주들과 권력을 나누었고, 혁명을 허용하지 않으려 했다. 제1차 세계대전 때에는 짜르 정부의 침략 정책을 적극 지지했고, 2월 혁명이 일어난 후에는 임시정부에서 주도적 위치를 점하고 반혁명 정책과 제국주의 정책을 취했으며, 10월 혁명이 승리한 후에는 소비에트 정권의 적이 되어 소비에트공화국에 반대하는 모든 무장 반란에 가담하고 망명지에서도 반혁명 활동을 중단하지 않았다.

[12] 1905~1907년 혁명이 쇠퇴하기 시작하던 시기에 러시아 부르주아 지식층 사이에서 형성된 그룹이며, 입헌민주당에 가까우면서도 멘셰비끼에 가까웠다. 1906년 1월부터 5월까지 뻬쩨르부르크에서 정치 주간지 『무제無題』를 발간하였다.

[13] 러시아사회민주주의노동자당 제2차 대회가 끝난 후, 당의 주요 기관에서 다수파가 된 레닌 일파를 '볼셰비끼'(다수파라는 뜻의 러시아어)라 부르고 소수파가 된 일파를 '멘셰비끼'(소수파라는 뜻의 러시아어)라 부르게 되었다.

[14] 프로이센과의 전쟁이 패배로 끝날 무렵인 1871년 3월 18일 빠리 프롤레타리아트의 봉기 과정에서 역사상 최초로 수립된 노동자계급의 정부를 말한다. 노동자와 지식인들이 꼬뮌을 구성했으며, 그들 중에는 상당수의 저명한 국제 노동자운동 활동가들이 포함되어 있었다. 꼬뮌의 주요한 역사적 성과는 진정한 민주주의 원칙을 기반으로 한 새로운 유형의 국가를 창설했다는 점이었다. 꼬뮌은 광범위한 인민 계층의 물질적, 문화적 처우를 개선하기 위한 여러 조치들을 이행하였다. 빠리꼬뮌은 72일 동안 존속하다가 5월 28일에 프랑스 부르주아지의 반혁명 군대에 의해 참혹하게 진압되었다.

[15] 1878년에 독일의 비스마르크 정부가 노동자운동 및 사회주의자들을 탄압하기 위해 도입한 법률을 말한다. 이 법에 의해 사회민주주의당의 모든 조직, 대중적 노동자 조직, 노동자 언론, 사회주의 문헌들이 금지되었으며, 수많은 사회민주주의자가 독일에서 추방되거나 감옥에 갇혔다. 이 법은 1890년 대중적 노동자운동의 공격을 받고 철폐되었다.

[16] 엥겔스가 독일사회민주주의노동자당의 중앙기관지 『전진』을 통해 뒤링을 비판한 것에 대해 몇몇 인물들이 1875년 5월에 고타에서 열린 당

대회에서 엥겔스를 비판하며 기사 삭제를 요청했으나 기각되었다.

[17] 1870~1880년대에 독일의 대학 강단에서 사회주의를 가장한 채 국가의 초계급성과 자본가들의 이해관계를 침해하지 않는 “사회주의”의 점진적 도입이라는 사상을 전파한 사람들을 말한다.

[18] 고골리의 소설 『죽은 혼』에 나오는 노즈드료프라는 인물은 어디를 가나 항상 추잡한 역사를 남긴다는 이유로 그 소설에서 ‘역사적 인물’이라 불린다.

[19] 1899년 10월에 하노버에서 개최된 독일사회민주주의당 대회는 베른슈타인이 이끄는 분파가 맑스주의의 기본 명제들을 수정하고 사회민주주의당의 전술을 변경시키는 것을 비판하였다. 1901년 9월에 뤼벡에서 개최된 독일사회민주주의당 대회에서는 하노버 대회 이후에도 당의 결정을 따르지 않는 베른슈타인에게 경고하는 결의안을 베벨이 주도하여 채택했다.

[20] 1898년 10월에 슈투트가르트에서 개최된 독일사회민주주의당 대회에서는 수정주의에 관한 문제를 최초로 논의하였다. 베른슈타인이 자신의 견해를 피력하였으나 대회는 이 문제에 관해 어떠한 결의안도 채택하지 않았다. 베른슈타인에 반대한 사람들 가운데에는 베벨이나 카우츠키처럼 분열을 피하고 조심스러운 방법을 택하자는 사람들도 있었고, 로자 룩셈부르크처럼 당의 분열 가능성을 두려워 말고 단호한 입장을 취하자는 사람들도 있었다.

[21] 1901년 4월에 『여명』 제1호에 게재된 뽀뜨레쏘프(스따로베르)의 글 「무슨 일이 일어났는가?」를 말하는 것이다.

[22] 고리끼의 단편 소설 가운데 「거드름을 피워 대는 문필가에 관하여」라는 작품이 있다.

[23] 여기서 말하는 서문이란 레닌(뚤린)이 쓴 「스뜨루베의 책(「부르주아 문헌에 나타난 맑스주의 반영」)에 담겨 있는 인민주의의 경제적 내용과 그 비판」이라는 글을 가리킨다. 이 글은 1895년에 나온 선집 『러시아의 경제 발전에 관련된 자료들』에 게재된 바 있고, 1907년에 레닌의 저작 선집 『12년간』에 재수록되었다.

[24] 헤로스트라투스는 자신의 이름을 후세에 남기기 위해 아름다운 고대

건축물인 아르테미스 신전을 불태웠다.

[25] '신조'라는 뜻의 *Credo*는 1898년 11월 국외러시아사회민주주의자동맹 대회에서 노동해방그룹의 고참 지도자들을 투표로 몰아낸 "소장파"(후주 [9] 참조)의 지도자인 꾸스꼬바가 1899년 초에 쓴 글이다. 이 글은 "최소 저항 노선"을 따라 노동자계급은 경제투쟁만 해야 하는 반면에 "자유주의적인 반대자들"은 맑스주의자들의 참여 아래 합법적 제도를 얻기 위해 싸워야 한다고 주장했다. 닐 하딩 엮음, 이성혁 옮김, 『러시아 맑스주의. 1897~1906년의 주요문건』, 거름, 372~376쪽에 실려 있다.

[26] 레닌이 1899년 8월에 유형지에서 초안을 쓴 「러시아 사회민주주의자들의 항의」를 가리킨다. 꾸스꼬바의 *Credo*를 비판한 「항의」의 초안은 미누씬스크에서 유형 생활을 하던 17인의 사회민주주의자들의 회합에서 만장일치로 승인되었다. 닐 하딩 엮음, 이성혁 옮김, 『러시아 맑스주의. 1897~1906년의 주요문건』, 거름, 377~385쪽에 실려 있다.

[27] 『『노동자의 대의』 편집진을 위한 바데메쿰』은 『노동자의 대의』에 반대하며 쁠레하노프가 서문을 쓰고 노동해방그룹(후주 [31] 참조)이 1900년 2월에 주네브에서 발간한 자료집이다. 바데메쿰은 '지침'을 뜻한다.

[28] '신앙 고백'이라는 뜻의 이 책자는 1899년 말에 러시아사회민주주의노동자당 끼예프 위원회가 작성한 소책자이며, 그 내용은 많은 점에서 "경제주의자들"의 *Credo*와 일치했다. 레닌은 이를 비판하는 글을 썼다.

[29] 레닌이 인용하고 있는 것은 1901년에 주네브에서 발간된 『두 대회. 러시아사회민주주의자동맹 제3차 대회와 "통합" 대회』다.

[30] 1899년 9월에 『노동자의 사상』 편집자들이 출간한 소책자이며, 특히 R. M.이 서명한 「우리의 현실」이라는 논문에는 "경제주의자들"의 견해가 잘 표명되어 있다.

[31] 노동해방그룹은 G. V. 쁠레하노프가 1883년에 주네브에서 창립한 러시아 최초의 맑스주의자 조직이다. 쁠레하노프 외에 P. B. 악셀로트, L. G. 도이치, V. I. 자쑬리치, V. N. 이그나또프 등이 그룹의 성원들이었다. 노동해방그룹은 러시아에서 맑스주의를 선전하고 대중화하는 데

지대한 공헌을 했고, 이들의 활동으로 맑스주의 확산에 주요한 사상적 걸림돌이었던 인민주의는 심각한 타격을 입었다. 노동해방그룹은 1903년 8월에 열린 러시아사회민주주의노동자당 제2차 대회에서 해체 성명을 발표했다.

1899년 12월에 악셀로트가 쓴「노동해방그룹의 출판 재개 선언」은 1900년 초에 소책자로 발간되었으며『『노동자의 대의』 편집진을 위한 바데메쿰』에 게재되기도 했다.

[32] 1901년 9월 쮜리히에서 개최된 러시아사회민주주의자동맹 제3차 대회에서는 1901년 6월 주네브 회의(후주 [1] 참조)에서 마련된 국외의 러시아 사회민주주의자 조직들의 원칙 협정과 조약 초안에 대한 수정과 보완문이 채택되었다. 이는 그 직후인 9월 21~22일에 열린 러시아사회민주주의노동자당 국외 조직들의 "통합" 대회의 실패를 예고한 것이었다.

[33] 칼 맑스,「빌헬름 브라케에게 보내는 서한」,『칼 맑스 프리드리히 엥겔스 저작 선집』 제4권, 박종철출판사, 368쪽.

[34] 러시아의 작가 레프 톨스토이의 소설의 주인공 바보 이반의 이야기다.

[35] 1875년 고타에서 열린 당대회에서 아이제나하파와 라쌀레파(후주 [2] 참조)가 통합하면서 채택하려던 강령의 초안이 그동안의 운동과 이론의 발전을 반영하지 못했다고 맑스는 비판한 바 있다. 칼 맑스,「고타 강령 초안 비판」,『칼 맑스 프리드리히 엥겔스 저작 선집』 제4권, 박종철출판사, 363～390쪽.

[36] 악셀로트의 소책자『러시아 사회민주주의자들의 현재의 임무와 전술 문제에 부쳐』(1898년)를 말한다. 닐 하딩 엮음, 이성혁 옮김,『러시아 맑스주의. 1897～1906년의 주요문건』, 거름, 341～360쪽에 실려 있다.

[37] 레닌은 엥겔스가「독일 농민 전쟁」의 서문에 추가한 내용 중 일부분을 스스로 번역하여 인용하였다.『칼 맑스 프리드리히 엥겔스 저작 선집』 제3권, 박종철출판사, 167~169쪽.

[38] 1896년 5월과 6월에 뻬쩨르부르크 섬유 노동자의 대중적 파업이 벌어졌다. 파업의 계기가 된 것은 니꼴라이 2세의 대관식 기념 휴일분의 임금을 공장주들이 노동자들에게 전액 지불하는 것을 거부한 일이다. 파

업은 급속도로 번져 뻬쩨르부르크의 방적, 방직 및 기타 업종을 휩쓸었다. 뻬쩨르부르크의 프롤레타리아트는 최초로 거대한 전선을 형성하여 착취자들에 대한 투쟁에 나섰으며, 3만 명이 넘는 노동자들이 동맹파업을 벌였다. 노동자계급해방투쟁동맹(후주 [40] 참조)의 지도로 진행된 뻬쩨르부르크의 파업은 러시아 전역에서 파업 운동의 발전을 촉진하였으며, 짜르 정부는 공장법의 개정을 서두르지 않을 수 없게 되었다.

[39] 『선동에 관하여』라는 소책자는 1894년에 A. 끄레메르가 쓰고 마르또프가 편찬한 것이다. 처음에는 필사본과 젤라틴판의 형태로 유포되다가 1896년 말에 주네브에서 출판되었다. 이 소책자는 폐쇄적인 서클 내의 선전에서 벗어나 노동자들의 일상적 필요와 요구를 기반으로 삼아 노동자들 사이의 대중 선동으로 전환해야 한다고 촉구했다. 하지만 정치 선동의 의의를 제한하고 경제투쟁의 역할과 의의를 과대평가함으로써 훗날의 "경제주의"의 맹아가 되었다. 닐 하딩 엮음, 이성혁 옮김, 『러시아 맑스주의. 1897~1906년의 주요문건』, 거름, 290~309쪽에 실려 있다.

[40] 노동자계급해방투쟁동맹은 1895년 가을에 레닌이 뻬쩨르부르크의 많은 맑스주의 노동자 서클을 통합하면서 설립되었다. 투쟁동맹의 지도부는 V. I. 레닌, A. A. 바네예프, P. K. 자뽀로네쯔, G. M. 끄르지자놉스끼, N. K. 끄룹스까야, L. 마르또프, M. A. 씰리빈, V. V. 스따르꼬프 등이었다. 투쟁동맹은 러시아에서 최초로 사회주의를 노동자운동과 결합시켰고, 얼마 안 되는 선진 노동자들을 대상으로 한 맑스주의 선전을 광범위한 프롤레타리아트 대중 사이에서의 정치 선동으로 전환하기 시작했다. 또한 노동자들을 위한 정치 신문 『노동자의 대의』의 발간을 준비했다. 1895년 12월, 짜르 정부는 레닌을 위시한 투쟁동맹의 활동가들을 상당수 검거하고, 식자를 준비하던 『노동자의 대의』 창간호를 압수했다. 검거를 피한 투쟁동맹의 성원들은 러시아사회민주주의노동자당 제1차 대회를 준비하고 참여했으며, 대회의 이름으로 발간한 「러시아사회민주주의노동자당 선언」(후주 [43] 참조)을 기초했다. 검거로 인해 창립자들이 오랫동안 자리를 비우게 되면서 투쟁동맹의 "소장"

성원들은 "경제주의"로 넘어갔다.

[41] 레닌이 『노동자의 대의』를 위해 쓴 「러시아 노동자들에게」라는 사설은 현재까지 발견되지 않았다.

[42] 1895년 4월 27일에 야로슬라블 직물 공장에서 4천 명이 파업을 벌이자 군대가 동원되었고, 진압하는 과정에서 노동자 한 명이 사망하고 십여 명이 부상을 당했다. 정부가 임금을 인하할 수 있는 새로운 기준을 도입한 것이 파업의 원인이었다.

[43] 1898년에 러시아사회민주주의노동자당 제1차 대회의 위임을 받아 당 중앙위원회는 「러시아사회민주주의노동자당 선언」을 작성하여 발행했다. 「선언」은 정치적 자유와 전제주의 전복을 위한 투쟁을 러시아 사회민주주의자의 주요 과제로 제기하고, 정치투쟁을 노동자운동의 일반 과제들과 결합시켰다. 닐 하딩 엮음, 이성혁 옮김, 『러시아 맑스주의. 1897~1906년의 주요문건』, 거름, 335~338쪽에 실려 있다.

[44] 1897년 2월에 뻬쩨르부르크에서 V. I. 레닌, A. A. 바네예프, G. M. 끄르지자놉스끼 등 뻬쩨르부르크노동자계급해방투쟁동맹 창립자들인 "노장" 성원들과 신참 성원 대표들이 회동했고, 여기서 둘 사이에 논쟁이 벌어졌다.

[45] 1825년 12월 14일, 짜르 니꼴라이 1세의 즉위일에 청년 장교들이 지식인들과 함께 반란을 일으켰다. 짜르 전제 체제 타도를 목적으로 한 이 반란을 '12월단원의 반란'이라 하고, 그 참여자들을 '12월단원'(러시아어로는 '데카브리스트')이라 부른다.

[46] 짜르의 헌병은 푸른색 제복을 착용했다.

[47] 1901년 11월에 빈에서 열린 오스트리아사회민주주의당 대회에서는 베른슈타인주의에 크게 양보한 새로운 당 강령이 채택되었는데, 카우츠키는 이에 대해 앞장서서 반대했다.

[48] 레닌은 쁘로꼬뽀비치의 책 『서구의 노동자운동. 비판적 연구의 경험 제1권. 독일과 벨기에 편』과 스뜨루베의 논문 「맑스의 사회 발전 이론」 등을 염두에 두고 있다. 쁘로꼬뽀비치는 자료를 피상적으로 연구했으며 과학적 사회주의와 혁명적 사회민주주의 활동에 적대적인 태도를 보였다. 스뜨루베는 베른슈타인주의의 입장에서 맑스주의 이론과 그

철학적 전제를 반박하려 했으며, 사회혁명과 프롤레타리아독재를 부정했다.

[49] 1868년에 독일에서 진보당의 활동가인 히르쉬와 둥커는 노동조합 조직을 결성했는데, 노동과 자본의 "조화"라는 사상을 설파하면서 파업을 부정했다.

[50] 노동자자기해방그룹은 1898년 가을에 뻬쩨르부르크에서 생겨나 몇 개월 동안 존속했던 "경제주의자들"의 소그룹이다.

[51] 1897년에 시베리아 유형지에서 작성한 이 글은 1898년에 노동해방그룹(후주 [31] 참조)에서 처음 출판되었다. V. I. 레닌 지음, 홍승기 편역, 『레닌저작선』 거름, 11~27쪽에 실려 있다.

[52] 사회주의자특별법(후주 [15] 참조)이 시행되던 때인 1879년부터 1890년까지 독일사회주의노동자당의 중앙기관지는 『사회민주주의자』라는 비합법 잡지였다. 특별법이 철폐된 후 잡지는 폐간되었고 『전진』이 다시 당의 중앙기관지가 되었다.

[53] '리뚜아니아, 폴란드, 러시아 전유대인노동자동맹'(분트)은 1897년 빌노의 유대인사회민주주의그룹 창립 대회에서 결성되었으며, 성원들은 주로 러시아 서부 지역의 반半프롤레타리아들이었다. 러시아사회민주주의노동자당 제1차 대회에서 당에 가입하였으나 분리주의와 민족주의를 주장했다. 당 내부에서 처음에는 "경제주의"를, 나중에는 멘셰비끼와 청산주의를 지지했다.

1901년 4월에 열린 제4차 분트 대회에서는 「정치투쟁의 수단에 관하여」라는 결의안이 채택되었는데, 여기서 "광범위한 대중을 운동에 끌어들이기 위한 최상의 수단은 경제투쟁"이라고 선언했다.

[54] 영국인 웹 부부의 『영국 노동조합운동사』를 말한다.

[55] 맑스는 1859년에 발간한 『정치경제학 비판을 위하여』의 「서문」에서 이렇게 썼다. "인류는 언제나 자신이 풀 수 있는 문제만을 제기한다." 『칼 맑스 프리드리히 엥겔스 저작 선집』 제2권, 박종철출판사, 478쪽.

[56] 자유그룹이 출판한 소책자 『러시아에서의 혁명주의의 부활』(1901년, 주네브)을 말한다.

[57] 1901년 2~3월에 뻬쩨르부르크, 모스크바, 끼예프, 하리꼬프, 까잔, 똠

스크와 그 밖의 여러 도시에서 학생과 노동자의 대중적 정치 시위, 행군, 파업이 벌어졌다. 정부는 시위대를 참혹하게 진압했지만, 이 사건은 러시아에서 혁명이 고양되고 있음을 증명했으며 노동자들이 정치 슬로건을 내건 운동에 동참했다는 의의를 지녔다.

[58] 레닌이 인용하는 이 문장의 원문은 다음과 같다. "한마디로, 공산주의자들은 어디서나 현존 사회 상태와 정치 상태에 반대하는 모든 혁명운동을 지지한다." 칼 맑스 · 프리드리히 엥겔스 지음, 김태호 옮김, 『공산주의 선언』, 박종철출판사, 58쪽.

[59] 1901년 8월에 나온 『불꽃』 제7호에는 뻬쩨르부르크의 방직 노동자가 보낸 다음과 같은 편지가 실렸다. "…… 나는 여러 동료들에게 『불꽃』을 보여 주었다. 그러면 신문은 곧 너덜너덜해져 버렸지만, 그것은 귀중한 것이었다. …… 당신이 『불꽃』을 읽는다면 경찰과 헌병들이 우리 노동자들과 우리를 따르는 지식인들을 왜 두려워하는지 알게 될 것이다. …… 노동자 인민은 이제 쉽게 불타오를 수 있으며, 모두들 저 밑에서 희미하게 불길을 피워 내고 있다. 필요한 것은 오직 불꽃일 뿐이다. 그러면 불이 일어날 것이다. …… 나는 지난 일요일에 11명을 모아 놓고 「무엇으로부터 시작할 것인가?」를 읽었다. 그렇게 우리는 밤이 깊어도 흩어질 줄 몰랐다. 어쩌면 그렇게 구구절절 다 옳은지. …… 우리는 『불꽃』이 어떻게 시작할 것인지를 가르칠 뿐만 아니라 어떻게 살고 어떻게 죽어야 할지를 가르쳐 줄 수 있도록 편지를 쓸 것이다."

[60] 악셀로트의 소책자 『러시아 사회민주주의자들의 현재의 임무와 전술 문제에 부쳐』의 일부다. 닐 하딩 엮음, 이성혁 옮김, 『러시아 맑스주의. 1897~1906년의 주요문건』, 거름, 351쪽에 실려 있다.

[61] 소수의 노동자와 지식인이 1899년 봄에 뻬쩨르부르크에서 결성한 대對자본노동투쟁그룹은 "경제주의" 관점에 가까웠으며, 노동자운동과는 안정적인 관계를 맺지 못하다가 1899년 여름에 거의 대부분의 성원들이 체포되자 해소되었다.

[62] 1901년에 있었던 레닌과 마르떠노프의 대담을 일컫는 듯하다.

[63] 고골리의 소설 『옛날 지주들』에 나오는 지방 소지주들로 이루어진 가부장적 가족의 구성원이다.

[64] 1900년 2월에 이바노보-보즈네쎈스크의 사회민주주의노동동맹은 「러시아의 모든 노동자 단체에게」라는 선언을 발표하였는데, 그 선언의 첫 구절은 이런 것이었다. "대의원은 지식인이 아니라 노동자만으로 구성되는 것이 바람직하다."

[65] 독일에서 사회주의자특별법이 시행될 당시, 무정부주의자인 하쎌만이 직접적인 혁명 행동을 선동하는 데 사용한 말이다.

[66] 뻬쩨르부르크의 사회민주주의자 서클('노장파')을 말하며, 1895년에 이를 기반으로 하여 노동자계급해방투쟁동맹이 결성되었다.

[67] 혁명적 인민주의자들의 조직 '토지와 자유'는 1876년 가을에 뻬쩨르부르크에서 결성되었다. 이들은 처음에는 '북부 혁명적 인민주의자 그룹'이었다가, 1878년부터 '토지와 자유'라고 알려졌다. 이들은 폭력혁명을 통해 인민에게 토지와 자유를 나누어 주는 것을 당면 목표로 생각했다. 또한 엄격한 중앙 집중화의 원칙과 규율을 갖춘 조직을 유지했다. 하지만 정치적 테러의 문제를 두고 조직 내부의 견해차가 생겨, 1879년에 흑토재분배와 '인민의 의지'(후주 [5] 참조)라는 두 개의 조직으로 분열하였다.

흑토재분배는 '토지와 자유'의 강령을 거의 대부분 고수했다. 후에 흑토재분배의 일부(쁠레하노프, 악쎌로트, 자쑬리치, 도이치, 이그나또프 등)는 1883년에 최초의 러시아 맑스주의 조직인 노동해방그룹(후주 [31] 참조)을 결성했고, 여기에 참여하지 않은 이들은 '인민의 의지'에 흡수되었다.

[68] 쎄레브랴꼬프의 글 「러시아사회민주주의당의 분열」(『전야』 제15, 16호, 1900년 4월, 5월)과 「하나의 분열에 관하여」(같은 책 제17~18호, 6월)를 말한다.

[69] 고대 아테네에서는 작은 언덕 아레오파고스에서 전직 집정관들로 구성된 귀족 회의가 열렸는데, 그 회의는 모든 국가 업무를 관장하였으며 국사범 재판소의 역할을 하기도 했다.

[70] 카우츠키의 책 『의회주의, 인민 입법, 사회민주주의』(1893년, 슈투트가르트)를 말한다.

[71] 「1900년 빠리 국제 사회주의자 대회에 보내는 러시아 사회민주주의

운동 보고서」를 말한다. 이 보고서는 러시아사회민주주의자동맹의 위임을 받아 『노동자의 대의』 편집국이 작성한 것이며, 1901년에 주네브에서 출판되었다.

[72] 이 책의 제3장 2절에서 한 단락이 인용된 바 있는 『노동자의 사상』의 『별책 부록』에 수록된 R. M.의 글 「우리의 활동」에 나타난 논쟁적 언급을 말한다.

[73] 『노동자의 사상』이 발간한 소책자 『러시아 노동자계급의 처지에 관한 문제』(1898년)와 설문용 소책자 『러시아 노동자계급의 처지에 관한 자료 모음을 위한 설문』(1899년)을 말한다.

[74] 1885년에 파업 투쟁이 벌어져 블라지미르, 모스크바, 트베리 등 여러 산업 중심 지역의 많은 섬유 회사를 휩쓸었다. 노동자들의 주요 요구 조건은 벌금의 축소, 고용 조건의 체계화 등이었다. 1885~1886년의 파업 투쟁의 영향으로 짜르 정부는 1886년 6월 3일(15일) "벌금법"이라 불리는 법률을 제정하지 않을 수 없었다.

[75] 그리스 신화에 따르면, 아우게이아스 왕은 자신의 마구간을 30년 간 한 번도 청소를 하지 않았는데, 헤라클레스가 강물을 끌어와 하루 만에 말끔히 치웠다고 한다.

[76] 레닌은 『12년간』이라는 선집에서 이 제1절을 제5장의 오점이라고 보고 누락시키며 다음과 같은 주석을 달았다. " '「무엇으로부터 시작할 것인가?」라는 글 때문에 분개한 사람은 누구인가?' 라는 제목의 제1절이 이번 판에는 누락되어 있다. 이 절은 『불꽃』의 '통제' 시도라는 문제에 관하여 『노동자의 대의』 및 분트와 벌인 논쟁만을 특별히 담고 있기 때문이다. 그렇기는 하지만 이 절에는 분트 스스로 『불꽃』의 조직원들에게 당 중앙을 혁신하고 '문헌연구실' 을 조직하자고 제안했다(1898~1899년)는 사실이 언급되어 있다."

[77] 레닌이 아래에서 말하고 있는 것은 러시아사회민주주의노동자당의 역사에서 나타난 다음과 사실들이다.

첫째 사실. 1897년 여름에 뻬쩨르부르크노동자계급해방투쟁동맹(후주 [40] 참조)은 당시 시베리아 유형에 처해 있던 레닌에게 노동자 특별 도서관 건립에 참여하라고 제안했다. 이 도서관을 위해 레닌은 본문에서 언급한 소책자들을 작성했고 그것들은 주네브에서 발간되었다.

둘째 사실. 1898년에 뚜루한스크에서 유형에 처해 있던 마르또프는 분트(후주 [53] 참조) 중앙위원회의 제안에 따라 『러시아 노동자의 대의』라는 소책자를 작성했다. 이 글은 1899년에 주네브에서 출판되었다.

셋째 사실. 분트 중앙위원회의 발의에 의한 『노동자 신문』 복간 시도는 1899년에 있었다. 언급된 글들은 『노동자 신문』 제3호를 위해 레닌이 쓴 것이다.

넷째 사실. 1900년 초에 러시아사회민주주의노동자당 에까쩨리노슬라프 위원회가 발의하고 분트와 국외러시아사회민주주의자동맹(후주 [9] 참조)이 지지하는 가운데 러시아사회민주주의노동자당 제2차 대회를 소집하려는 시도가 있었다. 레닌과 노동해방그룹(후주 [31] 참조)의 성원들은 대회 소집을 시기상조라고 보았다. 1900년 4월과 5월에 걸쳐 진행된 대규모 체포 사태로 대회는 열리지 못했다.

[78] 레닌이 발의하여 1901년 10월에 결성된 국외러시아혁명적사회민주주의자연맹을 말한다. 연맹에는 『불꽃』 국외 지부와 노동해방그룹을 포괄하고 있던 혁명조직 '사회민주주의자'(후주 [86] 참조)가 가입했다. 러시아사회민주주의노동자당 제2차 대회는 연맹을 규약상 위원회의 권리를 가진 유일한 국외 당 조직으로 승인하였으며, 당 중앙위원회의 지도와 통제 아래서 활동하게 했다.

러시아사회민주주의노동자당 제2차 대회 이후 연맹은 멘셰비끼가 장악하여 레닌 및 볼셰비끼에 반대하는 투쟁에 나섰다. 연맹은 1905년까지 존속했다.

[79] 러시아사회민주주의노동자당 제2차 대회에 보낸 『불꽃』 조직의 보고서에는 다음과 같이 씌어 있었다. "그런데 지역 활동의 틀을 넓혀야 할 필요성은 어디서나 어느 정도 분명하게 인식되어 있었다. 한 통신원이 끼예프 위원회에 관해 '굴속에 갇힌 듯 들어앉아서 다른 지역에서는 무슨 일이 일어나고 있는지 아무것도 모르고 있다.'라고 쓴 적이 있다. 이 말이 끼예프 위원회에 관해 얼마만큼 정당한지는 모르겠다. 하지만 일반적으로 말해 그 당시에는 굴속에 '들어앉기'가 넘쳐나는 실정이었다."

[80] 삐싸레프의 『빗나간 설익은 사상』에 나오는 구절.

[81] 레닌이 염두에 두고 있는 것은 맑스의 저작 『루이 보나빠르뜨의 브뤼메르 18일』의 다음 부분이다. "헤겔은 어디에선가, 모든 거대한 세계사적 사건과 인물은 두 번 나타난다고 지적하고 있다. 그는 다음과 같이 덧붙이는 것을 잊었다. 한 번은 비극으로, 다른 한 번은 소극笑劇으로." 『칼 맑스 프리드리히 엥겔스 저작 선집』 제2권, 박종철출판사, 287쪽.

[82] 1901년 11월과 12월, 노동자들의 지지를 받은 대학생들의 시위 물결이 최고조에 달했고, 1901년 12월 20일자와 1902년 1월 1일자의 『불꽃』 제13, 14호에는 니주니 노브고로트, 모스크바, 예까쩨리노슬라프 등지의 시위와 끼예프, 하리꼬프, 모스크바, 뻬쩨르부르크 등지의 대학생 집회에 관한 통신문이 게재된 바 있다.

[83] 14세기에 창설된 터키의 정규 보병을 가리키는데, 술탄 체제의 가장 중요한 경찰력이었으며 형언할 수 없는 잔혹성으로 이름을 떨쳤다.

[84] 레닌은 1907년에 선집 『12년간』에 『무엇을 할 것인가』를 다시 실을 때, 이 부록을 뺐다.

[85] 국제사회주의사무국은 제2인터내셔널의 상설 집행기구이며, 레닌은 1905년부터 러시아사회민주주의노동자당의 대표로 이 기구의 일원으로 활동했다.

[86] 국외러시아사회민주주의자동맹(후주 [9] 참조)이 분열된 후 노동해방그룹(후주 [31] 참조)의 성원들과 그 동조자들은 1900년 5월에 혁명조직 '사회민주주의자'를 결성했다. 1901년 10월에 레닌의 제안으로 이 조직은 『불꽃』 국외 지부와 통합하여 국외러시아혁명적사회민주주의자연맹(후주 [78] 참조)을 결성했다.

[87] 레닌이 언급하는 것은 1900년 여름에 빠리에서 결성된 사회민주주의 그룹인 투쟁그룹이다. 이 그룹의 성원들은 러시아 사회민주주의 내의 혁명적 경향과 기회주의적 경향을 화해시키려고 국외 사회민주주의 조직 대표자들의 주네브 회의 소집을 발의했으며, "통합" 대회(후주 [1] 참조) 조직 작업에 참여했다. 이 그룹은 출판물을 통해 레닌의 당 건설 원칙에 대해 적대적인 태도를 취했다. 러시아사회민주주의노동자당 제2차 대회의 결정에 의해 투쟁그룹은 해산되었다.

[88] 독일사회민주주의당의 중앙기관지 『전진』의 편집국과 『여명』 사이의 논쟁은 마르또프의 글 「독일사회민주주의당 뤼벡 대회」(『여명』 제2-3호, 1901년 12월)로 인해 일어났다. 마르또프는 그 글에서, 끄리쳅스끼가 『전진』에 보낸 통신문에는 프랑스 사회주의 운동의 상황에 관해 왜곡된 정보가 담겨 있어서 기회주의자들을 위한 선전 활동에 해당한다고 했다.

[89] 이 글은 1902년 4월 1일자 『불꽃』 제19호 「당으로부터」라는 지면에 실렸다.

[90] 이 책 260쪽.

인물 해설

게드 (1845~1922) — 프랑스노동자당 창립자 가운데 한 사람이자 제2인터내셔널 지도자 가운데 한 사람.

게르쩬(1812~1870) — 인민주의의 창시자. 런던 망명 중 잡지 『종』을 창간하여 러시아 지식인층에게 강한 사상적 영향을 주었다.

깟꼬프 (1818~1887) — 러시아의 언론인, 『모스크바 통보』(『모스꼽스끼예 베도모스찌』)의 편집자. 슬라브주의와 전제주의 사상을 고취했으며 모든 사회적 진보에 맞서 격렬하게 투쟁하였다.

까레예프 (1850년 출생) — 러시아의 역사학 교수이며 정치 평론가. 주관적 사회학파의 대표자. 후에 까데트당 중앙 위원.

꾸스꼬바 (1869~1958) — 러시아의 부르주아 사회 활동가이자 사회 평론가. 레닌을 필두로 한 러시아 맑스주의자들로부터 신랄한 비판을 받은 "경제주의자들"의 강령적 문건인 *Credo*[신조]의 저자. 10월혁명 이후에는 소비에트 권력에 반대하는 활동을 했다.

끄리첸스끼 (1866~1919) — 러시아 최초의 사회민주주의자 가운데 한 사람. 1890년대 초에 망명하여 노동해방그룹에 참여했다. 그 후 곧 노동해방그룹과 대립하여 독자적인 출판 활동 그룹을 결성하였다. 1890년대 말, "경제주의"를 지지하며 국외러시아사회민주주의자동맹의 주도권을 장악하고는 기관지 『노동자의 대의』의 편집자가 되었다. 러시아사회민주주의노동자당 제2차 대회 이후에는 당내에서 아무런 역할도 하지 않았다.

나르시소스 — 그리스신화에 등장하는 매력적인 외모의 인물.

나이트 (1833~1911) — 영국 노동조합운동의 활동가. 1899년 전영국노동조합연맹의 창립 발기인 중의 한 사람으로, 자본가와의 평화 협정을 유일한 투쟁 수단으로 인정하였다.

나제주진 (1877~1905) — 러시아의 1890년대의 인민주의자, 후에는 사회민주주의자. "경제주의자"들을 지지하는 관점을 지녔으며, 테러를 설교하였고, 레닌이 주도한 『불꽃』에 반대했다. 러시아사회민주주의노동자당 제2차 대회 이후 멘셰비끼.

다비트 (1863~1930) — 독일사회민주주의당의 지도자이자 이데올로그. 1894년에 농업 문제에 관한 맑스의 학설에 처음으로 공개적인 수정을 가했던 인물 중 한 사람.

돈키호테 — 에스빠냐 작가 세르반테스의 동명 소설의 주인공. 망상증에 걸려 자신이 진정한 기사도를 발휘한다고 생각한다.

뒤링 (1833~1921) — 독일의 절충주의 철학자이자 경제학자, 소부르주아 사회주의자.

뚜뽀릴로프 — 마르또프의 가명.

뚤린 — 레닌의 가명.

라브로프 (1823~1900) — 러시아의 혁명적 인민주의 이데올로그이자 사회학자, 사회 평론가. 철학적으로는 절충주의자였으며, 인민주의적인 "영웅"과 "군중"의 이론을 창시했다. 빠리꼬뮌에 참여했으며 제1인터내셔널의 성원으로 맑스, 엥겔스와 서신을 주고받았다.

라쌀레 (1825~1864) — 독일의 소부르주아 사회주의자. 전독일노동자동맹 Allgemeinen Deutschen Arbeitervereins의 창립을 주도했고, 독일 노동자운동의 한 경향인 라쌀레주의의 창시자다.

라파르그 (1842~1911) — 프랑스사회주의당 지도자 가운데 한 사람. 경제학자이며 맑스의 사위. 제1인터내셔널과 빠리꼬뮌에 참가하였고, 맑스주의 이론 보급을 위해 많은 논문과 저서를 썼다.

로가초프 (1856~1884) — 러시아의 혁명가이며 '인민의 의지'의 성원. 여러 테러 계획에 가담하였으며, '인민의 의지'의 전투조직을 창설하는 데 지도적인 역할을 하였다. 스파이가 밀고하여 처형되었다.

로모노쏘프 (1711~1765) — 러시아의 과학 및 언어학의 태두. 시인이자 문법학자로도 명성을 얻었다.

레닌 (1870~1924)

리팅하우젠(1814~1890) — 독일의 사회민주주의자. 1848년에는 『신라인 신문』에 협력하였고, 1884년에는 코펜하겐 대회 결정에 불복한 이유로 사회민주주의당에서 제명되었다.

리프크네히트 (1826~1900) — 독일의 혁명가. 1848/1849년 혁명에 참여했으며 제1인터내셔널과 공산주의자동맹의 회원이기도 했다. 독일사회민주주의당의 창립자이자 지도자의 한 사람이며, 맑스와 엥겔스의 동지였다.

마르또프 (1873~1923) — 러시아의 사회민주주의자. 노동자계급해방투쟁동맹을 조직했으며 『불꽃』의 편집국원이었으며, 러시아사회민주주의노동자당 제2차 대회에서는 소수파를 대표했다.

마르띠노프 (1865~1935) — 러시아의 대표적인 "경제주의" 이론가. 1880년대 말에는 '인민의 의지'에 속했다가 시베리아 유형 중에 사회민주주의자가 되었고, 국외러시아사회민주주의자동맹의 기관지 『노동자의 대의』의 편집국원이 되었다.

맑스 (1818~1883) — 독일의 철학자이자 혁명가.

메링 (1846~1919) — 독일사회민주주의당의 이론가이자 역사학자, 사회 평론가, 문헌학자.

메셰르스끼 (1839~1914) — 러시아 반동파의 기관지 『시민』(『그라주다닌』)의 발행자이자 편집자.

모스트 (1846~1906) — 독일의 사회민주주의자. 1869년 국사범으로 5년 징역에 처해졌다가 곧 특사로 석방되어 추방되었다. 런던에서 『자유』를 발행하며, 독일사회민주주의당의 정책을 반半무정부적인 입장에서 격렬하게 비판하여 바덴 당대회에서 제명되었다.

뮐베르거 (1847~1907) — 독일의 강단 사회주의자, 프루동주의자. 독일사회민주주의당의 기관지 『인민 국가』에 주택 문제에 관한 논문을 기고하여 엥겔스의 비판을 받았다.

미슈낀 (1848~1885) — 러시아의 혁명가, 인민주의자.

미하일로프 (1855~1884) — 러시아의 인민주의 조직인 '인민의 의지'의 조직가.

미하일롭스끼 (1842~1904) — 러시아의 자유주의적 인민주의 이론가. 1880~1890년대 러시아 지식인의 사상적인 지배자. 1890년대에 『러시아의 부』를 편집하며 맑스주의자를 격렬하게 공격하였다.

밀레랑 (1859~1943) — 프랑스의 정치인. 사회주의자로서 최초로 부르주아

내각에 입각했는데(1899~1902), 그 내각의 국방상은 빠리꼬뮌의 학살자 갈리페 장군이었다. 1904년에 프랑스사회주의당에서 제명되어 독립사회당을 결성하였고, 1920~1924년에 대통령으로 재임했다.

바꾸닌 (1814~1876) — 러시아의 혁명가이자 사회 평론가. 무정부주의의 창시자 및 이론가의 한 사람.

바네예프 (1872~1899) — 러시아 사회민주주의자. 1895년 뻬쩨르부르크 노동자계급해방투쟁동맹 결성에 적극적으로 참여하였다.

바씰리예프 (1855년 출생) — 러시아 헌병 대령. 주바또프의 "경찰 사회주의"의 지지자.

바이틀링 (1808~1871) — 재단사 출신의 독일 노동자 공산주의의 이론가.

발타이히 (1839~1915) — 독일의 우익 사회민주주의자. 1878년 사회주의자 특별법이 제정된 후 미국으로 망명했다.

발호른 (~1603) — 독일의 출판업자.

베르자예프 (1874~1948) — 러시아의 정치 평론가이자 철학자. 맑스주의에서 관념론으로, 다시 신비주의로 경도되었다.

베른슈타인 (1850~1932) — 독일의 사회민주주의자. 독일사회민주주의당과 제2인터내셔널의 수정주의 진영을 이끈 지도자의 한 사람.

베벨 (1840~1913) — 독일사회민주주의당과 제2인터내셔널 창립자 가운데 한 사람.

벨또프 — 쁠레하노프의 가명.

벨린스끼 (1811~1848) — 러시아의 비판적 잡지 『동시대인』의 편집자.

보론쪼프(V.V.) (1847~1918) — 러시아 경제학자이자 사회 평론가. 1880~1890년대 자유주의적 인민주의 이데올로그 중 한 사람으로 맑스주의에 반대해 투쟁했다.

보름스 (1868~1937) — 러시아의 교수. 모스크바대학에서 주바또프 "경찰 사회주의"를 대변했다.

볼트만 (1871~1907) — 독일의 사회학자이자 인류학자. 독일 파시즘 이데올로기의 일부분을 이루는 인종주의 이론을 설파했다.

불가꼬프 (1871~1944) — 러시아의 부르주아 경제학자이자 관념론 철학자. 1890년대에는 "합법적 맑스주의자"였으며 후에 까데트당에 입당하였다.

브렌타노 (1844~1931) — 독일의 경제학자이자 노동조합 연구자. 자본주의의 틀 내에서 공장 입법과 개량주의적 노동조합의 노동자 조직화를 통해 사회적 모순을 해결하는 것이 가능하다고 설파했다.

비쩨 (1849–1915) — 러시아의 공직자. 자유주의적 부르주아지에게 조금 양보하는 대신 노동자 대중에게는 가차 없는 탄압을 가하는 방법으로 군주정을 유지하려 애썼다.

빌헬름 1세 (1797~1888) — 1861년에서 1888년까지 재임한 프로이센 국왕.

빠르부스 — 헬판드의 가명.

뻬롭스까야 (1853~1881) — 러시아의 혁명가, '인민의 의지' 지도자 가운데 한 사람. 여러 번의 테러에 참여하였고, 1881년 3월 알렉싼드르 2세 암살을 기도했다가 처형되었다.

뽀뜨레쏘프 (1869~1934) — 러시아의 사회민주주의자. 『불꽃』 편집진이었다가 나중에 멘셰비끼가 되었다.

쁘로꼬뽀비치 (1871~1955) — 러시아의 경제학자이자 정치가. 한때 국외러시아사회민주주의자동맹에 속했으나 나중에는 극우 경제주의자로서 해방동맹에 참가하였다. 1906년에는 급진주의적인 잡지 『무제無題』를 발행하였다.

쁠레하노프 (1856~1918) — 러시아 최초의 맑스주의 선전가이자 이론가. 1883년에 최초의 러시아 맑스주의 조직인 노동해방그룹을 결성했으며, 1883년부터 1903년에 걸쳐 집필한 저술로 러시아사회민주주의당의 이론 형성에 영향을 미쳤다.

삐싸레프 (1840~1868) — 러시아의 혁명적 민주주의자이자 평론가. 1860년대 지식인의 혁명적 이데올로기를 만들었다.

싸빈꼬프 (1879~1925) — 러시아사회혁명당 지도자 가운데 한 사람. 당의 '전투조직'을 이끌며 수많은 테러를 계획했다.

생시몽 (1760~1825) — 프랑스의 사회 개혁가. 기독교 사회주의의 바탕을 마련한 인물.

쎄레브랴꼬프 (1854~1921) — 러시아의 인민주의 혁명가, '토지와 자유' 조직원. 여러 해 망명 생활을 하면서 잡지 『전야』를 발행하였다.

셰드린 (1826~1889) — 러시아의 작가이자 혁명적 민주주의자.

슈람 (1848~1914) — 독일의 사회민주주의자. 회히베르크가 주도한 잡지 『미래』와 『사회과학 · 사회정책 연보』의 기고자.

슈바이쩌 (1833~1875) — 1880년대 독일 노동자운동의 라쌀레파의 지도자. 라쌀레 사후 비스마르크의 원조로 신문 『사회민주주의자』를 창간하였다.

슐쩌-델리쮜 (1808~1883) — 독일의 부르주아 경제학자. 1860년대 초 프롤레타리아혁명운동으로부터 노동자를 이탈시키기 위해 수공업자의 생산협동조합 설립을 주창하였다.

스따로베르 — 뽀뜨레쏘프의 가명.

스뜨루베 (1870~1944) — 러시아 부르주아 경제학자이자 사회 평론가. 1890년대 "합법적 맑스주의"를 대표했으며 후에는 까데트당을 이끌었다.

아우어 (1846~1907) — 독일사회민주주의당의 기회주의 진영 지도자 가운데 한 사람.

악쎌로트 (1850~1929) — 러시아의 사회민주주의자. 초기에는 바쿠닌주의자였다가, '토지와 자유'가 분열하자 흑토재분배에 참여하였다. 1883년 노동해방그룹을 창립하였고, 1900년부터는 『불꽃』과 『여명』 편집국의 일원이었다.

알렉쎄예프 (1849~1891) — 최초의 러시아 노동자 출신 혁명가 가운데 한 사람. 1877년 3월 법정에서 짜르 전제주의의 몰락이 불가피함을 예언했다.

엥겔스 (1820~1895) — 독일의 혁명가. 맑스의 평생 동료.

오언 (1771~1858) — 영국의 유토피아 사회주의자.

오제로프 (1869~1942) — 러시아의 교수. 모스크바대학에서 주바또프의 "경찰 사회주의"를 대변했다.

웹 부부 (시드니 웹 1859~1947, 베아트리체 웹 1858~1943) — 영국의 저술가이자 사회활동가 부부. 페이비언협회의 창립자. 주요 저서로는 『영국 노동조합운동사』가 있다.

이반신 (1869~1904) — 러시아의 사회민주주의자, "경제주의"의 지도자 가운데 한 사람.

이솝 (기원전 620?~기원전 560?) — 고대 그리스의 노예이자 이야기꾼.

일로바이스끼 (1832~1920) — 러시아의 역사가. 제정러시아의 초등학교 와 중학교의 국정교과서의 집필자며, 역사란 왕과 장군들의 행동으로 만들어지며 역사 과정은 부차적이고 우연적인 상황들의 연속이라는 식으로 역사를 서술했다.

자쑬리치 (1851~1919) — 러시아의 혁명가, 초기에는 인민주의자. 1880년에 국외로 망명하여 노동해방그룹 결성에 참여했고, 맑스의 여러 저작을 러시아어로 번역하였다. 『불꽃』 편집진으로 활동했다.

제우스 — 그리스 신화에 등장하는 최고의 신.

주바또프 (1864~1917) — 러시아 정보경찰의 총수. "경찰 사회주의"를 도입하려고 노력했다.

젤랴보프 (1850~1881) — 러시아의 인민주의 혁명가, '인민의 의지'의 지도자. 1879년부터 1881년까지의 테러 계획 조직을 주도했으며, 알렉싼드르 2세를 암살하고 처형되었다.

체르니셉스끼 (1828~1889) — 러시아의 혁명적 민주주의자이자 철학자, 문예 비평가. 1861년 '농민 개혁'의 농노제적 성격을 폭로하여 짜르 정부에 체포되어 뻬뜨로빠블롭스까야 요새(베드로바울 요새)에 감금되었다. 후에 시베리아 유형지에서 20년을 보냈다.

카우츠키(1854~1938) — 독일의 사회민주주의자, 제2인터내셔널의 이론가. 1883년경에는 『신시대』의 편집자. 1890년대 말에는 베른슈타인의 수정주의와 투쟁했다.

트까초프 (1844~1885) — 러시아의 혁명적 인민주의 이론가. 블랑끼의 추종자.

폴마르 (1850~1922) — 독일의 사회민주주의자. 가톨릭과 농업 등에 관한 정책에서 개량주의적 입장이었다.

푸리에 (1772~1837) — 프랑스의 사회주의자. 자본주의사회의 착취와 부르주아지의 탐욕을 비난하고, 사람들이 노동한 양에 따라 공평하게 분배받는 이상 사회의 건설을 꿈꾸었다.

프루동 (1809~1865) — 프랑스의 경제학자이자 운동 지도자.

하쎌만 (1844년 출생) — 독일의 사회민주주의자, 라쌀레파와 독일노동총동맹의 지도자. 1880년 바덴 당대회에서 분열 활동 때문에 제명되었고, 그 후 미국으로 이주하였다.

할뚜린 (1856~1882) — 러시아 노동자 출신 혁명가. 러시아북부노동자동맹을 조직하고 지도했으며 '인민의 의지'에서 활동했다.

헤르쯔 (1812~1870) — 독일의 정치가이자 사회 평론가. 1903년 라이흐스타크에서 사회민주주의당 대표로 선출되었으나 부르주아 출판물에 협력한 일 때문에 물러났다.

헬판드 (1869~1924) — 유대계 러시아인으로서 1890년대에 독일에서 활동한 전투적인 사회주의 저널리스트. 레닌의 『불꽃』에 잠깐 협력하였지만 곧 멘셰비끼에 가담하였다.

회히베르크 (1853~1885) — 독일의 사회민주주의자. 1877년에는 잡지 『미래』를, 사회주의자특별법 시대에는 『사회과학 · 사회정책 연보』를 발행하여 유산계급도 포괄할 수 있는 당 정책을 만들려 애썼다.

휘그너 (1852~1942) — 러시아의 여성 혁명가, '인민의 의지'의 지도자. 1876~1883년 시기에 테러 활동을 지도하였다.

B – v — 싸빈꼬프의 가명.

V. V. — 보론쪼프의 가명.

V. I. — 이반신의 가명.

R. M. — 1899년 9월 『노동자의 사상』의 『별책 부록』에 "경제주의자들"의 관점을 기술한 「우리의 현실」을 쓴 인물.

N. N. — 쁘로꼬뽀비치의 가명.

간행물 해설

『남부 노동자』 — 『유주니 라보치』. 러시아의 사회민주주의 신문. 예까쩨린부르크, 스몰렌스크, 끼슈네프, 니꼴라예프와 다른 여러 도시에서 1900년 1월부터 1903년 4월까지 동일 명칭의 그룹에 의해 비합법 신문으로 발행되었다. 남부노동자그룹은 러시아에서 적극적인 혁명 활동을 수행했으나 『불꽃』과 동시에 전 러시아적 신문 창간이라는 계획을 제출했다. 러시아사회민주주의노동자당 제2차 대회는 이 그룹의 해산을 결정했다.

『노동자의 대의』 — 『라보체예 젤로』. 국외러시아사회민주주의자동맹의 기관지. 1899년 4월부터 1902년 2월에 걸쳐 주네브에서 부정기적으로 간행되었다. 끄리쳅스끼, 마르띠노프, 이반신 등 이 잡지의 편집국은 "경제주의자들"의 국외 구심이었으며, 『불꽃』의 당 창건 계획에 반대하는 투쟁을 벌였다.

『노동자의 사상』 — 『라보차야 미슬』. "경제주의자들"의 기관지. 1897년 10월부터 1902년 12월까지 뻬쩨르부르크와 해외에서 발행했다.

『노동자의 소식』 — 『리스또크 라보뜨니까』. 국외러시아사회민주주의자동맹의 부정기 간행물. 1896년에서 1898년까지 주네브에서 발간되었는데, 제1호부터 제8호까지는 노동해방그룹이 편집하다가, 동맹의 다수 성원이 "경제주의"로 돌아서자 노동해방그룹이 편집을 거부하여 제9~10호는 "경제주의자들"이 발행했다.

『노동자 신문』 — 『라보차야 가제따』. 끼예프 사회민주주의자들의 비합법 기관지. 제2호까지 발행되었다. 러시아사회민주주의노동자당 제1차 대회(1898년 3월)는 『노동자 신문』을 당의 공식 기관지로 승인한 바 있으나, 대회 이후 편집국 성원들이 체포되어 제3호는 빛을 보지 못했다.

『러시아』 — 『로씨야』. 러시아의 온건 자유주의적 일간지. 1899년부터 1902년까지 뻬쩨르부르크에서 발행되었다.

『러시아 고사故事』 — 『루스까야 스따리나』. 러시아의 역사 잡지. 1870년부터

1918년까지 뻬쩨르부르크에서 월간지로 발행되었다. 러시아의 혁명가들과 러시아 문화계를 대표하는 사람들의 회상기, 일기, 수기 및 편지, 다양한 사실 등을 다루었다.

『러시아 통보』 — 『로씨스까야 베도모스찌』. 1863년부터 모스크바에서 발행되었던 신문. 온건한 자유주의적 지식인의 관점을 표방하였으며, 1880년대와 1890년대에는 민주주의 진영의 작가들과 자유주의적 인민주의자들의 글이 실렸다.

『불꽃』 — 『이스끄라』. 1900년 12월에 레닌이 창간한 러시아 최초의 전국적 비합법 맑스주의 신문. 처음에는 라이프찌히에서, 그 후에는 뮌헨, 런던, 주네브에서 발행되었고, 해외의 사회민주주의자들이 신문 발행에 큰 도움을 주었다. 레닌은 러시아의 당 창건과 프롤레타리아트의 계급투쟁 등 주요 문제들에 관한 여러 편의 글을 이 신문을 통해 발표했으며, 중요한 국제적 사건에 대한 논평을 실었다. 『불꽃』 편집국은 러시아사회민주주의노동자당 제2차 대회의 강령 초안을 작성하고 대회를 준비했고, 이 신문의 공로를 인정하여 대회는 『불꽃』을 당의 중앙기관지로 공표했다. 하지만 쁠레하노프가 대회를 통해 편집국에서 제외된 인물들을 다시 불러들이려 하자 레닌은 편집국에서 탈퇴했고, 멘셰비끼가 주도한 제52호부터 『불꽃』은 레닌에 반대하는 투쟁을 벌였다.

『상트뻬쩨르부르크 노동자 소식지』 — 『상트뻬쩨르부륵스끼 라보치 리스또크』. 뻬쩨르부르크노동자계급해방투쟁동맹의 기관지. 1897년에 두 번에 걸쳐 발행되었으며, 노동자계급의 경제투쟁과 광범위한 정치적 요구들을 결합해야 한다는 과제를 제기하고 노동자 당 창건의 필요성을 강조했다.

『상트뻬쩨르부르크 통보』 — 『상트뻬쩨르부륵스끼 베도모스찌』. 뻬쩨르부르크에서 1728년부터 1917년 말까지 발행되었던 자유주의 신문.

『신시대』 — 『노이에 자이트』. 독일사회민주주의당의 이론지. 슈투트가르트에서 1883년부터 1923년까지 발행되었다. 맑스와 엥겔스의 몇몇 저작들이 이 잡지를 통해 최초로 발표되기도 했다. 1890년대 후반부터 베른슈타인을 비롯한 수정주의자들의 글이 실리기 시작했다.

『여명』 — 『자랴』. 맑스주의 관점에서 정치와 이론을 다룬 러시아의 잡지.

1901~1902년에 걸쳐 슈투트가르트에서 『불꽃』 편집국에 의해 합법적으로 발행되었다. 레닌은 다수의 글을 『여명』에 실었다.

『자유』 — 『스보보다』. '자유그룹'이 스위스에서 간행한 잡지. 1901년과 1902년에 걸쳐 두 번 나왔다. 자유그룹은 테러주의 사상과 "경제주의"를 설파하였고, 뻬쩨르부르크의 "경제주의자들"과 함께 『불꽃』에 반대했다.

『전야』 — 『나까누네』. 러시아의 인민주의 경향의 월간지. 런던에서 1899년 1월부터 1902년 2월까지 러시아어로 발행되었다. 맑스주의와 러시아의 혁명적 사회민주주의에 적대적인 태도를 취했다.

『전진』 — 『포어배르츠』. 1876~1878년과 1891~1933년의 독일사회민주주의당의 중앙기관지. 1870년대와 1890년대에는 혁명적 노동자들의 전투적 기관지였으나, 후에는 사회민주주의당 지도부의 점진적 변화를 반영하며 수정주의자들의 발언대로 변했다.

『지난날』 — 『빌로예』. 러시아의 혁명적 사회운동사를 다룬 잡지. 1900년에 창간되어 런던, 뻬쩨르부르크, 빠리 등지에서 부정기적으로 간행되다가 짜르 정부의 탄압을 받았다. 인민주의의 역사에 많은 관심을 보였다.

[해제]

하나의 시기를 청산하는 무기

김태호 (박종철출판사)

레닌이 『무엇을 할 것인가? 우리 운동의 절박한 문제들』(이하 『무엇을 할 것인가?』)를 쓰기로 생각한 것은 1901년 봄이며, 레닌은 그해 가을에 본격적으로 작업하여 1902년 2월에 원고를 완성했다.

해제에서는 레닌이 이 저작을 집필하기로 결심하게 되는 상황, 곧 당시 러시아 운동의 "절박한 문제"를 설명하기로 하겠다. 일반적인 사실 이외에 몇 가지 문제에 대해 『러시아 - 혁명의 기록』(松田道雄 編, 編輯部 譯, 1985년, 形成社)과 서울대학교 서양사학과 이채욱의 박사학위논문 『'노동해방' 그룹과 러시아 마르크스주의 1883~1892』(1994년)에서 도움을 받았음을 밝힌다.

1. 혁명운동의 길에 들어선 레닌

레닌의 본명은 블라지미르 일리치 울리아노프다. 1870년 4월 10일 러시아 서쪽 끝인 볼가 강 연변의 작은 도시에서 여덟 남매의 넷째로 태어났다. 아버지는 중학교에서 수학과 물리학을 가르치는 교사를 거쳐 장학사로 일했다. 어머니는 의사의 딸이었으며, 정규 교육은 받지 못했지만 독학으로 초등학교 교사 자격시험에 합격했다. 아버지는 레닌이 16살 때 뇌일혈로 사망했다.

아버지가 사망한 지 얼마 되지 않은 1887년에 형 알렉싼드르 일리치 울리야노프는 짜르 암살 계획에 연루되어 처형되었다. 레닌은 형의 죽음을 계기로 혁명가의 길을 결심했다.

레닌은 까잔대학 법학과에 입학했다. 그리고 집회를 주도한 혐의로 학교에서 제명되고 까잔에서 추방되었다. 자신의 책자의 제목으로 삼을 만큼 체르니셉스끼의 소설 『무엇을 할 것인가?』를 수없이 읽은 것은 이즈음이었다. 체르니셉스끼는 1861년 알렉싼드르 2세의 기만적인 '농노 해방'에 반대해 무장봉기를 선동하다 체포된 인물이었다.

2. 당시 러시아 운동의 전통 — 쿠데타, 테러, 음모, 인민주의

유럽을 기준으로 볼 때 대단히 전근대적이고 보수적인 국가 러시아에서 본격적인 근대적 개혁의 깃발을 든 집단은 귀족 출신의 군인들이었다. 러시아로 원정에 나섰다 패배한 나폴레옹 군대를 추격하며 1814년에 프랑스의 수도를 점령하게 된 군대는 그곳과 비교할 때 자신들의 조국이 얼마나 뒤떨어졌는지를 알게 되었다.

1825년 12월 14일, 짜르 니꼴라이 1세 즉위일에 청년 장교들과 지식인들이 "헌법 만세!"를 외치며 반란을 일으켰으나 실패했다. 이들 '12월단원(데카브리스트)' 가운데 5명이 사형에 처해지고 다수가 시베리아로 유형을 떠나게 되었다.

사형된 사람 가운데 하나인 빠벨 뻬스텔이 쓴『러시아의 진실(루스까야 프라우다)』은 이미 1816년에 출현한 비밀결사의 이론적 지침이 되었는데, 예를 들면 "결사는 지도자와 복종자로 구분된다."는 것이다. 다수의 행동이 아닌 소수의 운동, 또는 '위로부터의 개혁'을 지향하는 경향의 시작이었다.

비밀결사에서 활동하던 많은 혁명가가 투옥되거나 망명의 길을 택한다. 1840년에 바꾸닌(1814~1876)이 유럽으로 망명했고, 1847년에 유럽을 둘러본 게르쩬(1812~1870)도 망명의 길을 택해 런던에서『종(꼴로꼴)』이라는 잡지를 발간한다.

병사한 니꼴라이 1세의 뒤를 이어 1855년에 즉위한 알렉싼드르 2세는 사면령을 내리고 나아가 1861년에 '농노 해방'을 단행했다. 하지만 군주제 폐지를 주장하는 대학생들의 가두시위가 벌어졌고, 1866년에도 한 대학 중퇴자에 의한 짜르 암살 기도가 있었다.

1869년 12월, 한 학생이 모스크바대학 구내 연못 얼음판에서 사체로 발견된다. 이는 곧 네차예프(1847~1882)의 범행으로 밝혀지는데, 그가 속한 조직 '인민의 복수'에서는 임무를 수행하지 못한 조직원을 살해하는 것이 규칙이었던 것이다. 네차예프는 곧 스위스로 도망갔고, 1869년에 바꾸닌을 만나 혁명가 교육과 조직화를 위한 방안을 토론했고, 결국 1871년에 체포되어 압송되었다.

다른 한편, 러시아에는 한 농민 집단 내부에서 토지를 정기적으로 재분배하면서 경작하는 전통이 있었다. 러시아에서 최초로 사회주의 이론을 받아들인 혁명가들 다수는 이와 같은 '집산주의' 전통 덕분에 러시아는 자본주의를 거치지 않고 사회주의로 갈 수 있다고 보았다. 이들을 인민주의자('나로드니끼')라 하고, 여기서의 '인민'은 물론 '농민'이었다.

이 운동에 영향을 미친 대표적 인물로는 바꾸닌, 라브로프(1823~1900), 트까초프(1844~1886) 등을 들 수 있다. 이들은 비합법적이고 음모적인 방식에서 벗어난 운동을 주창하였고, 성과 없는 테러에 지친 젊은이들의 지지를 얻게 된다.

하지만 농민을 상대로 한 사업이 성과를 낳지 못하자 곧 과거의 방식이 대세를 이루게 된다. 인민주의자들은 러시아의 낙후된 상황을 개선하여 농민의 집산주의, 곧 사회주의를 이룰 수 있는 길은 유력한 인물, 특히 막강한 권력의 짜르를 제거하는 것이라는 이전의 노선으로 돌아왔다. 다시, 음모와 테러라는 전통을 받아들이게 되었고, 엄격한 규율과 중앙 집중화의 원칙으로 비밀 조직을 유지했다.

인민주의 조직 가운데 이후의 러시아 운동에 커다란 영향을 미친 것으로는 레닌이 『무엇을 할 것인가?』에서도 언급하는 '토지와 자유'가 대표적이다. 이 단체는 1876년에 북부혁명적 민주주의자그룹이라는 이름으로 출발했다가 2년 뒤에 이름을 바꾼 것인데, '토지와 자유'는 1860년대 초기에 활동했던 비밀결사의 이름이기도 했다.

하지만 음모적 방식이 대중의 지지와 참여를 얻지 못했고, "브 나로드", 즉 "인민 속으로"라는 운동이 시작되었다. 농민을 계몽하여 사회 개혁을 이루자는 이 운동은 1874년에 절정에 이르렀다. 하지만 참여자 1,600여 명이 체포되고, 또 학생과 혁명가 대다수가 농민의 상태에 실망하면서 힘을 잃게 된다.

3. 맑스주의의 보급과 '사회민주주의운동'의 출현

결국 '토지와 자유'는 활동의 중심을 도시 노동자와 학생으로 옮기지만, 1870년대 후반에 이르면 러시아에서 혁명을 이론적으로 기획하는 것은 벽에 부딪히고 열정만이 '인민', '자유', '토지' 사이에서 헤매게 된다.

'토지와 자유'는 테러라는 수단의 문제를 둘러싸고 논쟁을 벌이다가 1879년에 '흑토재분배'와 '인민의 의지'라는 두 개의 조직으로 나뉜다. 6월 24일 대회에서의 일이다. 러시아의 농지가 검은 빛의 땅, 곧 흑토黑土라는 점과 러시아어 '볼랴воля'라는 말이 '의지'를 뜻하기도 하고 '자유'를 뜻하기도 한다는 점을 생각하면, 한데 묶여 있던 '토지와 자유'가 '흑토'와 '의지'로 나뉜 것이다. 흑토재분배가 토지와 자유의 강령을 이어간 농촌파라면, 인민의 의지는 토지와 자유의 행동방침을 이어간 테러파였다.

젤랴보프(1851~1881), 뻬롭스까야(1853~1881), 미하일로프(1855~1884) 등을 지도부로 하는 인민의 의지는 1881년에 짜르 알렉싼드르 2세를 암살한 뒤에 경찰에 의해 거의 뿌리가 뽑혔다. 이 조직의 주요 인물의 다수가 같은 해에, 그리고 상당수가 그 얼마 후에 사망한 것은 모두 처형되었기 때문이다.

흑토재분배는 러시아에서 노동자운동과 맑스주의가 만나게 되는 데 중요한 역할을 하게 된다. 악셀로트(1850~1929), 자쑬리치(1851~1919), 쁠레하노프(1856~1918) 등이 흑토재분배에 속한 인물이었고, 이들은 러시아사회민주주의노동자당 초기에 중요한 역할을 맡게 된다. 자쑬리치는 1878년에 뻬쩨르부르크 시장에게 권총을 쏘고는 도주하지 않고 체포되었으나 가석방된 적이 있는 여성혁명가다. 그 뒤로 주요 정치인이나 경찰 간부에 대한 테러가 이어졌다.

흑토재분배는 조직을 출범시키고 얼마 안 된 1880년 초에 비밀 인쇄소가 압수되는 등 활동에 큰 제약을 받게 되었고, 주요 인물은 곧 해외로 망명을 떠났다. 잠시 인민의 의지와 흑토재분배의 통합 기운이 있었으나, 흡수 통합을 우려한 흑토재분배는 오히려 인민주의와 결별하고 사회민주주의, 곧 맑스주의를 표방하며 1883년에 스위스의 주네브에서 러시아 최초의 맑스주의 조직이라 할 수 있는 노동해방그룹을 창설한다.

당시 러시아의 대도시에는 인민주의에서 벗어나 사회민주주의를 받아들인 조직이 생겨나고 있었는데, 노동해방그룹은 그런 그룹들과 교류하려 노력했다. 노동해방그룹은 해외에서 맑스와 엥겔스의 저작을 번역하여 국내로 들여왔고, 맑스와 엥겔스의 이론에 따라 러시아의 현실을 분석한 글을 써서 유포했다. 노동해방그룹은 인민주의자와는 달리 러시아에 사회주의가 실현되려면 자본주의경제가 발전해야 한다고 주장했다.

4. 뻬쩨르부르크노동자계급해방투쟁동맹과 국외의 사회민주주의 조직들

다시 레닌 이야기로 돌아가자면, 대학에서 제명된 레닌은 1891년에 시험을 통해 뻬쩨르부르크대학 법학부 졸업 자격을 얻었고 1892년 1월말에는 변호사보의 자격을 얻어 업무를 시작했다. 레닌은 이러한 신분을 이용해 여러 도시를 다니며 사회민주주의자들을 규합하는 일에 나섰다. 레닌은 형과는 달리 인민주의가 아닌 사회민주주의, 곧 맑스주의에 기초하여 세계를 바라보았고 러시아를 변혁할 방법을 찾았다.

1893년 8월, 23세의 레닌은 당시 노동자들이 가장 많은 도시 뻬쩨르부르크로 갔다. 그 도시에서 레닌은 맑스주의자들을 만나 노동자 교육과 유인물 작성 등의 활동을 벌였다. 노동자들을 만나기 위해 뻬쩨르부르크에 모인 청년 혁명가들에게 레닌이 강력한 인상을 남긴 것은 인민주의를 체계적으로 비판한 일이었다. 특히 1894년에 쓴 『'인민의 벗'이란 어떤 사람들이며 사회민주주의자들과 어떻게 투쟁하는가?』는 '인민의 벗'을 자처하는 인민주의자들을 맑스주의에 기초하여 비판한 글이었다.

한편, 1890년대 중반 러시아에는 합법적인 간행물을 통해 맑스주의를 선전하고자 하는 집단도 있었다. 이들은 봉건제가 폐지되고 자본주의가 등장하는 것이 역사의 진보라고 말하는 데 그칠 뿐 자본주의의 폐혜를 지적하지 않았고 노동자 대중의 투쟁으로 그 문제를 해결하는 것에 반대했다. 대표적 인물로는 이 책에도 여러 차례 나오는 스뜨루베가 있다. 레닌 등의 사회민주주의자들은 이들 '합법적 맑스주의자들'이 주장하는 내용에 반대했지만, 인민주의를 비판하는 한에서 이들과 협력할 필요를 느껴 잠시 공동 행동을 취하기도 했다.

국외에서는 1894년에 노동해방그룹이 주축이 되어 스위스의 주네브에서 사회민주주의자조직의 통합이 이루어졌다. 국외러시아사회민주주의자동맹이 결성되었으며, 그 기관지는 『노동자』였다. 인민주의 노선을 버린 세력, 말하자면 혁명의 기운을 농촌이 아닌 도시로 보고 혁명에서 노동자의 역할을 중시한 세력의 통합인 셈이다.

이 소식이 전해지자 국내의 사회민주주의 조직들이 나라 밖의 선배 혁명가들과 연락을 취하기로 결정했다. 1895년 2월 뻬쩨르부르크에 모인 여러 도시의 사회민주주의자들은 국외에 대표를 파견하기로 결정했고, 대표 가운데 하나로 선출된 레닌은 4월에 스위스로 떠나 쁠레하노프를 비롯해 노동해방그룹의 선배들을 만났다. 이 만남에서 노동자 대중을 위한 책자를 국외에서 출판하는 등의 사항을 합의했다.

1895년 가을, 뻬쩨르부르크에서 활동하던 여러 그룹이 모여 노동자계급해방투쟁동맹을 결성했다. 이름에서 알 수 있듯이, 동맹은 맑스주의와 노동자운동의 결합을 시도한 최초의 조직이었다. 뻬쩨르부르크의 예를 따라 러시아의 여러 도시에서도 서클이 통합되어 하나의 동맹을 결성하게 된다. 뻬쩨르부르크의 동맹의 활동은 그리 오래 가지 못했다. 12월 8일 밤 동맹의 성원 대다수가 검거되었고, 준비하고 있던 기관지 『노동자의 대의』 창간호는 햇빛도 보지 못했다. 레닌도 이때 체포되었다.

14개월 이상 구금되어 있던 레닌은 1897년 2월 13일에 3년의 시베리아 유형에 처해졌다. 같은 사건으로 다른 곳에서 3년의 유형이 확정된 끄룹스까야도 레닌이 있는 곳으로 옮겼고, 둘은 결혼식을 올렸다. 레닌은 끄룹스까야에게서 러시아사회민주주의노동자당 제1차 대회가 열렸다는 사실을 듣게 되었다.

1898년 3월 민스크에서 열린 러시아사회민주주의노동자당 제1차 대회는 여섯 개 조직을 대표하는 9인의 대표자들이 참가한 대회였다. 뻬쩨르부르크의 노동자계급해방투쟁동맹을 대표해서는 검거를 면한 라첸꼬가 참가했다. 중앙위원회가 구성되었고, 끼예프위원회의 기관지 『노동자 신문(라보차야 가제따)』이 당 기관지로 결정되었고, 「선언문」을 채택했고, 국외러시아사회민주주의자동맹을 당의 국외 대표로 승인하는 등 몇 가지 사항이 결정되었지만, 얼마 후 중앙위원 대다수가 체포되었다.

5. "경제주의자"의 등장과 분열

국외러시아사회민주주의자동맹의 결성을 주도한 것은 '노장'인 노동해방그룹이었으나, 동맹에 참가한 인물들 가운데에는 그들보다 젊지만 러시아에서 노동자들을 조직하는 현실적인 사업에 참여한 경험이 있는 인물들이 많았다. 이들 '신참'은 노동자들의 현실적인 삶의 개선, 곧 경제투쟁을 중요하게 여겨 "경제주의자"라는 별칭을 얻는다.

1898년 말에 열린 국외러시아사회민주주의자동맹 대회에서는 신참인 경제주의자들이 다수파가 된다. 이때 노동해방그룹은 더 이상 동맹의 출판물 편집을 책임지지 않겠다며 동맹 활동에 소극적인 태도를 보였다. 그리하여 1899년부터 발간된 동맹의 기관지 『노동자의 대의』는 경제주의자들의 기관지가 되었다.

경제주의자들은 국외에서 다수파가 된 이후, 국내에서 세력을 넓히는 일에 착수했다. 1899년에 꾸스꼬바가 쓴 '신조'라는 뜻의 Credo라는 문서는 "최소 저항 노선"을 주장하며, 노동자계급은 경제투쟁에 전념하고 자유주의자들이 사회민주주의자들과 함께 정치투쟁을 벌여야 한다고 밝혔다. 유형 중이던 17인의 사회민주주의자들이 1899년 8월에 이 문제에 항의하는 문서를 채택하게 되는데, 레닌은 「러시아 사회민주주의자들의 항의」라는 그 글의 초안을 작성했다.

노동해방그룹은 결국 국외러시아사회민주주의자동맹에서 탈퇴하고 1900년 5월에 혁명조직 '사회민주주의자'라는 새로운 단체를 결성했다. 통합을 위한 움직임은 국내외를 막론하고 경향에 따른 분리 움직임으로 바뀌었다.

1900년 1월 초순, 유형을 마친 레닌은 러시아 각지의 사회민주주의자들을 만나 "전 러시아적 정치 신문" 발간을 준비했다. 신문이 왜 필요한지, 또한 기고, 제작, 배포 등의 문제는 어떻게 해결할 것인지를 논의하고 합의한 것이다. 그런 뒤 7월에 해외로 나가 옛 노동해방그룹의 선배들, 그러니까 지금은 혁명조직 '사회민주주의자'로 모여 있는 사람들을 만나 이 문제를 협의했다.

신문의 제작을 러시아가 아닌 해외에서 하는 것에는 합의가 이루어졌으나, 쁠레하노프 등은 신문 편집국에서 특별한 지위를 차지할 것을 요구했다. 결국 완전한 합의가 아닌 협정이 맺어지는 것으로 만남은 끝났다. 국내를 대표해서는 뽀뜨레쏘프(1869년생), 레닌(1870년생), 마르또프(1873년생) 등 셋, 국외를 대표해서는 악쎌로트(1850년생), 자쑬리치(1851년생), 쁠레하노프(1856년생) 등 셋으로 편집국을 구성하고 쁠레하노프는 표결에서 두 표를 행사하기로 했다.

『불꽃(이스끄라)』 창간호는 1900년 12월 1일에 독일 슈투트가르트에서 발간되었다.

레닌은 1901년 5월에 발간된 『불꽃』 제4호에 실린 「무엇으로부터 시작할 것인가?」라는 글을 통해 "전 러시아적 정치 신문"의 문제를 본격적으로 제기했다.

6. 통합 시도의 실패와 분열의 인정

더 이상 사회민주주의운동이 분열되는 사태를 막기 위해 1901년 6월에 스위스 주네브에서 국외에 있던 여러 러시아의 사회민주주의 조직들이 회의를 열었다. 국외러시아사회민주주의자동맹, 분트국외위원회, 혁명조직 '사회민주주의자', 『불꽃』 국외 지부 등이 회의에 참여하여 통합의 필요성을 인정하고 기회주의, 즉 경제주의에 반대한다는 결의안을 채택했다.

그러나 회의가 끝난 뒤에 국외러시아사회민주주의자동맹과 그 기관지 『노동자의 대의』가 경제주의로 방향을 바꾸더니, 정작 '통합 대회'가 열리자 6월에 이룬 합의를 수정하려 했다. 『불꽃』 국외 지부 등은 대회장을 떠났다. 그리고 1901년 10월, 이전에 노동해방그룹에 속했던 인물들과 『불꽃』 지지자들은 경제주의에 반대하며 국외러시아혁명적사회민주주의연맹을 결성했다.

7. 『무엇을 할 것인가?』

통합 시도는 실패했고 분열이 고착되었다. 레닌의 『무엇을 할 것인가?』는 이런 상황에서 집필되었다. 저자가 서문에서 밝히고 있듯이 "이 책자의 문학적 퇴고가 매우 부족한 점"을 독자들은 감안해야 할 것이다. 시급한 문제에 대해 시급히 답하는 글이었다.

"셋째 시기를 청산하라." 이것이 책이 제목으로 던지는 질문에 대한 레닌의 대답이다.

1884년에서 1894년까지의 첫째 시기, 즉 인민주의자가 아닌 사회민주주의자들이 러시아에 출현하여 이론과 강령을 마련하던 시기가 있었고, 그 후 3~4년에 걸쳐 인민주의자였던 많은 운동가들이 사회민주주의자가 되어 농촌이 아닌 공장으로 향하던 두 번째 시기가 있었다면, 1902년 당시는 마침내 사회민주주의 운동이 확산되는가 싶더니 한편으로는 테러주의의 방식을 여전히 고집하기도 다른 한편으로는 경제투쟁에 매몰되어 전국적 정치투쟁을 준비할 조직의 결성을 경시하는 경향이 운동을 지배하는 세 번째 시기이니, 이 시기를 청산해야 한다는 것이다.

이를 위해 레닌이 제시한 계획, 그리고 앞선 운동에 대한 평가에 대해 반복하여 설명할 필요는 없을 것이다.

레닌, 블라지미르 일리치 (1870~1924)

러시아사회민주주의노동자당에서 볼셰비끼를 조직했고, 볼셰비끼의 힘으로 러시아혁명과 세계 공산주의운동을 이끌었다. 세계 최초로 자본주의 권력을 무너뜨리고 사회주의와 공산주의를 현실화하려 했던 국가의 최고 권력자가 되었다.

최호정

서울대학교 미학과와 한국외국어대학교 통번역대학원 한노과를 졸업하고, 뉴욕주립대 빙햄턴 캠퍼스에서 번역학을 공부했다. 한국에서 처음으로 러시 아어를 대본으로 레닌 저작과 끄룹스까야의 『레닌을 회상하며』를 번역했다.

무엇을 할 것인가? 우리 운동의 절박한 문제들

지은이 레닌
옮긴이 최호정
펴낸곳 박종철출판사

주소 경기도 고양시 덕양구 화중로104번길 28 (화정동 씨네마플러스) 704호
전화 031.968.7635(편집) 031.969.7635(영업)
팩스 031.964.7635

초판 1쇄 1999년 2월 26일
초판 7쇄 2010년 7월 10일
개정판 1쇄 2014년 5월 30일
개정판 3쇄 2020년 9월 25일

값 12,000원

ISBN 978-89-85022-69-9 04300
ISBN 978-89-85022-68-2 04300 (세트)